Catherine Marshall

Gott weiß den Weg

Die Erfahrungen meines Lebens

R. Brockhaus Verlag Wuppertal

R. Brockhaus Taschenbuch Bd. 362

Mit freundlicher Genehmigung des Doulos Verlages Zürich

Die amerikanische Originalausgabe erschien unter dem Titel
MEETING GOD AT EVERY TURN
© 1980 by Catherine Marshall LeSourd

Die Bibelzitate basieren auf der Übersetzung Martin Luthers, nach
der 1956 und 1964 vom Rat der Evangelischen Kirche in Deutschland im Einvernehmen mit dem Verband der Evangelischen Bibel-
gesellschaften in Deutschland genehmigten Fassung des revidier-
ten Textes. In Klammern gesetzte Erläuterungen stammen z.T. von
der Autorin, z.T. vom Herausgeber der deutschsprachigen Ausga-
be dieses Buches.

1. Taschenbuchauflage 1984

Umschlaggestaltung: Carsten Buschke, Leichlingen 2
Umschlagfoto: Ulrich Schaffer
Gesamtherstellung: Breklumer Druckerei Manfred Siegel

ISBN 3-417-20362-7

Für die Familie –
Ihre und meine.
Denn sie ist Gottes Geschenk
an die Menschen

INHALT

Vorwort

Uns wird der Sommer 1980 immer als der »Familiensommer« in Erinnerung bleiben, denn in dieser Zeit gab es für uns zwei Hochzeiten und eine Geburt. Innerhalb von zwei Monaten bekam unsere Familie drei neue Mitglieder: Susan Scott, die die Frau unseres Sohnes Chester wurde; Philip Lader, der unsere Tochter Linda heiratete; und David Christopher, der jüngste Sohn von Peter und Edith Marshall.

Susans und Chesters Hochzeit fand am 9. August in Chattanooga statt. Susan war eine strahlende Braut – sechs Brautjungfern gingen hinter ihr her. Der kleine Peter Jonathan trug mit seinen sechs Jahren stolz die Ringe auf einem Samtpolster durch die Kirche neben dem kleinen Mädchen, das Blumen streute. Len, mein Mann, stand auf der einen Seite des Brautpaares, Jeffrey auf der anderen als Brautführer.

Nachdem alles vorüber war, holten wir gemeinsam tief Luft und stürzten uns in die Vorbereitungen für das zweite große Ereignis: Lindas Hochzeit, die am 21. September in Washington gefeiert wurde. Wenige Tage vorher fragte sie mich, ob ich nicht etwas Zeit hätte, um mit ihr zu sprechen.

Unsere Unterhaltung fand oben im Schlafzimmer statt. Das ist die Ecke, in die Len und ich uns zurückziehen können, wenn wir in Evergreen Farm zu Besuch sind. Ich saß gemütlich in einem der beiden Klubsessel, und Linda hockte in einem anderen, die Arme um die hochgezogenen Knie geschlungen.

Als ich sie so ansah, freute ich mich über das, was ich da vor mir hatte. Linda war eine schlanke, hübsche Frau von 31 Jahren, mit lebhaftem Gesicht, und ihre blauen Augen unter den dunklen Wimpern strahlten Liebe aus. Als ich sie zum erstenmal sah, hatte sie so ganz anders ausgesehen. Damals war sie ein zehnjähriges untersetztes Mädchen gewesen, mit kräftigen Knien und Ellenbogen, das seine neue Mama mit einem gehörigen Schuß Mißtrauen betrachtete. Was für einen langen und oft mühsamen Weg waren diese Tochter und ich doch zusammen gegangen! Und wie großartig hatte Gott die Gebete von Len und mir erhört!

Linda hatte wohl ähnliche Gedanken wie ich. Sie sagte:

»Mama, ich will dir zuerst mal sagen, daß ich es schon zu schätzen weiß, daß du dich in diesen ganzen Jahren immer mit mir abgegeben hast. Ich weiß jetzt, daß ich es dir oft sehr schwer gemacht habe. Danke, daß du mich doch nie aufgegeben hast.«

Wir schwiegen eine Zeitlang und ließen die heitere Atmosphäre des Zimmers mit seinen blaßblauen Wänden und draußen das saftige Grün des hügeligen Graslandes, das man durch die großen Fenster sehen konnte, auf uns wirken. Es war wie eine Oase inmitten der geschäftigen Vorbereitungen für die Hochzeit.

»Aber jetzt habe ich noch eine Bitte«, fuhr Linda fort. »Kannst du Phil und mir nicht noch ein paar Ratschläge geben? Du und Papa, ihr habt es doch auch nicht immer leicht gehabt miteinander. Und wo ihr jetzt mehr als 20 Jahre zusammen seid, habt ihr doch bestimmt eine Menge gelernt. Kannst du all das nicht irgendwie zusammenfassen und Phil und mir so eine Art Perspektive geben?«

»Ist das dein Ernst, Linda?« erwiderte ich lachend. »Ich soll alles zusammenfassen, was Vater und ich zusammen gelernt haben?«

»Ich weiß, daß du manches davon schon in Büchern und Artikeln und so weiter beschrieben hast und wir haben uns ja auch schon öfters mal darüber unterhalten. Aber weißt du, Mama, für Phil ist vieles davon ganz neu. Und er möchte gern auch ein Teil unserer Familie sein. Ihm wäre es lieb, wenn er das alles noch einmal zusammengefaßt hören könnte.«

Ich stöhnte. Wie konnte ich tun, was Linda da von mir verlangte?

Trotzdem war ein Teil meiner Gedanken auch bei den fortschreitenden Hochzeitsvorbereitungen mit Lindas Bitte beschäftigt. Ein Wort, das sie gebraucht hatte, kam mir immer wieder in den Sinn, nämlich »Perspektive«. Das war ein Orientierungspunkt von dem aus man Jahre überblicken konnte.

Langsam wuchs in mir eine Überzeugung, die sich schließlich nicht mehr verdrängen ließ. Ja, ich hatte Linda und Phil, Susan und Chester und vielen anderen wirklich etwas zu sagen. Ich überblickte die Lebensstraße, die ich bisher gegangen war, und sah, daß es durchaus keine gerade Linie war, wie es einem vom Traualtar aus erscheint. Sie hatte vielmehr viele Kurven und Windungen; es hatte Zusammenstöße und Umwege gegeben. Und ich erkannte noch deutlicher, daß auch Christen nicht sofort und automatisch zu moralischer Qualität und Reife kommen. Unser Leben ist immer eine Wanderung, ein Prozeß. Auch auf den geraden Strecken hat es für mich oft so dichten Nebel gegeben, daß ich allein im Glauben vorwärtsgehen konnte und darauf vertrauen mußte, daß Jesus ganz bestimmt bei mir war und mir den Weg zeigen würde.

Und jedesmal, wenn ich Gott begegnete geschah das gerade nicht auf einem glatten, geraden Stück meines Lebensweges, sondern an den Kurven und Biegungen, gerade dann, wenn ich am wenigsten damit gerechnet hatte, daß er mir seine Gegenwart bezeugen wollte.

So kam es, daß ich nach der Hochzeit anfing, auszugraben und nachzusehen, was ich Linda und all den anderen mitteilen konnte.

In meinem stillen Arbeitszimmer breitete ich Bücher, Briefe, Notizbücher und ganze Serien von Zeitschriftenartikeln aus, die ich einmal geschrieben hatte. Zum Schluß holte ich auch alle meine Tagebücher aus dem Regal, für jedes Jahr eins. Sie reichten bis 1934 zurück. Es war eine ganze Sammlung von verschiedenen Formaten und Einbänden. Angefangen hatte ich mit Büchern, die eigentlich für fünf Jahre gedacht waren, und in denen man pro Tag vier Zeilen zur Verfügung hatte. Das war nichts gewesen. Die Schriftstellerin in mir brauchte mehr Platz. Dann kam eine Reihe von dunkelgrün eingebundenen Büchern, die ich einmal von einer Versicherungsgesellschaft geschenkt bekommen hatte. Darin hatte man eine Seite pro Tag, das war schon besser. Weiter ging es mit noch größeren Exemplaren in roter, blauer, in allen Farben.

Als ich sie zur Hand nahm und die Seiten durchblätterte, drängten sich mir viele Erinnerungen auf. Zwischen den Seiten fand ich den ersten Liebesbrief, den Peter mir geschrieben hatte, kurz nach unserer Verlobung. In einem anderen Tagebuch lag eine sorgfältig aufgezeichnete Fieberkurve aus den ersten Wochen meiner schweren Krankheit vom Juni 1943. Wieder auf anderen Seiten fand ich die ersten, noch ganz ungelenk in Druckbuchstaben geschriebenen Briefe von Peter John, der damals erst 4 Jahre alt war. Oft begegneten mir ganz persönliche, geschriebene Gebete, Zeitungsausschnitte, die zwischen den Seiten eingeklebt waren,

Gedanken, die ich zwischendurch schnell notiert hatte ... Es war so unendlich viel. Wie konnte ich im Laufe der Jahre bloß so viel geschrieben haben?

Während ich diese ganze Masse an Material zunächst wahllos durchsah, bekam ich zu meinem eigenen Erstaunen ganz neue Einsichten, sogar aus Erlebnissen, die ich schon in früheren Büchern beschrieben hatte.

Ich suchte nach Gottes Absichten hinter den vielen Ereignissen in meinem Leben und fand, daß Jesus mir immer gerade dann in meiner Not zu Hilfe gekommen war, wenn ich ohne jede Verstellung vor ihm gestanden hatte, mit einem Herzen, das ihn nur einfach brauchte, das bereit war, ihm zuzuhören und zu empfangen, was er für mich hatte. Er allein macht den Unterschied aus in jeder menschlichen Situation.

Das Wort »unmöglich« schmilzt in seiner Gegenwart dahin. Er kennt keine Niederlage und kann jeden Fehlschlag und jede Enttäuschung doch noch in einen unerwarteten Sieg verwandeln. Er kann die düstere Prognose eines Arztes verändern. Mit ihm wird eine scheinbar dunkle und trostlose Zukunft in frohes neues Leben verwandelt. Das ist meine Erfahrung.

Ich bin Gott begegnet in den Augenblicken, wo die Straße meines Lebens eine Kurve machte. Er hat mir wieder aufgeholfen, meine Tränen abgewischt und mich immer wieder auf den Weg des Lebens geführt.

Im Laufe der Jahre schrieben mir freundliche Menschen immer wieder aufgrund meiner Veröffentlichungen: »Liebe Catherine, entschuldigen Sie bitte, wenn ich Sie mit Ihrem Vornamen anrede; aber nach der Lektüre Ihrer Bücher meine ich, Sie so gut zu kennen, als wären Sie meine Freundin.«

Man kann mir kein größeres Kompliment machen. Deshalb möchte ich hier auch noch ein persönliches Wort an all diese ganz besonderen Freunde richten:

Ich habe hier zwölf entscheidende Zeitspannen aus meinem Leben ausgewählt, in denen mir der Herr ganz nahe erschien, sei es an einem Wendepunkt oder in einem Augenblick der Krise. Manche dieser Erfahrungen werden Sie vielleicht schon kennen, denn einen Teil davon habe ich schon in früheren Büchern beschrieben. Manche werden aber hier zum erstenmal erzählt. Was aus meinen Tagebüchern stammt, habe ich bisher noch kaum jemandem mitgeteilt. Und die Ereignisse und Episoden, die ich in anderem Zusammenhang schon einmal erzählt habe, werden hier wieder aufgegriffen, weil die lebendige Gegenwart Gottes im Laufe der Zeit immer wieder neue Perspektiven und Einsichten schenkt.

Die Lektüre Ihrer Briefe läßt mich vermuten, daß es selten eine Zeit gab, in der in allen Teilen der Welt soviel Verzweiflung und Verlorenheit geherrscht hat wie heute, und zwar in jeder Gesellschaftsschicht. Wenn Sie zu denen gehören, die sich in einer scheinbar ausweglosen Notlage befinden, dann sind Sie es, für die ich dieses Buch geschrieben habe. Denn es wird Ihnen zeigen, wie Gott mit meinen Notlagen fertiggeworden ist. Nicht anders wird Gott sich ganz gewiß auch um Sie kümmern und Ihnen in einer ganz persönlichen Weise begegnen, so daß Sie seine Liebe spüren und wissen können, daß er die Antwort auf alles Rufen Ihres Herzens ist.

Catherine Marshall
26.10.1980

1. Unser Vater auf Erden

> »Derhalben beuge ich meine Knie vor dem Vater, der
> der rechte Vater ist über alles, was da Kinder heißt im
> Himmel und auf Erden.«   Eph. 3,14.15

Meine frühe Kindheit war eine eigenartige Mischung aus über-
schäumender Freude und Augenblicken höchster Angst. Es war
mir selbst ein Rätsel – und wahrscheinlich auch den Erwachsenen
um mich herum –, warum ich so schüchtern und ängstlich war.

Eine ganze Reihe von unheimlichen Dingen erschreckte mich:
Dunkelheit, Mäuse, Spinnen, Schnecken, die Nonnen mit ihren
flatternden, schwarzen Gewändern, die ich oft in der katholischen
Schule gegenüber beobachten konnte; das Loch, das einmal ein
Einbrecher in unsere Hintertür geschlagen hatte, und das aussah
wie ein Schneemann; die eine Seite in dem großen »Buch des Wissens«, auf dem die Jungfrau von Orléans abgebildet war, wie sie
auf dem Scheiterhaufen verbrannt wurde.

Doch sobald mein Vater in der Nähe war, konnte mir nichts
mehr etwas anhaben. Mein Papa, der junge Pfarrer John Wood,
war groß und sehr schlank; er hatte schwarzes Haar, das immer or-
dentlich und glatt gekämmt war, und sanfte, braune Augen, in denen ein bißchen Schalk saß. Er war sehr schön, fand ich. Er war gerne unter Menschen, gut gelaunt, ein Vater, der einen auch gern
neckte und viel Ulk machte. Viele Erinnerungen aus meiner ersten
Kinderzeit haben mit ihm zu tun.

Bis ich sieben Jahre alt war, blieb ich das einzige Kind meiner Eltern. Dann kam mein Bruder Bob und 14 Monate später meine
Schwester Emmy. Weil Papa presbyterianischer Pfarrer war und
sein Gemeindebüro lieber zu Hause als in der Kirche haben wollte,
sah ich meinen Vater öfter als die meisten anderen Kinder.

Selbst wenn ich ungebeten in sein Arbeitszimmer schlich, war
Vater niemals zu sehr in seine Arbeit vertieft, um auf mich zu achten. Jedesmal lächelte er mir dann zu und streckte mir seine Arme
entgegen. »Na, mein Mädchen . . .«, sagte er dann.

Auch wenn Vater Besuch hatte, erlaubte er mir, still auf seinem
Schoß zu sitzen, während er sich weiter mit einem Vertreter der

Gemeinde unterhielt oder mit einem Besucher, der Papas Rat suchte, oder mit dem jungen katholischen Priester, der eine Straße weiter wohnte und oft bei uns hereinschaute. Nirgends fühlte ich mich sicherer als auf Papas Schoß. Seine Arme waren stärker als die von Mama. Für mich bedeuteten diese Arme Schutz, Sicherheit und Wärme, Kraft und Nahrung. Und auf irgendeine eigentümliche Weise muß diese Liebe, die zwischen uns bestand, auch ihm etwas bedeutet haben.

Die Umwelt meiner frühesten Erinnerungen war ein einstöckiges, weißes Haus in Canton, einer kleinen Stadt in Mississippi. Dieses winzige Pfarrhaus wirkte noch kleiner im Vergleich zu der mächtigen Kirche aus rotem Backstein, die direkt daneben stand, und beide Gebäude wurden beschattet von riesenhaften alten Eichen, die auch entlang der Straße standen und einen grünen Tunnel bildeten, durch den man gehen, fahren oder radeln konnte. Hier fand man eine erholsame Atempause, wenn die Mississippi-Sonne allzu grausam brannte.

Meine Schüchternheit hätte mit der Zeit zu einem psychischen Schaden führen können. Zum Glück aber wirkten meine Eltern dieser Reserviertheit und der Tendenz, meine kindlichen Geheimnisse ganz für mich zu behalten, entgegen. Ich entdeckte damals ein Buch von Robert Louis Stevenson, es hieß »Garten der Kinderverse«. Mit meiner Freude am Klang der Rhythmen und Versmaße, hielt ich nicht zurück, und so ermutigten sie mich, meine Lieblingsgedichte auswendig zu lernen und sie der ganzen Familie vorzutragen.

Als mein Vater einmal den Glyzinienbusch umhauen wollte, weil der das Kohlenhäuschen hinten im Garten überwucherte, protestierte ich lautstark. Papa hörte sich meine Klagen geduldig an, dann sagte er: »Na schön, wenn dir soviel daran liegt, werde ich eben der Glyzinie nur ein bißchen die Haare schneiden.« Und ich zog sehr zufrieden von dannen.

Als ich einige Fortschritte in der Klavierstunde gemacht hatte, so daß ich schon einfache Choräle spielen konnte, erlaubte mir Vater manchmal, bei einer kleineren Gemeindeversammlung den Organisten zu spielen.

Auf diese Weise wurde mir schon früh ein Selbstwertgefühl vermittelt, die Erkenntnis, daß ich ein ganz besonderes Wesen mit bestimmten Stärken und Schwächen war, und die Sicherheit, daß ich geliebt und umhegt wurde. Diese Sicherheit können Eltern ihren Kindern nur durch ihr Verhalten vermitteln.

Die Kehrseite solcher Liebe und Zuwendung lag darin, daß unsere Eltern immer die Autoritätsfiguren in der Familie blieben. Sie machten uns klar, daß wir für unser Verhalten verantwortlich waren; wir durften bei den Aufträgen oder Pflichten, auch wenn sie uns schwer vorkamen, nicht zu leicht aufgeben. Mit ihrer Haltung drückten sie etwa folgendes aus: »Wir werden euch helfen, wenn Hilfe wirklich notwendig ist. Bei uns ist nichts wirklich zu schwer.«

Zu diesen Pflichten gehörte auch eine regelmäßige Lernstunde am Sonntagnachmittag. Wir mußten die Fragen und Antworten aus dem »Kinderkatechismus« auswendig lernen. Später kam dann der »Kurzgefaßte Katechismus der Westminster-Versammlung« an die Reihe (der in Wirklichkeit bedeutend länger war als der erste). Wir bekamen eine Belohnung, wenn wir den mühsamen Weg des Lernens hinter uns hatten, aber wir mußten auch durchhalten.

War das nun eine unnütze religiöse Übung? Keineswegs! Diese Sprache, die aus einem ganz anderen Jahrhundert stammte und einem wie gemeißelt erschien, die schön war in ihrer Klarheit und Einfachheit, legte genau die richtige Grundlage für alle wichtigen Fragen über Leben und Tod, über Gott und unsere Beziehung zu ihm.

»*Frage:* Was ist Gott?

Antwort: Gott ist Geist, unendlich, ewig und unveränderlich in seinem Wesen, seiner Weisheit, Macht, Heiligkeit, Gerechtigkeit, Güte und Treue.

Frage: Was ist Sinn und Zweck des Menschen?

Antwort: Des Menschen Sinn und Zweck ist, Gott zu ehren und sich seiner in Ewigkeit zu freuen.«

Dieser letzte Gedanke erstaunte mich sehr. Von manchen der Bilder und Erzählungen aus meiner Kinderbibel wußte ich, daß der Jahwe des Alten Testaments streng und unnahbar erschien, außer für so besondere Menschen wie Moses und Abraham. Dieser Gott schickte Donner vom Berg Sinai und forderte Opfer. Sein

Zorn zerstörte große Städte wie Tyrus und Ninive, und einmal hatte er sogar die ganze Welt überflutet und alles ertrinken lassen, nur nicht Noah und seine Familie.

Aber hier lag der Katechismus vor mir, und darin stand, daß Gott nicht gefürchtet werden müßte, sondern daß man sich an ihm freuen sollte. Darüber müßte ich noch länger nachdenken.

Eines Tages fragte ich meine Eltern: »Wie kann ich eigentlich jemanden liebhaben, vor dem ich Angst habe?«

»Das geht, weil Gott dich lieb hat«, erwiderte mein Vater. »Denk doch mal an den Bibelvers, der gerade letzte Woche auf euren Sonntagsschulblättchen stand: ›Wir wollen ihn lieben, weil er uns zuerst geliebt hat.‹ Gott hatte dich schon lieb, bevor du überhaupt wußtest, daß er da war.«

»Aber das kann ich doch gar nicht fühlen, ich kann ihn auch nicht reden hören oder sein Gesicht sehen, so wie ich dein Gesicht sehen kann, Papa«, erwiderte ich.

»Genau deshalb ist ja auch Jesus auf die Erde gekommen, damit er uns zeigen konnte, daß der Vater im Himmel ganz aus Liebe besteht. Jesus hat oft gesagt, daß auch der beste menschliche Vater nicht halb so liebevoll und freundlich und großzügig sein kann wie der himmlische Vater.«

Er sah die Zweifel in meinem Gesicht stehen und fügte sanft hinzu: »Manchmal muß ich dich oder Bob oder Em bestrafen, wenn ihr nicht gehorcht habt oder etwas Böses getan habt. Ich wäre ein schlechter Vater, wenn ich das nicht täte. Aber das bedeutet doch nicht, daß ihr Angst vor mir habt.«

Ich sah in seine warmen, braunen Augen. Darin konnte ich nur unendliche Liebe erkennen und, wie immer, einen Funken Humor. Ganz gewiß konnte ich meinem irdischen Vater vertrauen, aber Gott war für mich noch etwas Vages, irgendwo oben im Himmel. Ich war mir noch gar nicht sicher, wie mein Verhältnis zu ihm aussehen sollte.

So ging ich weiter auf meinem fröhlichen Lebensweg. Ich genoß die Freiheit eines Lebens draußen an der frischen Luft, wo es unendlich viele Vergnügungen gab. In alledem störte mich die Tatsache, daß unsere Familie nur wenig Geld hatte, kein bißchen. Wir hatten doch einander und wir waren lustig zusammen. Und heute noch, nach so vielen Jahren, brauche ich nur meinen Erinnerungen freien Lauf zu lassen, um gleich wieder dieses Gefühl eines kleinen Kindes zu haben, jene ganz frische, intensive Freude am Sehen und Hören, am Fühlen und Riechen.

Für andere mochte der Garten um unser kleines Pfarrhaus, in dem ich immer mit den Jungens von nebenan und mit meinen Freundinnen Tay und Laurie-Bodie spielte, sehr bescheiden ausgesehen haben. Aber für mich war er ein ganz eigenes Paradies, das mir gerade eben aus der Hand des himmlischen Schöpfers geschenkt worden war. Konnte es denn überhaupt einen köstlicheren Duft geben als den des Geißblattbusches, der überall an unserem Zaun entlang wucherte? Und es war nicht nur Duft, sondern auch Geschmack. Ich konnte eine Blüte abnehmen und vorsichtig den Stiel abbeißen und dann den köstlichen Honig aussaugen. Es war wirklich kein Wunder, daß die Bienen das gern mochten. Und was für eine Freude, wenn ich im Frühling nach den allerersten weißen Schneeglöckchen suchen konnte, die sich zwischen den grünen Blättern versteckt hatten, oder meine Nase tief in die ersten Hyazinthen stecken. War es überhaupt möglich, alles von der Pracht und Schönheit der purpurroten Glyzinie in sich aufzunehmen, die Vater auf mein Bitten hin gerettet hatte? Hatte irgendein Mensch vor mir schon einmal wirklich gefühlt, wie herrlich es ist, barfuß auf dem dicken Moosteppich unter den Eichen spazierenzugehen oder hoch oben im Blätterbogen des Feigenbaumes zu hocken und sich so frei zu fühlen wie die Vögel, die um einen herum flatterten und sangen? Wußten die Erwachsenen eigentlich etwas von der köstlichen Herrlichkeit, die man auf der Zunge verspürt, wenn man eine schwere, saftige Feige eben vom Baum gepflückt hat und sie dort oben in dem märchenhaften Blätterhaus genießerisch verspeist?

Jahre später las ich den Schöpfungsbericht, wie Gott die Arbeit seiner Hände an jedem Schöpfungstag mit Wohlgefallen betrachtet. Nachdem er die Milchstraßen, die Sterne und Planeten in ihre Bahnen gebracht hat, erschafft er die Fische und die Vögel, die Bäume und Kräuter, und immer heißt es zum Abschluß: »Und siehe, es war gut.« Als ich das las, war es wie ein Echo aus meinem Herzen. Natürlich war es gut, jede Blume, jeder Duft, jede dicke, am Himmel treibende Wolke, jeder singende Vogel. Es war nicht nur gut, sondern einfach prachtvoll. Mein Kinderherz hatte das immer schon gewußt.

Aber mein privates Paradies trug auch immer die unverwechselbaren Spuren meines irdischen Vaters. Er hatte uns den Sandkasten gebaut, der viel größer war als andere und in dem meine Spielgefährten und ich Stunden verbrachten, um kunstvolle Sandburgen aufzubauen. Er baute auch eine Wippe, die stabiler und viel länger war als alle, die man in einem Geschäft kaufen konnte. Wir Kinder bewunderten immer, daß alles, was Papa selbst machte, besonders groß und schwer war, als ob es ein Leben lang halten sollte.

Und dann die Schaukel! Schnell lernten wir, darauf zu stehen und in Schwung zu kommen. Wir fingen langsam an und gingen dabei rhythmisch in die Knie. Dann ging es höher und höher, immer rauf und runter. Und immer schwungvoller sausten wir durch die Luft, bis uns schließlich das Rucken der Kette anzeigte, daß es höher nicht mehr ging. Dann ließen wir uns genüßlich ausschaukeln.

Aber auch drinnen gab es viele Dinge, die uns Spaß machten. Wie in vielen alten Häusern in den Südstaaten war in der Mitte unseres Pfarrhauses ein breiter, kühler Flur, der sich über die ganze Länge des Hauses erstreckte und von dem aus man in die verschiedenen Zimmer gehen konnte. Dieser Korridor war unser liebstes Spielzimmer. Doch alle Spiele hatten irgendwie mit Vater zu tun. Die Stunden, die er mit uns beim Spiel verbrachte, waren für uns die schönsten. Es gab zahllose Spiele wie Halma, Domino und Schach, Schnipp-Schnapp oder Puzzles. Aus irgendeinem Grund beteiligte sich Mutter nie an den Spielen. Sie saß dabei und flickte, nähte oder las, während Papa und ich oder irgend jemand anders uns ganz gefangennehmen ließen und verbissen kämpften, um zu gewinnen. Vater war ein gefährlicher Gegner im Spiel, und er räumte uns Kindern auch nie irgendwelche Vorteile ein, nur weil wir klein waren. Wir hatten das auch gern so, denn wenn wir dann doch einmal wirklich gewonnen hatten, war der Triumph um so schöner.

Oft durfte ich auch mit ins Geschäft gehen, wenn Vater noch irgend etwas holen mußte, was Mutter auf ihrem Einkaufszettel vergessen hatte. Und manchmal nahm mich Papa auch mit, wenn er Besuche machte. Dann durfte ich ganz stolz neben ihm auf dem Vordersitz des alten Autos Platz nehmen, das wir uns erst leisten konnten, als ich schon größer war. Allerdings bedeutete das auch, daß ich allein im Auto warten mußte, bis der Besuch beendet war.

Ich stand oder saß gern neben meinem Vater und unterhielt mich mit ihm oder sah ihm einfach nur zu, wenn er im Haus irgend etwas zu reparieren hatte. Er war ein guter Schreiner und Anstreicher, auch ein brauchbarer Maurer und Steinmetz, und er verstand auch etwas von Installation und elektrischen Leitungen. Ich, und später mein Bruder und meine Schwester, waren die Nutznießer dieser verschiedenen Fähigkeiten unseres Vaters. Wir bekamen Bücherregale für unsere Zimmer, Wägelchen, kleine Spielhäuser, Spielplätze für Krocket und Basketball, die man sogar bei Dunkelheit beleuchten konnte, Goldfischteiche und möblierte Puppenhäuser.

Es lag wohl an der Sicherheit, die Vater ausstrahlte, daß sein Arbeitszimmer der Raum war, in dem wir uns am meisten aufhielten. Das war in allen Pfarrhäusern in Mississippi und Virginia der Fall, in denen wir im Laufe der Zeit wohnten. Das Arbeitszimmer war immer ganz umrahmt von Bücherregalen, die vom Boden bis zur Decke reichten. Ein bequemer Ledersessel mit großen Armlehnen stand in der Ecke, von dem aus man ohne Mühe das »Buch des Wissens« erreichen konnte und auch eine ganze Reihe von Büchern über Reisen, Klassiker, Kommentare zur Heiligen Schrift und auch viele Romane, Nachschlagewerke und unendlich viele theologische Bücher.

Überall, wo wir auch hinzogen, von Greenville über Umatilla, Canton bis nach Keyser, überall kam Vaters weit ausladender Schreibtisch mit, neben dem jeweils auf einem kleineren Tischchen eine Schreibmaschine stand. Es waren noch zwei oder drei große Schaukelstühle im Zimmer, Farne auf kleinen Blumenhokkern, und im Winter standen auf einer sonnigen Fensterbank immer Narzissen und Hyazinthen in Glasgefäßen, damit auch während der kalten Jahreszeit Blüten und Duft im Zimmer waren. Ein Kanarienvogel im Käfig und dazu noch eine Schale mit Mutters berühmten federleichten Brötchen, die in der warmen Luft einen herrlichen Duft verströmten, vervollständigten die gemütliche Atmosphäre.

Hier trafen wir uns auch immer nach dem Abendessen, wenn wir Kinder unsere Schulaufgaben machen mußten. Wir saßen im großen Sessel oder an einer der Schreibplatten, die man aus Vaters großem Schreibtisch herausziehen konnte, oder aber wir lagen bäuchlings auf dem Boden. Immer hatten wir so eine Menge von Arbeitshilfen in greifbarer Nähe. Papa hatte verschiedene Zeitschriften abonniert, und er besaß auch immer Kataloge, aus denen wir Kinder Bücher bestellen konnten, denn die Stadt, in der wir jeweils wohnten, hatte nur selten einen Buchhändler. Alle Ausgaben der Zeitschrift »National Geographicy« wurden immer für unsere Schulaufgaben aufgehoben; es war mit der Zeit ein ganzer Schrank gerammelt voll. Wir durften diese Hefte als Illustrationsmaterial nehmen, sie zerschneiden und Teile davon in unsere Hefte einkleben oder für Ausstellungen verwenden.

Vater hatte niemals soviel zu tun, daß er nicht seine Arbeit unterbrochen und uns weitergeholfen hätte, wenn wir Hilfe brauchten. Er beantwortete Fragen oder half uns, Material zusammenzustellen für eine Erdkundearbeit, oder er hörte uns mit dem Buch in der Hand ab, wenn wir etwas auswendig lernen mußten.

Mein Vater hatte natürlich auch seine Schwächen. Er konnte manchmal sehr eigensinnig sein. Ein typisches Beispiel dafür war die Episode mit dem Flammenwerfer. Vater liebte ganz besonders Werkzeuge und praktische Dinge mit Pfiff, und er war oft versucht, zuviel von unserem spärlich bemessenen Geld für solche Dinge auszugeben. Da unser Haus in West Virginia nun einen großen Garten mit viel Rasenfläche hatte, hatte er sich einen Motorrasenmäher geleistet. Kurz danach entdeckte er eine Anzeige, in der Flammenwerfer angepriesen wurden. Und sofort setzte sich in ihm die Überzeugung fest, daß ein Flammenwerfer genau das war, was wir unbedingt brauchten. Offensichtlich hatte das Kriegsministerium zuviele von der Sorte gekauft und war nun sehr daran interessiert, ein paar loszuwerden.

Mutter reagierte auf diese Idee direkt ärgerlich: »Um Himmels willen, was willst du denn bloß mit so einem Ding machen?! Du weißt doch ganz genau, daß wir für solchen Unsinn kein Geld haben.«

Vater sah beleidigt aus. So schaute er immer drein, wenn jemand seinen Verstand anzweifelte, weil er irgend etwas völlig Verrücktes für nützlich und praktisch hielt.

»Aber so ein Flammenwerfer ist doch genau das Richtige, um das hohe Unkraut in den Ecken im Garten wegzukriegen«, sagte er mit Nachdruck. »Und deshalb werde ich ihn auch kaufen.« Damit verließ er entschlossen das Haus.

Er kaufte ihn tatsächlich. Wir haben den Flammenwerfer heute noch, und wir haben auch bis heute immer noch Unkraut im Garten.

Manchmal kam es bei Vater auch zu Temperamentsausbrüchen. Wir erinnern uns alle noch lebhaft an die Weihnachtsvorbereitungen, als mein Bruder Bob Vater dabei half, eine elektrische Lichterkette über die Haustür zu spannen. Dabei geriet Vaters Daumen plötzlich in eine stromführende Steckdose. Er zog den Daumen blitzschnell heraus, und aus seinem Mund strömten ebenso schnell ein paar Worte, die geradezu erschreckend und einem Geistlichen ganz und gar nicht angemessen waren. Dann sah Vater von seiner Leiter auf Bob herunter und sagte feierlich: »Mein Sohn, vergiß bitte alles, was ich gerade gesagt habe.«

Bob vergaß das natürlich nie. Und nicht nur das; in späteren Jahren hat er mir erzählt, daß er Vater von diesem Moment an noch mehr geliebt und geachtet hätte als vorher. Von jetzt ab war sein Vater für ihn auch menschlich und nicht nur gut.

Auch einen denkwürdigen Sonntagmorgen werden wir alle wohl nie vergessen, als Bob und Em durch ihre dummen Streiche eine mittlere Katastrophe heraufbeschworen.

In der Woche vor diesem Sonntag hatten die zwei Streifzüge durch die Nachbarschaft gemacht und leere Wurstdosen, die etwa 15 Pfund faßten, gesammelt. Sehr sorgfältig hatten sie darauf geachtet, daß unsere Eltern nichts davon erfuhren, wozu die leeren Dosen verwendet werden sollten.

Am Sonntagmorgen war unser Vater nun fertig angekleidet für den Gottesdienst. Sein schwarzes Haar war besonders sorgfältig gekämmt, er trug einen weißen Anzug und weiße Schuhe (die einzigen, die nicht gerade beim Schuster waren). Da er gerne eine Blume im Knopfloch trug, ging er rasch noch einmal in den Garten, um sich eine dafür auszusuchen. Eine halbe Minute später hörten wir einen lauten Schrei, und dann kam er mit zornrotem Gesicht wieder ins Haus gestürmt. Im Vorbeigehen hatte er einen Zweig von der Ligusterhecke abgerissen, um die Schuldigen gehörig damit zu bestrafen. Bob und Em hatten nämlich mehrere der leeren Dosen mit Wasser gefüllt und sie an strategisch wichtigen Stellen im Garten eingegraben. Über diese selbstgemachten Fallen hatten sie Zweige gelegt und dann noch ein paar Büschel Gras. Und Vater war nun ausgerechnet in eine der Fallen getreten, die mitten auf dem Gartenweg angelegt war. An diesem Sonntag predigte unser Vater mit einem nassen linken Fuß, und zwei seiner Kinder hatten noch heftige Schmerzen am Hintern, während sie der Predigt lauschten.

Doch Vater war immer gerecht, wenn er strafen mußte. Wir wußten auch noch dann, wenn wir bestraft wurden, daß er uns liebte. Es gab keine Unstimmigkeiten zwischen den Worten, die er von der Kanzel verkündigte, und der Art, wie er mit uns umging als Oberhaupt der Familie.

Man kann nicht behaupten, daß mein Vater ein sehr beredter Prediger gewesen wäre. Seine Predigten waren eher durchschnittlich, und er hatte auch nur ein geringes Interesse für theologische Probleme. Seine Stärke lag vielmehr im Umgang mit Menschen. Er liebte sie und war gerne mit ihnen zusammen, ganz gleich, ob es Freunde oder Fremde waren.

Ich erzähle gern, wie Vater einen Besuch in der Eisenbahnwerkstatt machte, die ganz nahe bei unserem Haus in Keyser in West Virginia lag. Dort wollte er ein neues Mitglied seiner Gemeinde aufsuchen. Unsere Stadt lag zwar nahe an einem Bergbaugebiet, aber die einzige Industrie, die es in Keyser gab, war eine Eisenbahngesellschaft, die »Baltimore and Ohio Railroads« mit ihren Lokomotivschuppen und Werkstätten. In einem dieser riesigen Schuppen fand mein Vater schließlich den Mann, den er suchte, bei der Arbeit.

»Ich kann Ihnen jetzt nicht die Hand geben«, sagte der Mann entschuldigend. »Die ist viel zu schmutzig für Sie, Herr Pfarrer.«

Da bückte sich Vater und rieb seine Hände mit Kohlenstaub und Ruß vom Fußboden ein. »Geht's jetzt besser?« fragte er und bot dem anderen eine genauso schmutzige Hand an.

So kam es also, daß ich schon als kleines Kind genau wußte, daß ich meinem irdischen Vater vertrauen konnte. Aber ich wehrte mich gegen die Art von Predigten, die die Zuhörer drängten, ihr Leben Gott zu überlassen, der doch so weit weg war. Was sollte das alles bedeuten? Der Gedanke, daß ich meine ganze Zeit mit Beten, Bibellesen und tiefschürfenden Gesprächen über Gott verbringen sollte, sprach mich ganz und gar nicht an.

Als der Evangelist Gypsy Smith jr. in unsere Stadt kam und Vorträge hielt, war Neugier auch so ziemlich das einzige Motiv, das mich in sein Zelt brachte. Es war auf einem freien Platz aufgeschlagen, ein bißchen außerhalb der Stadt. Aber es schien noch nicht groß genug, um alle die Leute zu fassen, die dorthin strömten. Auf einem rohgezimmerten Podium, das noch nach Harz roch, saß der riesengroße Chor, der aus verschiedenen Gemeinden zusammengekommen war. Manche Lieder sangen sie besonders gern, und ihr Singen war oft so laut und vibrierte so schrill, daß mir Schauder den Rücken hinunterliefen. Wenn die ganze Gemeinde sang, dann schlugen die Hände des Dirigenten fest den Takt dazu. Jedesmal, wenn wir Atem holten am Ende einer Zeile, spielte der Pianist Tonleitern, Arpeggien und Schnörkel, die in meinen Kinderohren wunderschön klangen.

Dann kam die Predigt. Sie war so eindrücklich und dynamisch, daß mir noch heute, Jahrzehnte später, Gypsy Smith's Rede über Samson donnernd in den Ohren widerhallt. Die Bilder in seiner Sprache standen den Zuhörern deutlich vor Augen. Samson, der durch seine Haarpracht mit großer Kraft ausgestattet war, erlag einer Versuchung und wurde deshalb an seine Feinde, die Philister, ausgeliefert. Sein Haar wurde geschoren, seine Kraft war dahin, und er wurde grausam geblendet.

Gypsy Smith lehnte sich ab und zu weit über das Rednerpult und machte gelegentlich eine Pause, um sein Taschentuch herauszuholen und sein rotes, schweißbedecktes Gesicht damit abzuwischen oder einen Schluck Wasser zu trinken.

Dann kam die Schlußszene in Samsons Drama, wo der reumütige Samson, dem sein Haar wieder wächst und so die Kraft auch wiederkehrt, 3000 Philistern gegenübersteht, die in der großen Halle zusammengekommen sind, um ihn zu verspotten. Aber dazu sollte es nicht kommen. Seine rechte Hand auf der einen der tragenden Säulen des riesigen Hauses und die linke auf der anderen, beugte sich Samson mit aller Kraft nach vorne, und die Halle stürzte zusammen, erschlug ihn selbst und alle seine Feinde, die gekommen waren, ihn zu verhöhnen.

»So waren die Toten, die er in seinem eigenen Tod umbrachte, noch viel zahlreicher als die, die er zu seinen Lebzeiten erschlagen hatte.«

Die Erregung und Spannung in der Predigt hatte sich bald auf die Gemeinde übertragen. Aber was hatte Samsons Geschichte nun mit uns zu tun, die wir ihr nur zuhörten? Egoismus und leibliche Genüsse brächten nur Zerstörung mit sich, sagte der Evangelist mit Donnerstimme. Das würde zu allen Zeiten so sein. Aber jeder von uns sollte sich entscheiden, welchen Weg er einschlagen wollte.

Schließlich wurde es ganz still im Zelt, als der Chor ganz leise sang:

»Leise und zart ruft Jesus, so ruft er dich und mich . . .«

»Glaube an den Herrn Jesus Christus, so wirst du gerettet werden«, sagte der Evangelist drängend.

Schon bald stand irgendwo ganz hinten im Zelt jemand auf und ging langsam durch den Mittelgang nach vorne, dann noch einer und noch einer.

Die wiederholte Aufforderung des Evangelisten beeindruckten mich nicht so sehr wie der Gesichtsausdruck der Leute, die da nach vorne gingen. Es lag ein Strahlen und eine Freude darin. Die meisten schienen sich zu beeilen, damit sie endlich nach vorne kamen. Dort knieten sie nieder, viele weinten, und beteten und »übergaben ihr Leben Gott«.

Zu Hause fragte ich meine Eltern nach diesen Leuten, die sich dort Gott ganz zur Verfügung gestellt hatten.

»Heißt das, daß sie von jetzt an zur Gemeinde gehören?« fragte ich. Darin sah ich keine Schwierigkeit. Alle möglichen Leute traten in eine Kirche ein, das konnte viele Gründe haben. Aber soweit ich das sehen konnte, schien es sie nicht sehr zu berühren, wenn sie einen solchen Schritt taten.

Und weiter wollte ich auch wissen, ob nicht auch viele nur nach vorne gegangen waren, weil es sie gefühlsmäßig im Moment danach gedrängt hatte, oder vielleicht auch aus Angst. Konnten das denn die richtigen Beweggründe sein?

Papa verstand, was hinter meinen Fragen lag, und er antwortete verständnisvoll:

»Sicherlich, die meisten von ihnen werden jetzt in irgendeine Gemeinde eintreten. Du wirst das vielleicht auch einmal wollen, wenn es soweit ist. Aber, Catherine, daß man in eine Gemeinde eintritt, das ist nur ein Teil des Ganzen. Das Wichtigste an der ganzen Sache ist, daß man sein ganzes Leben Gott übergibt, damit er es zu etwas Gutem gebrauchen kann.«

Ich dachte über diesen Satz in der folgenden Zeit öfter nach. Was sollte das wohl heißen, daß ich mein Leben Gott geben sollte? Irgend etwas tief in mir wehrte sich gegen jedes Versprechen, das unecht und nicht ehrlich gemeint war. Und mein Vater spürte das auch. »Catherine, du solltest kein Mitglied der Gemeinde werden, wenn das nicht auch wirklich etwas für dich bedeutet«, sagte er eines Tages. »Wenn du es tust, muß das heißen, daß du dich selbst ganz Gott schenkst.«

Später dann kam der eine Sonntagmorgen, an dem ich neben meiner Mutter in der Kirche saß (meine Geschwister waren zu der Zeit noch in der Sonntagsschule) und meinem Vater beim Gottesdienst zusah. Mein Herz war voller Liebe zu ihm, und heute ganz besonders. Ich konnte nie viel von dem behalten, was er von der Kanzel aus sagte, aber ich fühlte, daß die Liebe Gottes durch ihn hindurchstrahlte und für uns alle in der Gemeinde da war.

Am Ende des Gottesdienstes lud Vater – eigentlich ganz spontan, wie ich mich erinnere – alle die ein, nach vorne zu kommen, die heute Jesus als den Herrn für ihr Leben annehmen wollten und damit ein Mitglied der christlichen Gemeinde sein wollten.

Und plötzlich fühlte ich in mir eine Reaktion. Es waren nicht seine Worte, die ich hörte, es war das Gefühl einer überströmenden Wärme. Ich hatte meinen Vater sehr lieb, und ich vertraute ihm von ganzem Herzen. Dieses Gefühl war so stark in mir, daß ich spürte, wie mir die Tränen in die Augen traten.

Und dann kam eine Sicherheit in mir auf. Gott hatte die ganze Zeit über gewollt, daß die Liebe meines irdischen Vaters für mich ein Beispiel für die Liebe des himmlischen Vaters sein sollte. Sie sollte mir den Weg zeigen, auf dem ich in Verbindung mit ihm treten konnte.

Ich folgte dieser inneren Überzeugung und hatte plötzlich das Bedürfnis, etwas Sichtbares zu tun, und auch den Willen, das durchzuführen. Zu meiner eigenen Überraschung und auch zu Mutters Erstaunen stand ich aus der Bank auf und ging zusammen mit einem halben Dutzend anderer Leute nach vorne.

Zuerst sah Vater mich gar nicht, als sich die Gruppe in einem Halbkreis um den Altar stellte. Er sprach kurz mit uns über den wichtigen Schritt, den wir jetzt getan hätten, und wollte gerade mit dem Gebet beginnen, als er mich sah. Da bildete sich erst die volle Erkenntnis in seinen Augen, er wußte sofort, daß es etwas zu bedeuten hatte, daß ich jetzt dabeistand. Hier brachte ich mich selbst als Geschenk, ich tat meinen ersten Schritt im Glauben. Der Widerstand in mir war gebrochen.

Den Ausdruck im Gesicht meines Vaters in diesem Augenblick werde ich nie vergessen. Es lag Überraschung, Freude und auch eine plötzliche Verletzlichkeit darin. Er stand lange da vor dem Altar und sah mich durch seine Brillengläser mit tränenerfüllten Augen an. Dann nahm er sich zusammen und forderte uns auf, zum Gebet niederzuknien.

Das war meine erste Begegnung mit dem lebendigen Gott, meinem himmlischen Vater. Im Katechismus hatte ja gestanden, daß er mich zuerst geliebt hatte. Und so war es auch mit meinem irdischen Vater. Er mußte mich schon geliebt haben, ehe ich geboren war, als ich noch im Mutterleib war.

Aber das war nicht alles: Da ich doch lieben und meinem irdischen Vater vertrauen konnte, konnte ich viel mehr auch meinem Vater im Himmel vertrauen und ihn lieben! Dann konnte ich auch ohne Angst meine Zukunft in seine Hände legen.

In dieser felsenfesten Tatsache lag für mich unendlich viel Freude und Sicherheit.

2. Mutter fand nie, wir seien arm

»Gebet, so wird euch gegeben. Ein voll, gedrückt, gerüttelt und überfließend Maß wird man in euren Schoß geben ... Verkauft, was ihr habt, und gebt Almosen. Macht euch Beutel, die nicht veralten, einen Schatz, der nimmer abnimmt, im Himmel, wo kein Dieb zukommt und den keine Motten fressen.«   Lukas 6,38; 12,33

Mein Vater war derjenige, der mir Gott als meinen himmlischen Vater vor Augen stellte, der sich liebevoll um jedes einzelne seiner Kinder kümmerte. Meine Mutter aber lebte mir überzeugend vor, daß die Verbindung mit Gott jede Alltagssituation von Grund auf verändern konnte. Das, was sie in ihrem Leben mit Gott gelernt hatte, war ganz eng verbunden mit der Armut, die sie in ihren ersten achtzehn Lebensjahren durchgestanden hatte. Entweder mußte sie sich damals damit abfinden, überall Not zu leiden, oder aber sie mußte mit Gottes Hilfe einen Weg aus dieser Armut herausfinden. Die phantasievolle Art, die Gott ihr in dieser Lage schenkte, war später noch für zahllose andere Menschen eine große Hilfe.

Leonora Haseltine Whitaker wurde 1891 geboren und wuchs auf verschiedenen Farmen in North Carolina auf, zuerst in Weaverville, später in Barnardsville. Als sie 18 Jahre alt war, trat sie freiwillig einer Missionsgesellschaft bei und wurde Lehrerin in den Great Smoky Mountains in East Tennessee. Ihre Erlebnisse mit den Bergbewohnern dort, die hoch oben 7 Meilen von Del Rio entfernt lebten, waren die Grundlage für meinen späteren Roman »Christy«.

Mutter war überdurchschnittlich groß, und die Kleider der damaligen Mode ließen sie noch größer erscheinen. Sie hatte auffallend große, ausdrucksvolle blaue Augen und eine Adlernase, die vorne mit einem interessanten Schwung nach oben ging. Ihr kastanienbraunes Haar war so lang, daß sie sich darauf setzen konnte, doch normalerweise trug sie es hochgesteckt. Später gewöhnte sie sich an, es zu flechten, und sie wand dann die Zöpfe zweimal um den Kopf, so daß es aussah wie eine natürliche Krone.

Bald nachdem Leonora Whitaker der Mission beigetreten war, kam diese in ernste finanzielle Schwierigkeiten. Man wußte nicht mehr, wie man die notwendigsten Kosten decken sollte. Mutter dachte viel darüber nach und betete auch dafür, und dann hatte sie plötzlich einen Einfall. Da sie von einer Universitätsgruppe im nahen Knoxville eingeladen worden war, einen Vortrag zu halten, und auch in einer Frauengruppe in einer der dortigen Gemeinden sprechen sollte, meinte sie, daß das doch eine gute Möglichkeit wäre, Menschen aufzurufen, der Missionsgesellschaft in ihrer Notlage zu helfen. Außerdem wollte sie sich auch an einen Geschäftsmann in Knoxville wenden, der allgemein als Menschenfreund galt. Aus all dem, was aus diesem Einfall folgte, kann man lernen, wie wirkungsvoll sich ein fester Glaube und Phantasie verbinden können.

Mutter war entschlossen, in diesem Fall nicht als graue Maus aufzutreten, der man es gleich ansieht, daß sie aus dem Hinterland kommt, und die nicht nur für die Bergbewohner, sondern auch für sich selbst betteln muß. Da es doch das Werk des Herrn war, wollte sie auch mit ihrer ganzen Erscheinung zum Ausdruck bringen, was man etwa so in Worte fassen könnte: »Mir macht es Spaß, dort Missionsarbeit zu tun. Wollen Sie nicht auch Ihren Beitrag zu diesem Abenteuer leisten?«

Deshalb führte sie ihr erster Weg in ein Schönheitsinstitut. Und sie kam mit einer höchst eleganten Frisur wieder heraus, den Oberkopf voller Locken und den Hinterkopf kunstvoll mit dem Zopf geschmückt.

Dann fand sie in einem der besten Geschäfte der Stadt einen riesigen, schwarzen Hut mit wallenden Straußenfedern. Sie meinte, daß er hervorragend zu ihrem schwarzen, langen – dem einzigen guten – Kleid aus bestem Tuch passen würde. Aber dieser Hut sollte 25 Dollar kosten; das war ein Monatslohn. Sie überlegte sehr lange. Sollten diese 25 Dollar direkt in die Kasse der Mission wandern, oder würde auch der Kauf dieses Hutes letzten Endes eine Investition in die Missionsarbeit sein? Schließlich kaufte Mutter den Hut.

Ihre blauen Augen funkelten vor Vergnügen an diesem echt weiblichen Abenteuer, als sie etwas später am gleichen Tag in das

Büro von Mr. Rush Hazen, eben diesem Großhändler und Menschenfreund, rauschte. Reihenweise hoben die Angestellten die Köpfe von den Schreibtischen und sahen ihr mit großen Augen nach, und auch Mr. Hazen starrte sie an. Er mußte an sich halten, daß er nicht durch die Zähne pfiff.

»Was? Sie sind eine Missionarin? Das kann ich ja fast nicht glauben. Warum ist noch nie vorher jemand auf die Idee gekommen, Missionare auszusenden, die so aussehen wie Sie? Was kann ich denn für Sie tun?«

Mr. Hazen tat eine ganze Menge. Triumphierend kehrte Mutter zu ihrer Missionsgesellschaft zurück. Sie hatte genug Nahrungsmittel und Geld, um die Missionsschüler im Heim den ganzen Winter über zu versorgen, und außerdem das Versprechen, daß in Zukunft noch weiteres Geld käme. Dieses Erlebnis machte sie aber auch sicher in ihrer Überzeugung, daß Gott uns mit allem versorgt, was wir brauchen, wenn wir ihn nur darum bitten, uns den richtigen Weg zu zeigen.

In dieser Missionsgesellschaft begegnete Leonora Whitaker auch John Wood, der gerade mit seiner Ausbildung am theologischen Seminar in Richmond fertig geworden war. Sie heirateten in Asheville in North Carolina, als Mutter 19 Jahre alt war.

Meine Eltern verbrachten dann die nächsten 40 Jahre als presbyterianisches Pfarrerehepaar in verschiedenen kleinstädtischen Gemeinden. Sie lebten in dieser ganzen Zeit sehr bescheiden. Doch das dämpfte Mutters Phantasie und Unternehmungslust kein bißchen. Ich erinnere mich noch lebhaft an eine besonders harte Zeit zu Beginn der 30er Jahre. Damals lebten wir in Keyser in West Virginia. Weil die Leute in Vaters Gemeinde mit großen finanziellen Schwierigkeiten kämpften, hatte er freiwillig dreimal hintereinander sein Gehalt kürzen lassen, und das bedeutete, daß sich unsere fünfköpfige Familie nur noch mit Mühe über Wasser halten konnte.

Vater bekam jeden Sonntagabend seinen Teil von dem, was aus den Kollektentellern in der Kirche zusammengekommen war, und damit kamen wir die Woche über nie aus. Deshalb hatte das Einkaufen am Freitag oder Samstag für uns Kinder immer etwas sehr Beklemmendes. Noch heute krampft sich mir innerlich alles zusammen, wenn ich daran denke, wie ich neben meinem Vater stand und so tat, als ob ich nichts merkte, wenn er mit den Augen den Ladenbesitzer, einen Freund von uns, suchte und sich dann vertraulich über den Ladentisch lehnte und leise zu ihm sagte: »Wenn wir diese Sachen heute mal so mitnehmen könnten ... Ich komme dann gleich Montag vorbei und bezahle sie.«

In diesen mageren Jahren besaßen wir auch kein Auto. Wir Kinder gingen zu Fuß oder fuhren mit dem Rad. Und unsere Eltern erledigten alles zu Fuß: den Einkauf, den Gang zur Kirche und die Besuche in der Gemeinde.

Meine Geschwister und ich lachten darüber, daß Vater z.B. für die Trauung eines Brautpaares nur 50 Cents bekam; es machte uns auch nichts aus, daß wir jedesmal zu den Nachbarn gehen mußten, wenn wir die Witze in der Sonntagszeitung lesen wollten, denn ein Teil unserer Sparsamkeit bestand auch darin, daß wir uns keine Zeitung leisteten. Anders war es mit den Kleidern, die wir anziehen mußten. Ich vergesse niemals das braune Samtkleid, das Mutter aus irgendeinem geerbten Stück genäht hatte. Der Samt war schon an verschiedenen Stellen abgewetzt, und das Schokoladenbraun war für ein junges Mädchen gewiß die falsche Farbe. Ich litt jedesmal, wenn ich das Kleid anziehen mußte. Meine Schwester schämte sich, weil sie nie richtige Mädchenkleider für den Winter besaß, sondern immer eine abgelegte Hose von ihrem Bruder als Schneeanzug anziehen mußte.

Sicher hatten wir Kinder keinen besonderen Gefallen an diesen schlimmen Jahren, aber es war doch nicht das leiseste Anzeichen von Angst bei uns zu spüren, daß uns das Geld ganz ausgehen könnte. Es schien einfach nicht in Mutters Kopf zu gehen, daß wir in dieser Zeit arme Leute waren. Sie durchlebte jeden schwierigen Tag dieser harten Zeit so, als ob sie irgendwo ein geheimes Bankkonto besäße, von dem sie jederzeit etwas abheben könnte, wenn wir wirklich in Not wären. Und in bestimmter Hinsicht war das tatsächlich so. Ihr eigentliches Geheimnis jedoch war eine unerschütterliche, vertrauensvolle, innere Haltung. So vermittelte sie uns, obwohl wir auf viele Dinge verzichten mußten, doch immer das Gefühl, daß es uns gut ging. Das kam unter anderem daher, daß sie sich immer wieder etwas Neues einfallen ließ, wenn sie anderen etwas schenken wollte. Aus unserer mageren Speisekammer konnte sie zum Beispiel einer kranken Nachbarin ein Essenstablett schicken mit köstlichen Dingen, die sie selbst zubereitet hatte: etwa feinsten Pudding, federleichte, selbstgebackene Brötchen, und alles auf unserem besten Porzellan und immer mit einem hübschen Blumenstrauß aus dem Garten.

Mutter versuchte immer, ihrer Familie ein ausgewogenes Essen vorzusetzen, und es fehlte nie an Obst und Gemüse. Es gab oft kein Fleisch zur Hauptmahlzeit, und ich kann mich nicht erinnern, daß wir jemals etwas Ausgefallenes oder Luxuriöses gegessen hätten. Das Hauptgericht an manchen Abenden bestand aus Bratkartoffeln und Pfannkuchen mit Honig oder Marmelade, oder aus gebackenem Fisch, oder es waren gebackene Mehlbreischnitten. Wir Kinder hatten jedoch gar nichts gegen diese Breischnitten, jedenfalls nicht gegen die, welche Mutter machte. Der Brei wurde in dünne Scheiben geschnitten und dann knusprig gebacken und zusammen mit Ahornsirup serviert.

Mutter konnte aus diesem bescheidenen Gericht sogar noch etwas Besonderes machen, wenn sie es an andere verschenkte. Das geschah, als sie entdeckte, daß Mr. Edwards, ein wohlhabender Nachbar, diese Mehlbreischnitten sehr gerne mochte. Da seine Frau ihm so billiges Zeug nie vorsetzte, war er von Zeit zu Zeit dankbarer Abnehmer unserer heißen, goldbraunen Leckerbissen. »Ach, der arme Mr. Edwards!« neckten wir dann Mutter, als ob er uns leid täte, daß er so etwas essen mußte.

Wir bekamen durch Mutters Art damals eine Lektion erteilt: Sie zeigte uns, wie man recht schenken kann. Das hieß: Ganz gleich, wie wenig du hast: Du kannst immer noch etwas davon abgeben. Solange du das tust, kannst du dir selbst nicht leid tun, und kannst dich auch kaum für arm halten.

Aber es steckte noch mehr dahinter. Für Mutter war das Schenken und Hergeben auch eine Tat des Glaubens. Und der geistliche Grundsatz, daß man auch aus einem kleinen Besitz noch weitergeben soll, war so natürlich für sie, als hätte sie ihn selbst erfunden. Immer wenn sie in einem Bauernhof noch einen altmodischen Brunnen mit einer Pumpe entdeckte, dann wußten wir alle schon, was sie sagen würde: »Seht ihr, wenn man den Becher Wasser trinkt, der dort auf dem Brunnen steht, dann kann man seinen eigenen Durst löschen. Aber wenn man ihn in den Brunnen gießt und dann den Schwengel betätigt und den Becher darunter hält, dann wird genug Wasser fließen, daß alle ihren Durst stillen können.«

Sie verglich dieses In-Gang-Bringen der Pumpe oft mit dem Überfluß Gottes. Geben wir von unserem Reichtum ab, dann öffnet er die Fenster des Himmels und beschenkt auch uns. Das war für Mutter ein geistliches Gesetz; sie erklärte uns Kindern, daß das so sicher sei wie die Tatsache, daß jeden Morgen die Sonne wieder aufgeht.

Mutter war noch nicht lange in Keyser, als sie schon Pläne machte. Sie wollte den Notleidenden in diesem Bergbaugebiet helfen, besonders denen, die in »Radical Hill« wohnten, einem Viertel mit wellblechgedeckten Hütten an ausgewaschenen und mit Unrat übersäten Straßen. Es war ein ganz ungewöhnliches Elendsviertel, denn es lag in einer Gegend, die eigentlich das schönste Wohngebiet der Stadt hätte sein können, weit entfernt vom Bahnhof. Der unglaubliche Dreck war umgeben von sanften Hügeln und hoch aufsteigenden Bergen. Die »anständigen« Bürger der Stadt machten um dieses Gebiet einen weiten Bogen, und doch saßen die ungewaschenen und verlausten Kinder von »Radical Hill« neben den »anständigen« Kindern in der Schule.

Mutters erster Schritt in dieser Angelegenheit bestand darin, daß sie einige junge Leute in der Gemeinde zusammenrief und mit ihnen jede Familie in »Radical Hill« besuchte, um einen Überblick zu bekommen. Es stellte sich heraus, daß von den 500 Familien, die dort wohnten, nur 80 irgendwann einmal mit einer Kirchengemeinde zu tun gehabt hatten.

Daraufhin bot Mutter dem Wohlfahrtsamt ihre Hilfe an. Und zu unserer großen Überraschung (sie selbst war kein bißchen überrascht!) gab man ihr eine Stelle mit dem Auftrag, die Lebensbedingungen in diesem Gebiet zu verbessern, wo sie nur konnte. Tag für Tag schickte sie uns also zunächst in unseren geerbten, oft kunstvoll gestopften und geflickten Kleidern zur Schule, und dann machte sie sich auf, um denen zu helfen, die sie »die armen Leute« nannte.

Das erste, was Mutter dort fertigbrachte, war, daß der Name des Gebiets geändert wurde. Es sollte jetzt nicht mehr »Radical Hill« heißen, sondern »Potomac Heights«. Es sollte ein neuer Name als Zeichen für einen neuen Anfang sein, etwas, was einen Schlußstrich setzen und neuen Mut geben sollte. Dann wurde ein ehemaliges Hotel gefunden und renoviert. Zwischenwände wurden herausgerissen, es wurde repariert und angestrichen, Badezimmer und eine Küche installiert. Dieses Haus war ein Treffpunkt für viele Zwecke. Hier wurde Sonntagsschule gehalten, in der Woche war es ein Kindergarten und eine Krankenstation, handwerkliche Kurse und Mutters eigener Unterricht in Kinderpflege und die Bibelarbeiten für junge Leute fanden hier statt. Bald blühte die Arbeit auf. Diejenigen, die schon alle Hoffnung aufgegeben hatten, bekamen wieder Boden unter den Füßen, weil sie merkten, daß sich jemand um sie kümmerte.

Dann teilte man eines Tages Mutter mit, daß die Geldmittel verbraucht wären und daß deswegen der Anstellungsvertrag mit ihr beendet werden müßte. Nur einen Augenblick gab Mutter ihrer Enttäuschung nach, dann wandte sie sich an den Leiter des Wohlfahrtsamtes.

»Kann ich nicht weiterarbeiten?« fragte sie.

»Aber wir können Sie doch nicht weiter bezahlen.«

»Das habe ich verstanden«, erwiderte Mutter. »Aber warum sollte ich diese Arbeit nur für Geld tun, wenn ich sie doch um der Liebe Gottes willen und um der Menschen willen sowieso tun will?«

Der Mann starrte sie ungläubig an. »Was wollen Sie damit sagen?«

»Ich meine«, sagte sie entschlossen, »daß die Arbeit unbedingt weitergehen muß, ob ich nun dafür bezahlt werde oder nicht! Wenn wir gerade jetzt mit allem aufhörten, wäre das eine Katastrophe!«

Der Direktor sah ungläubig drein. Doch dann, unter dem Eindruck von Mutters Entschiedenheit, stand er auf, und Bewunderung und Begeisterung waren in seinem Gesicht geschrieben. Er streckte ihr die Hand entgegen.

»Gut, natürlich, wenn es so ist, dann machen Sie so weiter! Ich will alles versuchen, ja, wir alle werden etwas tun. Irgendwie werden wir die Leute auf unsere Seite bringen.«

So machte sich Mutter nun weiter Tag für Tag auf und ging nach »Potomac Heights«, und sie bekam nicht einen Pfennig für ihre Arbeit. Und es ging nicht nur gut weiter, sondern die Sache vergrößerte sich sogar noch und wurde eine Aufgabe für viele begeisterte junge Leute, die sich mit Mutter zusammentaten, um dort zu helfen.

Viele Jahre später sah ich einmal im Fernsehen einen Film nach Kathryn Forbes' Erinnerungen mit dem Titel »So war Mama«, der mich sehr berührte. Die dargestellte fünfköpfige Familie war gerade so wie unsere, sie hatten einen Sohn und zwei Töchter. Die jüngste Tochter Dagmar erinnerte mich sehr an meine eigene Schwester Em. Und genau wie unsere Familie, so kannten auch diese Leute viele finanzielle Schwierigkeiten. Auch sie lebten von einem wöchentlichen Zahltag zum anderen. Und ich spürte auch noch eine andere Ähnlichkeit. Kathryn Forbes' Mutter hatte ein Bankkonto. Jeden Samstagabend gab es Kassensturz, und die Münzen wurden zu verschiedenen Stapeln aufgeteilt, einen für den Vermieter, einen für den Kaufmann, einen fürs Schuhebesohlen, für die Schulhefte usw. Dann gab es immer eine große Erleichterung, wenn die Mutter zum Schluß lächelte und sagte:

»Es ist gut, wir brauchen doch nicht auf die Bank zu gehen.«

Das Bankkonto der Mutter war etwas, was nur in den allerschlimmsten Notfällen angegriffen werden durfte. Durch harte Arbeit und viel gegenseitige Hilfe kam die Familie Jahr um Jahr durch. Sie wußten immer, daß Mutters Bankkonto im Hintergrund da war. Und das gab ihnen ein Gefühl von Wärme und Sicherheit.

Zwanzig Jahre später, als die Tochter Kathryn ihre erste Geschichte veröffentlicht und dafür Honorar bekommen hatte, brachte sie stolz den Scheck ihrer Mutter.

»Das ist für dich! Das kannst du auf dein Bankkonto einzahlen!«

Da endlich kam die Wahrheit heraus. Es hatte niemals ein solches Bankkonto gegeben. Die Mutter war nur auf diesen Gedanken verfallen, weil es, wie sie sagte, nicht gut wäre für kleine Kinder, wenn sie Angst hätten und sich nicht sicher fühlten.

Plötzlich wurde mir schlagartig klar, daß meine Mutter auch solch ein Bankkonto hatte, das uns als Kinder beruhigte und vor Angst bewahrte. Auch dieses Konto war etwas Wirkliches, wirklich wie die Bergluft, die wir atmeten, und das nahrhafte Brot, das sie für uns backte, so sicher und stabil wie das Gold in Fort Knox. Mutters Bankkonto war ihr Glaube an den Herrn, ihr absolutes Vertrauen, daß die Verheißung »Gebt, so wird euch gegeben« so unerschütterlich und dauerhaft war wie die Berge, die uns umgaben.

Schon im Alter von 12 Jahren hatte ich angefangen zu verstehen, daß das Geheimnis von Mutters Kraft darin lag, daß sie in täglichen Gebetsgesprächen mit Gott verbunden war. Ich sah ihr manchmal nach, wenn sie ging, um allein mit Gott zu reden, und ich fragte mich, wie das wohl wäre, wenn man sich richtig mit Gott unterhalten könnte. Konnte man wirklich seine Stimme hören? War seine Gegenwart und seine Liebe etwas, was man richtig spüren konnte? Das mußte ich herausfinden.

Mit 14 Jahren war ich ein mageres und etwas ungeschickt wirkendes Mädchen mit einem viel zu langen Hals. Meine Haare waren von Natur aus lockig, aber immer ein bißchen widerspenstig, und ich hatte sehr große blaue Augen in meinem blassen Gesicht. Ich war ein junges Mädchen wie viele; ich hatte den Kopf voller Fragezeichen und Ausrufezeichen und voller ungereimter Träume. Wie konnte man auch mit Leonora Wood zusammenleben und sich gleichzeitig damit abfinden, daß man in jeder Hinsicht von Grenzen umgeben war?

»Ihr seid die geliebten Kinder eines Königs«, sagte uns Mutter immer wieder. »Jeder von euch ist ihm ganz wertvoll, und er hat in der Welt etwas Wichtiges für euch zu tun. Es kommt nun auf euch an, daß ihr seinen Plan für euer Leben herausfindet. Und merkt es euch gut: unser Herr und König ist nicht kleinlich.«

Schon seit der frühen Pubertätszeit träumte ich davon, eines Tages Bücher zu schreiben, eine richtige Schriftstellerin zu werden.

Als ich fünfzehn war, schoben sich zwei andere Träume in mein Blickfeld. Das geschah im Frühjahr im Haus von Mrs. William

MacDonald, bei der ich öfter einmal übernachtete, wenn ihr Mann wegen einer Rechtssache unterwegs war.

Die Tochter des Hauses, Janet, war auf ein College gegangen, das »Agnes-Scott-College« hieß. Es war berühmt, weit weg in Decatur, am Stadtrand von Atlanta. »Mrs. Mac«, wie wir sie immer nannten, erzählte oft, daß dieses College etwas ganz Besonderes sei und daß es soviel für die Ausbildung und das Leben von Janet bedeutet habe.

Das Haus der MacDonalds erschien mir damals geradezu luxuriös. Sie hatten echte Mahagonimöbel, eine große alte Standuhr, die jede Viertelstunde melodiös schlug, auch sehr viele Bücher, wunderschöne Bücher über Geschichte und Reisen, die überall herumlagen. Sie bekamen sogar jeden Sonntag die »New York Times«.

Wenn ich bei Mrs. Mac über Nacht blieb, dann gab es vor dem Zubettgehen noch Eis – mehr Eis, als ich essen konnte. Und danach deckte sie mich mit einer dicken Federdecke zu, wenn ich in dem schönen Bett aus Ananasholz lag.

Ich erinnere mich noch genau an einen Abend, als für mich die Zeit für einen Augenblick stillstand.

»Gute Nacht, mein Liebes«, sagte Mrs. MacDonald und wandte sich zum Gehen. An der Tür blieb sie noch einmal stehen, drehte sich halb um und sah mich an. »Du siehst wunderschön aus, wie du so da liegst. Warte nur ab, bald wird einmal ein wundervoller Mann kommen, gerade der Richtige für dich, und der wird dich mitnehmen.«

Ihre Worte, die mir furchtbar gewagt erschienen, standen groß im Raum und kamen dann zu mir herüber und fanden in meinem Herzen und in meinen Gedanken bleibende Wohnung. Von diesem Moment an hatte ich zwei neue Wunschträume: Ich wollte gerne zum Agnes-Scott-College gehen, und ich wollte mich bereithalten für diesen wunderbaren Mann, der einmal von weither kommen und mich heiraten sollte.

Damals begriff ich das noch nicht ganz, aber da ich mein Leben Gott überlassen hatte, so nutzte er auch diese ganz besondere Zeit der Jugend aus, die so empfänglich für alle Eindrücke ist. Er pflanzte in den fruchtbaren Boden meines Mädchenherzens seine wunderbaren, großen, reinen Träume ein. Die Erfüllung dieser Träume sollte sein Werk sein, nicht meins. Ich aber mußte noch lernen, daß keiner dieser hochgesteckten und so unwahrscheinlichen Träume wahr werden konnte ohne eine schmerzhafte Selbsterkenntnis und ohne Wachstum.

Zu der Zeit meines High-School-Abschlusses wurden die wirtschaftlichen Schwierigkeiten in unserer Stadt von Tag zu Tag schlimmer. Geschäfte mußten schließen, Banken krachten zusammen, Firmen machten bankrott, und es gab sogar Fälle von Selbstmord. Fast jeder lebte auf Kredit. Unsere Familie lebte mehr denn je von der Hand in den Mund. Wie sollte da noch irgendwelches Geld für ein College übrig bleiben?

Ich war am Agnes-Scott-College schon angemeldet, hatte wohl bei Schulwettbewerben auch etwas Geld verdient und außerdem das Versprechen, daß ich ein Stipendium bekommen würde, aber all das waren immer noch ein paar hundert Dollar zuwenig, verglichen mit dem, was wir brauchten.

Eines Abends fand mich meine Mutter auf meinem Bett liegen und schluchzen. Sie setzte sich neben mich.

»Komm«, sagte sie beruhigend. »Wir beide müssen die Sache jetzt gleich in Ordnung bringen.«

Mutter nahm mich mit ins Gästezimmer, und wir knieten beide neben dem altmodischen, goldfarbenen Eichenbett nieder, das sie und Vater früher einmal für ihr erstes Haus gekauft hatten.

»Catherine«, sagte Mutter, »ich weiß ganz bestimmt, daß es für dich richtig ist, wenn du auf dieses College gehst. Jede Schwierigkeit hat auch eine Lösung. Wir wollen Gott darum bitten, daß er uns zeigt, wie wir diesen Traum verwirklichen können.«

Als wir dort zusammen knieten, wußte ich instinktiv, daß dies ein ganz wichtiger Augenblick war. Ich erlebte Gottes Gegenwart in viel direkterer und persönlicherer Weise, als sonst, etwa beim Gebet vor dem Schlafengehen oder bei Tisch, bei den Familienandachten in Vaters Studierzimmer oder auch bei den meisten Gebeten in der Kirche. Mutter hatte mich hier in das Heiligtum ihres Gebetslebens mit hineingenommen.

In der Stille erneuerte ich meine Beziehung zu Gott, mit dem wir jetzt sprechen wollten. Als ich neun Jahre alt war, hatte ich ihm schon mein Leben gegeben. Seitdem war ich regelmäßig zur

Sonntagsschule und zur Kirche gegangen, aber das war eigentlich wenig genug für die Tochter eines Pfarrers, dachte ich ein wenig beschämt.

Ich hatte wohl auch oft seitdem zu Gott gebetet, aber wie echt waren diese Gebete denn gewesen? Mir wurde plötzlich schmerzhaft klar, daß die meisten dieser Gebete sehr selbstsüchtige Ziele verfolgt hatten. Ich hatte Gott herzlich wenig von mir selbst überlassen. Nie hatte ich richtig an der Arbeit von Mutter teilgenommen, mit der sie »Radical Hill« in »Potomac Heights« verwandelt hatte. Und immer deutlicher fielen mir die vielen Momente ein, wenn ich jeweils Mitglieder der Gemeinde den Weg zu unserem Haus hinaufkommen sah und dann ganz schnell die Hintertreppe zu meinem Zimmer hinauflief, wo ich allein sein und ungestört lesen konnte, damit ich mich nicht mit den Leuten abgeben und ihre Probleme anhören mußte.

Eine Szene nach der anderen tauchte plötzlich vor meinem inneren Auge auf. Wie oft hatte ich meinen Bruder und meine Schwester geärgert! Und wenn ich daran dachte, wie oft meine Eltern auf Dinge verzichtet hatten, die sie eigentlich brauchten, nur damit wir Kinder Kleider, Klavierstunden, Bücher oder eine Sportausrüstung bekommen konnten, dann kam ich mir sehr unwürdig vor. Wenn ich nun unbedingt zum College wollte, würde das noch viel größere Opfer von ihnen verlangen.

Ich sah verstohlen zu Mutter hinüber. Sie betete inständig, aber lautlos. Nur ihre Lippen bewegten sich. Da schloß ich die Augen und betete im stillen das ehrlichste Gebet meines bisherigen Lebens.

»Herr, ich bin egoistisch gewesen. Ich habe alles von dir genommen, auch von unserer Gemeinde und von meinen Eltern, aber ich habe sehr wenig von mir gegeben. Vergib mir, Herr. Vielleicht verdiene ich es gar nicht, zu einem College wie dem Agnes-Scott-College zu gehen.«

Ein Schluchzen ließ mich innehalten. Ich wußte ganz genau, was ich jetzt tun mußte.

»Und Herr, ich überlasse dir den Traum, den ich schon so lange habe. Ich gebe ihn dir, er liegt in deiner Hand. Du sollst entscheiden.«

Diese stillen Augenblicke im Gästezimmer waren die aufrichtigsten, die ich bis dahin mit Gott verbracht hatte. Ich hatte gelernt, daß der Preis der Beziehung zu ihm darin besteht, daß wir alle unsere Masken und Vorwände fallen lassen. Wir müssen ganz ehrlich zu ihm kommen, so wie wir sind – oder aber gar nicht. Meine Ehrlichkeit brachte mir Erleichterung, sie wusch die Schuld weg und stärkte meinen Glauben.

Ein paar Tage später entschieden Vater und Mutter, daß ich nach ihrer Überzeugung so weitermachen sollte wie bisher und mich auf das College vorbereiten sollte. Sie hatten das gewisse Gefühl, daß das richtig war und daß Gott das auch bestätigen würde. Ich selbst war nicht so sicher. Gott hatte mir meinen Egoismus gezeigt. Vielleicht wollte er, daß ich diese College-Pläne aufgeben und ihm auf ganz andere Weise dienen sollte.

Tage vergingen, schließlich Wochen. Dann endlich öffnete Mutter eines Tages einen Brief und stieß einen Freudenschrei aus:

»Das ist es! Jetzt haben wir die Antwort auf unsere Gebete!«

Der Brief enthielt ein Angebot von einem Sonderprojekt der Regierung, in dem Mutter gebeten wurde, die Geschichte unserer Gegend schriftlich festzuhalten. Wenn sie ihr Honorar zu dem hinzufügte, was wir schon hatten, dann hatten wir mehr als genug für alle Ausgaben auf dem College.

Wieder einmal hatte das notwendige Guthaben auf Mutters Bankkonto geholfen, eine Notzeit zu überstehen. Aus den Stunden, die sie jeden Tag allein mit Gott verbrachte, war ihr unerschütterliches Vertrauen erwachsen, daß Gott aus seinem grenzenlosen Reichtum heraus immer für uns sorgen würde. Wie oft hatte sie uns Kindern gesagt: »Und vergeßt nicht: Gott wird es niemals, niemals zulassen, daß wir mehr geben müssen, als wir können.«

Aus diesem gewissen Reichtum, aus dieser Sicherheit heraus konnte es sich Mutter immer leisten, anderen zu geben – nicht nur materielle Dinge, sondern auch funkelnde Einfälle der Phantasie, einen Glanz von Hoffnung, ein Stück neuen Mutes, lauter Werte, die mehr bewirkten als Münzen jeder möglichen Währung und die im Leben vieler Menschen, mit denen sie zu tun hatte, die Tür zur Erfüllung öffneten.

3. Mein Gott war zu klein

> »Herr, du erforschest mich und kennest mich . . . Diese
> Erkenntnis ist mir zu wunderbar und zu hoch, ich kann
> sie nicht begreifen.«   Psalm 129,1.6

Auf der ersten Fahrt von West Virginia nach Atlanta zum College,
wo ich mein Studium aufnehmen wollte, verbrachte ich die Nacht
im Zug. Wir hatten nicht genug Geld, um einen Schlafwagenplatz
zu belegen, und so saß ich die ganze Nacht aufrecht im Abteil.
Aber mit der Zeit entdeckte ich, wie ich diese schlaflosen und sehr
unbequemen Nächte vermeiden konnte: Wenn der Schaffner einen mochte und es um Mitternacht noch irgendwo einen freien
Platz im Schlafwagen gab, dann durften ihn auch andere Reisende
für ein paar Dollar extra benutzen.

Die Notwendigkeit, sorgfältig mit meinem Geld umzugehen,
bestimmte all diese Jahre auf dem College. Es war die Zeit der
Wirtschaftskrise in den dreißiger Jahren. Meine Eltern schränkten
sich ein, wo es nur ging, um mir das Studium zu ermöglichen. Jedesmal zu Anfang des Semesters, wenn die Studiengebühren fällig
waren, lebte ich in unerträglicher Spannung. Wenn wir mit der
Zahlung nur ein wenig im Verzug waren, kam gleich eine Mah-
nung von Herrn Schroff, dem Schatzmeister des Agnes-Scott-
Colleges. Er trug seinen Namen wirklich zu Recht.

Als ich zum erstenmal im College ankam, fühlte ich mich gleich
zu Hause, sobald ich die uralten Magnolienbäume sah, die ich
noch gut aus meiner Kindheit in Mississippi kannte. Und bald
schon genoß ich die geheimnisvolle Schönheit der Sommernächte
von Georgia, wenn ein sanfter Wind von Süden wehte. Ich entdeckte den Haferflockenbrei und den Dialekt des Südens und die
Peach-Tree-Straße in Atlanta. Das Leben im College erwies sich als
unglaublich vielseitig. So gab es neben langweiligen Diskussionen
auch Gespräche, in denen es um die Wahrheit ging, anstrengendes
Lernen, ab und zu auch ein Tennisspiel nachmittags als Ab-
wechslung nach langen Stunden in der Bibliothek, Feueralarm-
übungen, endlos langes Haarewaschen, das Warten auf Briefe und
Schecks von zu Hause. Es gab auch gelegentlich Verabredungen

mit jungen Männern, denn in Atlanta und Umgebung wimmelte es von Schulen und Hochschulen für Jungen. Dann das Schreiben und Tippen von Referaten und Aufsätzen, das dauernde Schrillen des Telefons im Schlafraumtrakt und auch unvergeßliche Festessen nach der offiziellen Schlafengehzeit aufgrund von Paketen, die viele von uns von zu Hause bekamen, mit gebratenem Hühnchen, Kartoffelchips, Keksen, gesalzenen Nüssen und Gewürzkuchen.

Als Anfänger im College mußten wir zuerst einmal in der sogenannten »Rat Week« allen möglichen Ulk mitmachen. Dazu gehörte, daß man ein Kleid verkehrt herum anziehen mußte, Schuhe, die nicht zusammenpaßten, dazu sechs Lockenwickler im Haar und einen Klecks Creme auf jeder Backe in der Form eines »F« (denn »Frischling« nennt man die College-Anfänger). Außerdem mußten wir noch auf allen vieren kriechen, sobald wir einer Studentin im höheren Semester begegneten.

Ich fand bald heraus, daß sich die Mädchen am Agnes-Scott-College gern selbst die »Hottentotten« nannten und daß ich jedesmal eine Gänsehaut bekam, wenn bei einem feierlichen akademischen Umzug, alle in vollem Ornat und mit Baretten, die Schulhymne gesungen wurde.

Ich entdeckte auch die eine Stelle auf dem quadratischen Innenhof, die irgendwie mit der Zentralheizung des Colleges verbunden sein mußte und aus der durch ein Gitter immer Dampf emporstieg. Und ich sah, daß der Sonnenuntergang jeden Abend das Efeu auf den uralten Mauern des Hauptgebäudes in einen leuchtenden glänzenden Zauber verwandeln konnte.

Allmählich, als die Wochen verstrichen, kam ich dahinter, wer die wichtigsten Persönlichkeiten im College waren. Da war zunächst Dr. J. R. Mc Cain, der Rektor des Colleges, der sich immer Zeit nahm, mit jedem Mädchen ein kurzes Wort zu wechseln, und dessen Stolz darin lag, daß seine Schule ein schnell aufsteigender Stern am akademischen Himmel war. Dennoch prahlte er immer damit, daß der hohe wissenschaftliche Standard nichts von der Weiblichkeit und Heiratsfähigkeit der jungen Frauen nahm, die von seinem College abgingen. War es nicht erwiesen, daß 80 Prozent der »Hottentotten« heirateten? Und war das nicht ein höherer Prozentsatz als bei den meisten Mädchencolleges überhaupt?

Gelegentlich machte Dr. McCain die Mädchen mit den neuesten Statistiken über Eheschließungen bekannt. Das schien ihm genausoviel Freude zu machen wie die Liste derjenigen Studentinnen, die gerade einen Doktorgrad erworben hatten.

Dann gab es noch Dr. Henry Robinson, den Leiter des mathematischen Zweiges. Er war ein mathematisches Genie, aber auch fast genauso interessiert daran, Heiraten zu stiften, und auch an dem damals vieldiskutierten Alkoholverbot. Dr. Robinson hatte erheblichen Anteil an all den Verabredungen, die ich damals mit verschiedenen Jungen hatte.

Da war noch Miss Hopkins, die Dekanin des Colleges. Unter uns nannten wir sie »Hoppy«. Sie war unberechenbar und sehr vornehm. Ihre Kleidung, ihr Gang und ihre Umgangsformen erinnerten an vergangene Jahrhunderte; ihr graues Haar trug sie in einer Pompadourfrisur, wie sie Anfang des 19. Jahrhunderts modern gewesen war.

Virginia hieß meine hübsche blonde Zimmergenossin. Sie wußte, wie man sich richtig schminkte mit Grundierungs-Make-up, Lidschatten, Wimperntusche und Augenbrauenstift. Ich hatte hart mit mir zu kämpfen, daß ich sie nicht beneidete. Diese Gefühle mündeten schließlich in ein sehnsüchtiges Verlangen, wenn ich nur daran dachte, was sie allein an kosmetischen Vorräten besaß, alles in den größten handelsüblichen Flaschen und Tiegeln. Bis zum heutigen Tag genügt ein Hauch des berühmten Parfüms »Soir de Paris«, um Erinnerungen an Virginia in mir aufsteigen zu lassen.

Unsere Kleiderschränke standen nebeneinander. Auf meiner Seite hingen ein paar sorgfältig ausgesuchte, einfache Kleider und Blusen- und Rockkombinationen. Auf Virginias Seite war nicht nur eine komplette Schulgarderobe, sondern auch noch ein schwarzer Biberpelzmantel, der ausgezeichnet zu ihrer blonden Schönheit paßte, eine Steinmarderstola und viele Ausgeh- und Abendkleider. Sie schrieb immer den Schönheitsteil im Jahrbuch unseres Colleges, und überall, wo sie erschien, drehten sich die Männer nach ihr um.

Ich betrachtete das alles aus der Entfernung und ermahnte mich selbst, daß ich ja eigentlich glücklich sein müßte, daß ich überhaupt auf dieses College gehen konnte, ob nun mit wohlgefülltem Kleiderschrank oder nicht, und redete mir Binsenweisheiten ein, z.B. daß Mädchen nicht vom Brot (oder von Steinmarderstolas) allein leben könnten. Doch ich fragte mich oft, wovon sie dann tatsächlich lebten.

Es verging kaum eine Woche in diesen vier Jahren am College, in der ich nicht angstvoll an mein Geld gedacht hätte. Jeder Pfennig war wichtig. Es gab nur ganz selten einen Extrabetrag für Vergnügungen. Einmal brauchte ich 15 Dollar, um bei einer wichtigen Diskussion teilzunehmen, die Studentinnen von uns gegen ein Diskussionsteam von der Universität in Oxford führen sollten. Ich hatte das Geld nicht, und meine Eltern auch nicht. Virginia hätte es mir vielleicht geliehen, aber ich war zu stolz, sie danach zu fragen. Ich war als eine von nur zwei von uns allen für dieses Ereignis ausgewählt worden. Wenn ich jetzt nur wegen blanker Armut hätte absagen müssen, schien mir das einfach entwürdigend. Doch in letzter Minute schafften es meine Eltern, mir das Geld zu schikken. Wo sie es hergenommen haben, weiß ich bis heute nicht.

Gegen Ende meines ersten Studienjahres machte ich eine Erfahrung, die sich später als ein Wendepunkt meines Lebens herausstellte. Unsere Englischlehrerin, Dr. Emma May Laney, hatte uns eine Auswahl von verschiedenen Autoren gegeben, über die wir uns informieren sollten. Einen Namen auf dieser Liste hatte ich noch nie vorher gehört: Katherine Mansfield, eine Kurzgeschichtenautorin aus Neuseeland. Unsere Aufgabe bestand darin, eine Abschlußarbeit über unseren Autor zu schreiben. Diese Arbeit sollte hauptsächlich darüber entscheiden, wie wir im zweiten Jahr eingestuft wurden.

Ich war neugierig auf Katherine Mansfield, so suchte ich mir diese Autorin aus, und ich hätte es nicht besser treffen können. Nachdem ich einige Bände ihrer Kurzgeschichten gelesen hatte, stieß ich auf ihr Tagebuch. Ein Absatz nach dem anderen sprach irgend etwas an, was tief in mir verborgen war und hier eine Resonanz meiner eigenen Gefühle fand. Die Art, in der Katherine Mansfield das Leben aufgriff und es in Worte gleiten ließ, fesselte mich. Sie war wie ein kleines Mädchen, das vor seinem inneren Auge alles Mögliche sieht, eine Möwe, die draußen auf dem Meer aufleuchtet, ein zertretenes Veilchen im Gras; das das Plumpsen einer kleinen harten Birne hört, die vom Baum fällt irgendwo ganz hinten im Garten; das seiner Freundin zusieht, die einen Fluß in ihren Grießbrei eingräbt und dann jemand braucht, der ihr helfen kann, »die Ufer aufzuessen«; ein Kind, das hört, wie der kleine Vogel in den Zweigen des Baumes »sein Lied einen Ton höher ansetzt«. All das nimmt dieses kleine Mädchen mit seinen arglosen Sinnen auf und sagt zu uns: »Guck mal! Ganz neue Schuhe!«

Die Vorbereitungen für die Abschlußarbeit waren für mich keine Arbeit, sondern notwendig wie das Atmen. Ich hatte etwas entdeckt, das mir vorkam wie pures Gold, und ich genoß es aus vollem Herzen. In ein Notizbuch schrieb ich damals einige blumige Zeilen aus Katherine Mansfields Tagebuch, die mir ganz besonders gefielen:

> »Feenhaft erhob sich das Feuer in zwei verzweigten Flammen, die aussahen wie das goldene Geweih eines verzauberten Hirsches.«
> »Und der Tag verschenkte sich selbst. Die trägen Stunden bliesen ihn an, und er verstreute sich wie die Saat auf dem Acker.«
> »Die Sonne schien durch die Fenster und blitzte auf den Messingpfosten des Bettes.«
> »Quer durch den Bus warfen sie sich Worte zu.«[1]

Als ich die Arbeit schließlich abgab, hatte ich ein gutes Gefühl. Und deshalb war ich völlig unvorbereitet auf das, was nun folgte.

Etwa eine Woche später wurde ich ins Arbeitszimmer der Professorin gerufen. Miss Laney war eigentlich eine nette Lehrerin, aber gelegentlich hatte sie eine sehr scharfe Zunge. Und alle Schärfe und Ironie, derer sie fähig war, zeigte sie in dieser Situation.

»Na, das wird ja wohl nicht von Ihnen sein!« schrie sie mich an und stieß ihren Bleistift heftig auf meinen Aufsatz über Katherine Mansfield, der vor ihr auf dem Schreibtisch lag. »Diese Arbeit ist durch und durch im Stil von Katherine Mansfield geschrieben.«

Ihre Augen sprühten Feuer, ihr Mund war schmal und verbissen, als sie mir einen grundsätzlichen Vortrag darüber hielt, wie gefährlich, unehrenhaft und zutiefst ungehörig das Plagiat sei.

Ich brach in Tränen aus und war zu verwirrt, um überhaupt etwas Vernünftiges zu sagen. Ich brachte nur stammelnd hervor:

»Aber ich wollte doch gar nicht den Stil kopieren! Ich habe nur einfach geschrieben, was ich empfunden habe.«

»Aber diese Arbeit liest sich genauso, als ob Katherine Mansfield sie selbst geschrieben hätte. Sie ist ausgezeichnet, aber ich kann einfach nicht glauben, daß Sie . . .« Sie unterbrach sich und wußte wohl im Moment nicht, wie sie mich bezeichnen sollte, um auszudrücken, daß ihr die Arbeit einfach zu gut erschien, als daß sie von einer Studentin aus dem ersten Jahr stammen könnte.

Es ist seltsam, aber ich habe nicht die leiseste Erinnerung mehr daran, was ich nun schließlich für eine Note auf diese Arbeit bekam. Ich hatte so unendlich viel Freude daran gehabt, sie zu schreiben, daß mich die Note gar nicht mehr interessierte. Diese Arbeit war vielmehr eine wichtige Erfahrung bei der Entdeckung meiner selbst gewesen. Ich war über etwas gestolpert, was für mich von großer Wichtigkeit war. Mir schien, ich sei hier an einen Schatz geraten, der auf mich gewartet hatte.

Als ich noch mit schmerzlichen Empfindungen in den folgenden Wochen und Monaten über die Vorwürfe der Professorin nachdachte, begann ich mehrere Schlußfolgerungen daraus zu ziehen: Meine Arbeit war für eine Anfängerin so ungewöhnlich gewesen, daß Miss Laney mißtrauisch geworden war: Durfte ich dann annehmen, daß vielleicht – vielleicht – die glitzernden Mädchenträume einmal wahr werden könnten, daß ich irgendwann einmal eine Schriftstellerin würde?

Und weiter: Der Vorwurf des Plagiats war erhoben worden, weil ich für den Stil der Autorin, von der ich in der Zeit viel gelesen hatte, wohl besonders empfänglich war. Das hieß dann wohl, daß ich in Zukunft in diesem Punkt sehr vorsichtig sein mußte. Viele Jahre später sprach ich über dieses Problem noch öfter mit anderen Autoren. Jeder Schriftsteller muß sich selbst ganz streng beobachten und kontrollieren im Hinblick darauf, was er liest, wenn er dabei ist, selbst etwas zu schreiben. Es wird nicht gut sein, z.B. Hemingway zu lesen, während man an einem eigenen Buch arbeitet. Dabei wird höchstwahrscheinlich am Ende eine Kopie von Hemingways Stil herauskommen.

Es war auch zu Ende dieses ersten Jahres am College, als ich zum erstenmal den Namen Peter Marshall hörte. Er war Pfarrer der Westminster Presbyterianischen Gemeinde in Atlanta. »Also, das ist schon ein richtig guter Pfarrer«, hatte uns eine aus dem höheren Semester erzählt, »ein Schotte, und der sieht blendend aus.«

Manche von meinen Klassenkameradinnen gingen regelmäßig sonntags dorthin, aber dazu mußte man erst eine Stunde mit der Straßenbahn fahren, und das brauchte Zeit und Geld, was ich nur ungern ausgab.

Als ich schließlich doch einmal hinging, um den jungen Schotten predigen zu hören, war ich begeistert. Peter Marshall war ein großer, gutgebauter Mann mit den breiten Schultern eines Fußballspielers, die sich auch noch unter dem Talar abzeichneten. Sein Haar, das einmal sehr blond gewesen war, wurde langsam dunkler. Es war lockig, nie so glatt gekämmt wie das meines Vaters. Sein Gesicht war schön und rauh zugleich.

Er schien auf der Kanzel ganz zu Hause zu sein. Wenn er redete, gestikulierte er viel, aber seine Gesten kamen einem nie übertrieben oder künstlich vor. Am Ausdrucksvollsten war seine Stimme. Sie war außergewöhnlich klangvoll und noch vielseitiger und dramatischer als die meines Vaters, mit einer angenehm klaren und deutlichen Aussprache und garniert mit einem leichten schottischen Akzent. In seinen Gebeten und Predigten fand ich einen deutlich dichterischen Zug. Wenn er auf der Kanzel stand, sah ich ihn unwillkürlich – und vielen anderen mag es auch so gegangen sein – vor einem Hintergrund, auf dem das Schloß von Edinburgh zu sehen war mit John Knox, näselnden Dudelsäcken, der berühmten 51. Division, und rundum grünes Heidekraut.

Aber etwas anderes sprach mich dabei noch mehr an. Hier war ein Mann, der seinen Herrn gut kannte, der von ihm wie von einem Freund sprach und seine ganz persönlichen Erfahrungen von Führung und Hilfe weitergab. Hier hörte ich zum erstenmal Predigten, die den Hörern einen Jesus vorstellten, der hier und heute lebendig war. All das rührte mich an.

Etwa in der Mitte meines zweiten Studienjahres hatte ich angefangen, Reaktionen und Beobachtungen in meinem Leben am College aufzuschreiben. Der folgende Eintrag war bezeichnend für diese Zeit:

»Ich bin heute morgen schrecklich trübsinnig, und das aus irgendeinem unerklärlichen Grund. Vielleicht ist es das niederdrückende Gefühl der Leere, nachdem alle Prüfungen vorbei sind. Sie waren einfach schrecklich. Ich frage mich, ob das anderen Leuten auch so viel ausmacht wie mir.

Ich bin durch und durch müde, gedanklich, körperlich und auch geistlich. In letzterer Hinsicht bin ich sogar faul. Ich würde gerne Gott richtig kennenlernen, nicht nur etwas Abstraktes von ihm wissen, aber ich scheine auch das nicht so sehr zu wollen, daß ich viel dafür unternehmen würde. Ich kann mich selbst nicht richtig durchschauen. Vielleicht eines Tages ... aber eines Tages kann immer sein.«

Am folgenden Sonntag ging ich in die Kirche von Peter Marshall und schrieb danach folgendes auf:

»Heute war es ganz großartig. Beim Frühstück sah es noch nach Regen aus, aber dann kam die Sonne heraus. Als wir auf die Straßenbahn warteten, fielen ein paar dicke Regentropfen. Sie sahen aus wie Perlen im Gesicht der Sonne.

Ich weiß nicht so recht, was mit mir los ist. Vielleicht mache ich mir nur zu viele romantische Gedanken, aber dieser Peter Marshall hat mir wirklich etwas zu sagen. Ich würde alles darum geben, wenn ich nur einmal länger mit ihm reden könnte.«

Etwa einen Monat später findet sich folgender Eintrag:

»Ich bin zur Sonntagsschule und zum Gottesdienst in der Westminster-Kirche gewesen. Nachdem Pfarrer Marshall die Einleitung gemacht hatte, sagte er, daß er noch nicht alle Besucher der Sonntagsschule kennen würde, und ob wir uns nicht erst einmal gegenseitig vorstellen könnten. Er fügte noch hinzu, daß er uns doch gerne kennenlernen wollte, bevor wir alle heiraten würden. Das Witzige daran war, daß bei diesen Worten nicht wir, sondern er selbst rot wurde!

Heute hatte ich das seltsame und schwindelerregende Gefühl, daß Pfarrer Marshall mich an diesem Morgen zum erstenmal wirklich ansah. Ich konnte das an der Art erkennen, wie er seinen Blick auf mich richtete und mich anlächelte. Das lag sicher an meinem neuen blauen Hut, er steht mir ja auch wirklich nicht schlecht . . .«

Bald danach fing ich an, Zeitungsausschnitte zu sammeln, in denen etwas über Peter Marshall stand. So etwas erschien immer wieder einmal in der örtlichen Presse, denn dieser junge Pfarrer, der erst Anfang 30 war, machte schon Eindruck in der Stadt:

»Ein junger schottischer Prediger mit unverkennbarem Akzent und einer eindrucksvollen, dramatisch begabten Persönlichkeit . . .«

». . . es liegt eine eigenartige, fast jungenhafte Schüchternheit über ihm . . .«

»Ein mitreißender junger Schotte, der Gold in der Stimme hat . . .«

»fröhlich, intelligent, geistreich . . .«

Wenn ich solche Kommentare las, wußte ich doch, daß das Eigentliche an diesem Mann nicht sein Reichtum an Geist oder seine dynamische Persönlichkeit war. Vielmehr war es die unbestreitbare Tatsache, daß unter dem Eindruck seines Predigens und Betens Gott für die, die ihm zuhörten, lebendig wurde. Während er durch den Gottesdienst führte, war Gott nicht mehr eine ferne, theologische Abstraktion, sondern ein liebender Vater, dem an jedem einzelnen Menschen lag und der sich um das geringste menschliche Bedürfnis kümmerte.

Mein Mädchenherz war nicht das einzige, das von Peter Marshall angesprochen wurde.

Mein Bedürfnis nach etwas Außergewöhnlichem und Hervorragendem wurde durch seine Predigten gestillt, und, was noch wichtiger war: In mein geistliches Bewußtsein zog tiefe Ruhe ein. Mehrere Einträge in meinen Tagebüchern aus dieser Zeit spiegeln das wider:

»Ich merke, ich bin in eine Krise meines Lebens geraten. Ich kann jetzt sehr leicht verstehen, daß Menschen ihre sogenannte Religion verlieren können, wenn sie genug gebildet worden sind, um konsequent nachzudenken, besonders dann, wenn ihre Religion nur einfach aus einem Erbe oder einer Gewohnheit bestand. Ich fürchte, daß mir jetzt dasselbe passiert. Ich habe bisher keinerlei lebendige religiöse Erfahrungen gemacht. Gott scheint mir gar nicht wirklich zu existieren. Ich glaube an ihn, aber hauptsächlich wegen einiger Leute, die ich kenne. Es sind nur sehr wenige, z.B. solche wie Peter Marshall, für die Religion eine lebendige, vitale Sache ist.

Ich kann so nicht weitermachen. Ich weiß, es muß etwas an dem Glauben dran sein, sonst wäre das ganze Leben bedeutungslos. Manchmal scheint mir das so. Die Leute hasten, mühen sich ab und arbeiten ihr Leben lang und haben überhaupt keinen Sinn für die Schönheit um sie herum. Ihre Augen richten sich ausschließlich auf materielle Dinge. Wir sterben, und dann ist anscheinend alles vorbei. Ich frage mich, wozu ich überhaupt geboren bin. Das muß ich einfach wissen.«

Ein paar Wochen später:

»Der Frühling ist einfach wunderbar. Alle Bäume sind nun ausgeschlagen, ein stark duftendes, frisches Grün. Auf der Fahrt nach Decatur habe ich rosa Geißblatt und Flieder gesehen. Die Luft ist erfüllt vom Geruch der Glyzinie, die Erde ist braun und naß und sieht nach Frühling aus und verspricht noch viele schönere Dinge, Hoffnung auf Leben und Ewigkeit.

Und doch, inmitten all dieser einzigartigen Schönheit, so viel Schmutz und Häßliches! Unser Ausflug zur Universität von Georgia war bedrückend. Die Studenten dort führen für meine Begriffe ein so oberflächliches und sinnloses Leben. Sie trinken und haben ständig eine Zigarette im Mundwinkel, erzählen nur Uni-Klatsch und sagen nichts Wesentliches, wenn sie reden. Nicht einer von ihnen scheint überhaupt zu lernen.

Ich frage mich, warum sie dann überhaupt zur Universität gehen.

Es muß doch noch etwas mehr am Leben sein, irgendein lohnendes Ziel. Worin liegt mein Ziel, mein Sinn für dieses Leben? Ich glaube nicht, daß ich das bis jetzt herausgefunden habe. Ich möchte so gern, daß mein Leben erfüllt ist, ich möchte lieben, lachen, leben und auch helfen können, sooft und soviel ich nur kann.«

In diesem Sommer konnte ich Peter Marshall immer noch nicht aus meinen Gedanken vertreiben. Und so begann ich mich über Schottland näher zu informieren. Ich las über schottische Kultur, Geschichte, einfach alles Schottische. Vielleicht konnte ich dann diesen Briten besser verstehen, dessen kultureller Hintergrund so ganz anders war als meiner und der auch soviel älter war als ich. Ich fragte meine Eltern gründlich aus und erfuhr, daß alle meine Vorfahren ursprünglich von den Britischen Inseln eingewandert waren. Dann stellte ich eine umfassende Liste von 37 Büchern über Schottland auf und vertiefte mich ins Lesen. Es waren Reiseberichte, gefühlvolle Romane, Gedichte und Beschreibungen. Während ich las, staunte ich darüber, wie stark doch die Stimme des Blutes bei uns Amerikanern sein kann, deren familiäre Wurzeln auf der anderen Seite des Ozeans liegen.

Und dennoch – wozu all das Lesen? Worauf wollte ich mich damit eigentlich vorbereiten? Gegen Ende des Sommers kam eine Zeit der nüchternen inneren Neuorientierung. Im College suchte ich nach einer neuen Basis, auf der ich mein Leben aufbauen konnte. Mein Verstand verlangte danach, wieder in geordnete Bahnen zu denken. Doch waren mir auch jene Stimmen noch im Gedächtnis, die mich früher einmal gewarnt hatten: »Paß nur auf, viele junge Leute verlieren ihren Glauben, wenn sie erst einmal studieren!«

Das stimmte, und ich war besonders verwundbar, da ich aus einem traditionell christlichen Elternhaus kam. Mein Bild von Gott war klar definiert und genau umschrieben, und trotzdem empfand ich, die Welt der Gedanken und der Prozeß des Lernens auch als eine Art Gift, und ich merkte, daß ich mich gegen eine Art intellektueller Gefräßigkeit in acht nehmen mußte. Meine Stärken und Schwächen wurden mir mit der Zeit klar: Mathematik und Naturwissenschaften waren für mich eine Qual, Englisch, Geschichte, Philosophie, Kunst, Grammatik und Musik eine Freude. Und dort kamen auch all mein Eifer und meine Fähigkeiten zum Vorschein.

Aber wo war Gott bei alledem? Zu meiner großen Überraschung war er überall. Nicht einmal so sehr in den Religionsstunden, bei den Vorträgen über das Alte und Neue Testament, die fand ich eher langweilig und manchmal ziemlich bedeutungslos, besonders bei jenem Professor, der – möglichst liberal und tolerant – oft weit hergeholte naturalistische Erklärungen für die alttestamentlichen Wunder entwickelte. Mir imponierten weder diese verdrehten Theorien noch das allzu auffällige Bemühen des Professors, seinen Zuhörern zu gefallen. Statt dessen konnte ich Gott in den verzwickten Gedankengebäuden der Mathematik erkennen, in der unbegreiflichen Weite und Vielschichtigkeit der Schöpfung, die uns in den Naturwissenschaften begegnete, in seinen Fußspuren durch die Geschichte der vielen Reiche und Nationen hindurch, im Leben von bedeutenden Männern und Frauen, die Geschichte gemacht hatten. Er war überall. Auch die vergleichende Religionswissenschaft war mir da keine Bedrohung. Die Wahrheit war und blieb die Wahrheit, unteilbar. Und Teile und Stücke von Gottes Wahrheit, soweit die Gedanken der Menschen sie erfassen konnten, sind in allen Religionen der Welt enthalten. Ich lernte zuzuordnen und nachzudenken und auch, wie Gott mir dabei helfen konnte, die Wahrheit vom Irrtum zu unterscheiden.

Ich wußte schon damals, daß ich niemals Angst davor haben mußte, meinen Verstand zu gebrauchen. Denn an jedem Punkt einer neuen Entdeckung kam mir Gott schon entgegen. Er war immer noch viel größer als meine Gedanken, aber auch dem größten Naturwissenschaftler, dem hervorragendsten Arzt und dem besten Historiker überlegen. Mein Gott war bisher zu klein gewesen, und jene irrten, die mich einmal vor dem Studium gewarnt hatten. Er hatte mir doch meinen Verstand gegeben, und sein Wunsch war es, daß ich jede Faser davon auch gebrauchen sollte.

Daher war es mein Ziel, einmal eine ganz besondere Leistung zu erbringen, und dieser Wunsch lag während der ganzen Zeit am College in mir, und eigentlich war er auch schon vorher und später noch immer in mir lebendig gewesen. Ich war fasziniert und begeistert von Klugheit, von Qualität im schriftlichen Ausdruck, in der Kunst, in der Wissenschaft überhaupt. Die Frage stand mir immer vor Augen: Wie und wo konnte ich alle meine Fähigkeiten so in eine Arbeit hineinlegen, daß ich damit die absolute Grenze meines Könnens erreichte? Im College versuchte ich, eine Antwort darauf zu finden.

Zum neuen Studienjahr nach Atlanta kehrte ich mit dem Entschluß zurück, unter meine als pathetisch und unreif erkannte Verliebtheit in Peter Marshall einfach einen Strich zu ziehen. Er hatte mir Gottes Wirklichkeit nahe gebracht, und das konnte ja nur gut sein. Aber ich hatte mich fest entschlossen, mich in diesem Herbst erwachsener zu zeigen. Ich würde gelegentlich noch in die Westminster-Kirche gehen, um Peter predigen zu hören, aber verabreden wollte ich mich von jetzt an wieder mit jungen Studenten aus dem Georgia Technical Seminar und anderen Hochschulen in der Umgebung. Vor allem aber wollte ich mich auf mein Studium konzentrieren und mein Ziel, Besonderes, Hervorragendes zu leisten, weiter verfolgen. Vielleicht war ja eine Laufbahn als Lehrerin das Richtige für mich.

Was die Liebe anbelangte, sollte das alles erst einmal warten, am besten noch lange Zeit.

4. Liebesgeschichte

»Es ist nicht gut (ausreichend, befriedigend), daß der Mensch allein sei ... Denn die Liebe ist von Gott ... denn Gott ist Liebe.«   1. Mose 2,18; 1. Joh. 4,7.8

Als ich in jenem Herbst ans College zurückkam, ging das Gerücht um, Peter Marshall hätte sich verlobt. Sollte es nun wahr sein oder nicht, jedenfalls bestärkte es mich in meinem Entschluß, meine Beziehung zu Peter von jetzt an freundlich, aber ganz distanziert weiterzuführen. Es war doch wirklich lächerlich, daß sich eine noch nicht 20jährige Studentin in einen 32jährigen Pfarrer verliebt, der schon so viele Frauenherzen in der Gegend von Atlanta erobert hatte und der allmählich schon für seine Eheberatungsgespräche bekannt war.

»Aber warum sucht er mich dann immer mit den Augen, wenn er predigt?« fragte ich mich. »Ach, Tausende von anderen Frauen glauben vielleicht dasselbe«, erwiderte mein logischer Verstand. Doch die Gedanken ließen mich nicht los. Warum dann die große

Aufmerksamkeit und Zuwendung, die er mir nach den Gottesdiensten entgegenbrachte? Warum hatte er sogar seine Sekretärin Ruby Coleman geschickt, um mir auszurichten, daß er mit mir zusammen nach Decatur fahren wollte?

Ich hatte keine Antwort auf all diese Fragen. Am besten war es, wenn ich sie entschlossen beiseite schob.

In diesem Oktober lernte ich einen jungen Mann aus Emory kennen. Es entstand bald eine starke körperliche Anziehung zwischen uns beiden, und ich fragte mich, ob ich wirklich in Fred verliebt wäre. Aber dann erkannte ich eines Tages, daß es geistig und geistlich keinerlei Beziehungen zwischen uns gab, schon gar nicht so etwas wie eine Einheit. So versuchte ich, all die Liebesgeschichten zu vergessen und mich ganz auf mein Studium zu konzentrieren.

Doch schon bald, es war eben unvermeidlich, zog es mich wieder in die Westminster-Kirche und zu Peter Marshall zurück, weil es ohne ihn eine schmerzende Leere in meinem Inneren gab. Der folgende Eintrag in meinem Tagebuch ist bezeichnend für diese Zeit:

»Es gibt verschiedene Gründe dafür, warum mich Peter immer wieder anzieht. Zum einen liegt soviel Poesie in seinem Reden, und es besteht eine Verwandtschaft zwischen Poesie und Religion. Beide versuchen, das wahre Wesen der Dinge auszumachen. Und einer der Gründe, warum ich mich niemals wirklich in Fred verlieben könnte, ist der, daß er das Schöne überhaupt nicht sieht und zu schätzen weiß. Dazu kommt noch, daß Peter das Erbe aller europäischen Traditionen in sich trägt und das noch vereinigt mit dem Besten der amerikanischen Tradition, das er auch in sich aufgenommen hat. Er hat eine solche Gabe, anderen Menschen seine Zuneigung und Freundlichkeit zu zeigen, einen so köstlichen Sinn für Humor, der durchsetzt ist mit einem sehr irdischen Schalk . . .
Warum muß bloß diese leibhaftige Verkörperung aller meiner Ideale 12 Jahre älter sein als ich und so weit von mir entfernt wie der Südpol?!«

Meinen Klassenkameradinnen muß es damals vorgekommen

sein, als ginge es mir blendend. Meine Noten waren gut, fast im Durchschnitt 1. Ich hatte Erfolg im Diskussionsklub, der sich mit Teams aus anderen Universitäten traf, auch im Dichterklub oder bei anderen Aktivitäten. Aber unter dieser glatten Oberfläche brodelte es:

»Heute abend fühle ich förmlich einen Zwang in mir zu schreiben, bis meine Hand nicht mehr kann. Ich bin die ganzen letzten Tage ruhelos und unglücklich, weil ich mit mir selbst nicht zurechtkomme und auch nicht mit Gott. Warum diese Unzufriedenheit? Ich werde getrieben von einem überwältigenden Gefühl, daß da ein Schicksal ist, eine Aufgabe, die irgendwo unerledigt liegt und die ich allein tun muß. Ich kann niemals mehr zur Ruhe kommen, glücklich sein oder mich des Lebens freuen, solange ich nicht erkannt habe, warum ich hier auf der Welt bin und wohin mein Weg führt. Es kommt mir vor, als wäre meine Seele in mir hart, gefroren, und wenn ein milder Einfluß kommt und sie zum Schmelzen bringt, dann stürmt sie gegen ihre Ufer an wie ein schäumender Gebirgsbach, dessen Lauf eben erst von Geröll befreit worden ist. Und ich halte es noch nicht einmal für zu dramatisch, wenn ich sage, daß mein Leben so ausgedörrt ist wie ein steiniges Flußbett, ganz verschmachtet, weil das lebenspendende Wasser fehlt.
Ich bin es so leid, soviel zu wissen und doch nichts wirklich zu tun. Ich bin es müde, nur zu denken und nicht zu sein. Ich verachte mich selbst, weil ich in bezug auf den Glauben wirklich faul bin. Es ist so viel bequemer, sich nicht darum zu kümmern, und doch weiß ich, daß ich Gott niemals finden kann, wenn ich mich nicht um ihn bemühe.«

Den ganzen Winter hindurch sind meine Tagebuchaufzeichnungen immer wieder durchsetzt mit Hinweisen auf Peter:

»Je mehr ich ihn reden höre, desto mehr erkenne ich, daß wir dieselben Gedanken und Ideale haben. Wir mögen dieselben Dinge. Wenn ich ihm nur erzählen könnte, wieviel Schlaf er mir schon geraubt hat! Dieses sehnsüchtige Träumen von Peter ist eigentlich das Dümmste, was mir bisher passiert ist!«

Wenn ich heute nach so vielen Jahren meine Tagebücher noch einmal durchsehe, dann wird mir klar wie nie zuvor, wie zart und nachsichtig Gott damals mit mir umgegangen ist. Denn er drängte sich mir nicht auf, als ich noch ganz mit mir selbst beschäftigt sein wollte, doch er war immer da, wenn mein Herz nach ihm verlangte. Und eigentlich war es auch schön, daß er sich so viel Zeit mit mir nahm. Sie schien mir damals unendlich und quälend lang, aber heute erkenne ich, daß das der richtige Weg war, um die Beziehung zwischen Peter und mir zu entwickeln, bis ich, die soviel Jüngere, reif genug war, Peter dort zu begegnen, wo er gedanklich und glaubensmäßig in seiner Entwicklung war.

In dem Film, der später unter dem Titel »Ein Mann namens Peter« über diese Zeit gedreht worden ist, wird dargestellt, daß der entscheidende Wendepunkt in unserer Beziehung der 3. Mai 1935 war, als die große Prohibitionsversammlung (im Film ist es nur eine Jugendversammlung) stattfand, bei der Peter, ein Student vom Emory College und auch ich als Redner vorgesehen waren. Doch mein Tagebuch zeigt, daß diese Zusammenkunft zwar für uns wichtig war, doch nur als erster Schritt auf dem Weg. Als wir zusammen zu der Schule fuhren, wo das Treffen stattfinden sollte, konzentrierte sich Peter ganz auf mich. Mit Nachdruck dementierte er das Gerücht, daß er verlobt sei, und sagte:

»Sie sollten nicht alles glauben, was Sie über mich hören, mein Mädchen. Ich bin ganz sicher nicht im Begriff, demnächst zu heiraten.« Er sprach dieses Wort ganz betont mit seinem rollenden schottischen »r« aus.

Die Versammlung begann mit einigen alten Kirchenliedern, und Peters schöne Baritonstimme war durch alle anderen hindurchzuhören. Einer nach dem anderen wurden wir Redner dann ausführlich vorgestellt, man hörte uns aufmerksam zu, und zum Schluß bekamen wir mehr Applaus, als wir verdienten. Offen gestanden – ich erinnere mich an fast überhaupt nichts mehr, was wir damals gesagt haben.

Auf der Rückfahrt saßen Peter und ich hinten im Auto. Er nahm meinen Arm und hielt meine Hand auf dem ganzen Weg nach Hause. Er sagte, er habe schon lange einmal mit mir sprechen wollen, doch bis jetzt noch nie eine Gelegenheit dazu gehabt. Bevor wir uns verabschiedeten, fragte er mich noch, ob ich schon einmal gekegelt hätte, er wolle mich an einem der nächsten Abende mal dazu einladen.

Ich war hin und weg. Mein Traum von zwei langen Jahren war endlich erfüllt worden, ich hatte Peter näher kennengelernt. Niemals hätte ich gedacht, daß er sich wirklich mit mir verabreden würde.

Es verging eine Woche, dann noch eine, aber Peter rief nicht an. Wir sahen uns noch zweimal nach dem Gottesdienst, wo er mir jedesmal mit viel Wärme und Zuneigung begegnete. Beide Male ließ er es sich nicht nehmen, mich zum College zurückzufahren. Am 12. Mai bat er auch darum, daß er mich zurückbringen könnte. Da war es halb vier Uhr nachmittags, und wir blieben noch bis 11 Uhr abends zusammen. Eigentlich war das unser erstes Rendevous. Nur widerwillig und sehr zärtlich sagte er mir gute Nacht mit den Worten: »Ich melde mich diese Woche noch.«

Die Tage schlichen vorüber. Kein Anruf. Was sollte ich eigentlich von ihm halten?

Dann kamen die Sommerferien, und ich fuhr nach Hause nach West Virginia, enttäuschter als im Jahr vorher. Warum schien es immer so, als ob er ganz und gar und ausschließlich an mir interessiert wäre, wenn ich mit ihm zusammen war, und warum kam dann hinterher nie ein Brief oder auch nur ein Anruf?

Er hatte versprochen, mir in den Ferien zu schreiben, und das tat er auch. Der Poststempel war vom 17.6.1935. Ich öffnete hastig den Brief. Er war auf Gemeindepapier getippt. Mein Gesicht verfinsterte sich, meine Hoffnungen schwanden dahin, als ich las:

»Liebe Catherine,
ich habe mich über Deine Karte gefreut. Es ist schön, daß Du an mich gedacht hast. Meine Pläne für diesen Sommer liegen jetzt fest: Ich werde von New York aus nach Schottland reisen, und zwar am 5. Juli, und werde bis Ende August dort bleiben. Von der Gemeinde aus habe ich einen Monat Urlaub bekommen und dazu noch die Erlaubnis, einen weiteren Monat wegzubleiben. Ich werde auch nach Hause fahren und versuchen, länger bei meiner Mutter zu bleiben als im letzten Jahr. Nach New

York fahre ich zusammen mit fünf anderen Leuten, und deshalb wird es wohl nicht möglich sein, noch einen Umweg zu machen und bei Dir in Keyser vorbeizukommen, wie ich es ursprünglich vorhatte.

Seit Du weg bist, war ich fleißig wie immer. Es gab allein acht Promotionsfeiern innerhalb von 8 Tagen. Bevor alle vorbei waren, war ich schon ganz erschöpft. Letzte Woche war ich fast jeden Tag im Agnes-Scott-College und habe Vorträge bei der Synodalkonferenz gehalten, und diese Woche muß ich jeden Abend in Villa Rica predigen. Ich glaube, ich bin völlig erledigt, wenn der Urlaub anfängt.

Ich hoffe, es geht Dir gut und Du ruhst Dich aus und genießt Deine Ferien.

Schöne Grüße und alles Gute   Peter.«

Der Brief hätte gar nicht unpersönlicher und oberflächlicher sein können! Wieder einmal machte ich in den Ferien diesen schmerzhaften Prozeß durch und versuchte, alle Gedanken und Träume, die sich um Peter Marshall rankten, aus meinem Kopf zu vertreiben. Im August kam eine Karte aus Troon in Schottland. Sie war noch nichtssagender:

»Hier in Schottland ist es großartig. Ich war auch eine Woche in London und habe viele schöne Ausflüge gemacht. Ich hoffe, du hast schöne Ferien.

Gruß   Peter Marshall«

Das gab mir den Rest. Jetzt war es wirklich Zeit, daß ich aufhörte, mich wie ein Schulmädchen zu benehmen. Ich mußte endlich wieder wie ein normaler Mensch leben.

Und doch, wenn ich an die wenigen, kurzen Stunden dachte, die ich mit Peter zusammen verbracht hatte, wurde mir klar, daß es da so viele bedeutsame, kleine Dinge gegeben hatte: der seltsame Blick, mit dem er mich angesehen hatte, als wir nach seiner Predigt am Muttertag neben seinem Auto standen und ich ihm gerade gesagt hatte, wie sein Idealismus in bezug auf Frauen mich doch berührt hätte; der Moment später am selben Abend, als er seine

Hand auf meine legte, während wir auf der Brücke standen und zusahen, wie das Mondlicht einen silbernen Fleck aufs Wasser zauberte; seine Augen, die ganz tief in meine gesehen hatten, als wir zum College zurückfuhren und er mir von seinem bevorstehenden Urlaub in Schottland erzählte; der Augenblick, als er mich auf der Kegelbahn von hinten einholte und seine Hand auf meine Schulter legte; die Art, wie er mir einmal übers Haar strich und sagte: »Liebe kleine Catherine.«

Mein Herz tat weh und ließ sich nicht beruhigen. Das ging den ganzen Sommer über bis zum Herbst. Jetzt kam ich zu meinem letzten Studienjahr ans College zurück und war fest entschlossen, von jetzt an der Westminster-Kirche fernzubleiben, wieder einmal und dieses Mal für immer überzeugt, daß es für diese Sehnsucht meines Herzens keine Hoffnung gab. Ich mußte einfach Peter Marshall vergessen.

Inzwischen hatten die drei Jahre Studium in dem naiven Kleinstadtmädchen aus West Virginia einiges bewirkt. Sie waren eine große Bereicherung gewesen und hatten meinen Horizont beträchtlich erweitert. Was ich noch nicht an Fähigkeiten hatte, machte ich wett durch ehrliches Bemühen und manchmal auch durch Heftigkeit und durch harte, zähe Arbeit. In jeder Diskussion, in der es um allgemeine Fragen ging wie z.B. die Vereinten Nationen, den Nationalsozialismus in Deutschland oder die Wirtschaftskrise bei uns, waren meine Beiträge nie wohlüberlegt und besonnen, sondern meist leidenschaftlich, oft voll flammender Entrüstung, so daß mir meine Klassenkameradinnen bald den Spitznamen »Catherine, die Entrüstete« gaben. Ihr unvermeidlicher Spott brachte mich schließlich wieder auf den Boden zurück, ich fand allmählich mein Gleichgewicht wieder und auch meinen Humor.

Ich muß damals wohl drei Stunden täglich in der Bibliothek zugebracht haben. Ich grub mich tief in die Klassiker ein, freute mich an Romanen, blätterte in Gedichtbänden, tauchte ein in die Geschichte und war immer wieder fasziniert von Persönlichkeiten, vom Lebensweg und wichtigen Ereignissen im Leben von Männern und Frauen, die Bedeutendes geleistet hatten. Es war mir ein echtes Vergnügen, als ich eines Tages zufällig auf ein Wort von Carlyle stieß, das genau meinen Zugang zur Dichtung und zur Geschichte ausdrückte: »Geschichte ist das Konzentrat aus zahllosen Biographien.«

Meine Lektüre war sehr vielseitig, von Calvin bis zu William Hazlitts und Thomas Carlyles Essays. Das Tagebuch von Dorothy Wordsworth war dabei und Matthew Arnolds Prosa und Lyrik. Ich las die Briefe von Horace Walpole und John Keats oder auch von romantischen Dichtern wie Shelley, Wordsworth und A. E. Housman. Ich verliebte mich geradezu in Edna St. Vincent Millay und Robert Frost, die sozusagen via Katheder auch unsere Universität »besuchten«.

Zu Beginn meines letzten Jahres entschloß ich mich mehr denn je, alle meine Energie ins Studium zu investieren und weiter im Diskussionsklub, im Wanderverein und im Dichterklub mitzumachen. Eine Zeitlang bildete ich mir auch ein, die vollkommene und geborene tragische Dichterin zu sein und schwelgte in der Nichtigkeit des Lebens und ähnlichen düsteren Themen. Obwohl es sich schon bald herausstellte, daß ich nicht zur Dichterin bestimmt war, stolperte ich dadurch doch über eine wichtige Technik des Schreibens. In der Dichtung ist man nämlich gezwungen, immer genau das richtige Wort zu finden. Die Gedanken müssen ganz streng beisammengehalten werden, gespannt sein wie ein Bogen. Und dann muß auch die Phantasie ins Spiel kommen, sonst bleibt das Gedicht Gefasel oder, was noch schlimmer ist: Es wird sentimental.

Viele dieser Versuche kleidete ich in die schwierige Form, die des Sonetts, das erforderte Disziplin, und all das war eine gute Übung für das Schreiben überhaupt.

Mein felsenfester Entschluß der Kirche Peter Marshalls fernzubleiben, hielt bis zum 20. Oktober. An diesem Tag machte ich folgende Eintragung in mein Tagebuch:

»Ich bin doch in die Westminster-Kirche gegangen, doch ich kam erst nach 11 Uhr an und mußte im Vorraum sitzen, wo man den Gottesdienst über Lautsprecher hören konnte. Ich hatte mir fest vorgenommen, nachher nicht mehr mit Peter zu sprechen, aber plötzlich änderte ich doch meine Meinung. Er drückte mir herzlich die Hand und stellte gleich fest, daß es das erstemal nach den Ferien war, daß ich zum Gottesdienst gekommen war. So hatte er also doch gemerkt, daß ich gefehlt hatte! Er hat mir wieder versprochen, daß er sich bald melden wollte. Ich werde aber erst den Atem anhalten, wenn er es auch wirklich tut.

Der Klatsch über die verschiedensten Frauen, mit denen Peter angeblich ausgeht, hält sich standhaft. Ich glaube nicht, daß er mit Frauen nur spielt. Aber da er ein zärtlicher Mann ist, voller Zuneigung, gibt er vielleicht dem Augenblick gern nach und vermittelt Frauen manchmal einen falschen Eindruck. Daß er noch nicht verheiratet ist, liegt wohl daran, daß keine von uns seinem Ideal bisher genügt hat ...

Heute war ich zum Essen bei Robinsons eingeladen, und Peter auch. Er kam ziemlich spät, und sofort kam er wieder aufs letzte Frühjahr zu sprechen. Er fragte, ob ich wohl noch an unsere gemeinsamen Stunden dachte. Dann schauten wir noch zusammen seine Urlaubsbilder von Schottland an und unterhielten uns beim Tee. Er sagte wieder, er wollte mich in den nächsten Tagen anrufen, aber ich bin sehr skeptisch ...

So dringt Peter also wieder einmal in meine so selbstzufriedene und bisher rundherum abgesicherte Existenz ein.«

Die Eintragungen in meinem Tagebuch im Laufe der nächsten vier Monate haben alle das gleiche Muster. Wenn Peter mit mir zusammen war, richtete er sein ganzes Interesse auf mich. Er arrangierte es oft so, daß wir zusammen in einer Familie zum Essen eingeladen wurden, wo wir uns unterhalten konnten und gemeinsam sangen oder Spiele machten wie Monopoly oder Parcheesi. Doch wenn ich wieder im College war, dann rief er so gut wie überhaupt nicht an und kam auch nie vorbei. Heute ist es mir klar, daß Peter als ein Junggeselle von Anfang 30 und außerdem als Pfarrer von wachsendem Einfluß nur sehr ungern die Initiative ergriff, sich mit einem Mädchen aus dem College zu verabreden, das so viele Jahre jünger war als er. Er wußte wohl, daß andere das als ungehörig ansehen würden, und damit hatte er recht. Aber damals konnte ich das nicht so sehen, und ich hatte auch nicht das leiseste Gefühl dafür, daß es eigentlich Gott war, der das Tempo der Entwicklung bestimmte.

Der entscheidende Wendepunkt kam am Sonntag, den 3. Mai 1936. Ich war gebeten worden, bei einer Versammlung in Peters Gemeinde am Sonntagnachmittag ein Buch zu referieren. Ich wählte dazu, das Buch »Vom Beten« von dem norwegischen Theologen Dr. Ole Hallesby aus. Es war ein ganz ungewöhnliches Buch für einen Theologieprofessor, denn es ging nicht um Theorie. Was Ole Hallesby zu sagen hatte, schien vielmehr direkt aus seiner persönlichen Erfahrung entstanden zu sein.

Eine solche Aufgabe hätte mich zu jeder Zeit und an jedem Ort gereizt. Da dies aber nun in Peters Gemeinde stattfinden sollte und er selbst sicher auch unter den Zuhörern war, bereitete ich mich ganz besonders gründlich auf meinen Vortrag vor. Eine Art Intuition sagte mir, daß davon etwas ganz Besonderes für das Verhältnis zwischen Peter und mir ausgehen konnte, wenn in dieser Beziehung überhaupt jemals noch etwas passieren würde. Peters Wesen war mir bis in die Tiefen hinein schon durch seine Predigten offenbar geworden, aber bis jetzt hatte er noch keine vergleichbare Gelegenheit gehabt, auch in mein Inneres einen Einblick zu bekommen. Und das Referat über dieses Buch konnte nun solch ein Fenster schaffen, durch das Peter die wahre Catherine kennenlernen konnte. So war die ganze Zeit der Vorbereitung auch durchsetzt mit meinen Gebeten. Das, was der norwegische Professor da geschrieben hatte, tat mir innerlich gut, es war wie langersehnte Nahrung für mich.

Als ich an jenem Sonntagnachmittag an der Westminster-Kirche ankam, war der Saal gedrängt voll. Peter war auch schon da. Kurz bevor ich an der Reihe war, befiel mich eine fast lähmende Spannung und Nervosität. Hatte ich überhaupt etwas zu sagen, was es wert war, vor diesen erfahrenen und gebildeten Leuten gesagt zu werden?

Ich kam mir so schrecklich jung, unerfahren und unwissend vor. In meiner Qual und im Zweifel an mir selbst schloß ich die Augen und flehte Gott an, mich zu retten, seine Hand auf meinen zitternden Körper zu legen und meine wirren Gedanken zu beruhigen, so daß ich Worte sprechen könnte, die nicht nur sinnvoll waren, sondern auch diese Zuhörer zu einer Erneuerung im Gebet führen könnten, so wie das Buch auch mich getroffen hatte.

»Wir neigen meist dazu, in unseren Gebeten sehr oberflächlich zu sein«, fing ich mit zitternder Stimme an. »Die meisten von uns meinen, daß Gott so eine Art St. Nikolaus ist, der nur darauf wartet, von uns einen Wunschzettel zu bekommen. Was er aber wirklich hören will, das ist der Hunger unseres Herzens nach ihm und auch das Bekenntnis unserer Enttäuschungen mit uns selbst und unserer Unaufrichtigkeit.«

Nun fühlte ich, wie Selbstvertrauen und eine neue Kraft in mich hineinströmten. Da Hallesby meine Augen dafür geöffnet hatte, wie selbstzufrieden ich in verschiedenen Bereichen meines Lebens war, gab ich das auch in meinem Referat zu und erzählte davon, wie ich angefangen hatte, mein Beten zu ändern. Ich sprach von meinem Verlangen danach, Gott besser kennenzulernen, die Gegenwart Jesu in meinem Leben wirklich zu spüren und mit Jesus so sprechen zu können, wie man mit einem Freund redet. Ich beschrieb Situationen wie damals, als ich die Arbeit über Katherine Mansfield geschrieben hatte und mir so hilflos vorgekommen war angesichts der beißenden Kritik meiner Professorin.

»Der Autor kann gerade für solche Situationen etwas anbieten, was wirklich hilft«, sagte ich. Und dann las ich folgenden Abschnitt aus dem Buch vor:

»Höre, mein Freund! Deine Hilflosigkeit ist dein bestes Gebet. Sie ruft aus deinem Herzen besser zu Gottes Herzen als alle deine Worte und formulierten Gebete. Er hört dich vom ersten Augenblick an, da dich die Hilflosigkeit ergriffen hat. Und er macht sich schon bereit, dir zu helfen. Heute wie damals, als er das hilflose und wortlose Gebet des Gichtbrüchigen erhörte.«

Weil das Buch mir meine eigene Unzulänglichkeit vor Augen geführt hatte, erzählte ich auch davon, wie selbstgerecht ich im Grunde während meiner ganzen Studienzeit gewesen war. Meine Gefühle drückten sich wie von selbst auch in meinen Worten aus, als ich beschrieb, wie dieses Buch von Hallesby meine Gebete mit neuem Leben erfüllt hätten. Ich fühlte mich wie getragen durch eine Macht, die außerhalb meiner selbst lag.

Obwohl die ganze Zuhörerschaft sehr ruhig und aufmerksam war, lenkte doch besonders Peters Gesicht meine Aufmerksamkeit auf sich. Er sah mich mit großen Augen und mit einer solchen Genauigkeit an, daß sich mir fast der Magen umdrehte. Es gab Momente, wo es mir so vorkam, als wären wir zwei allein im ganzen Raum.

Nach meinem Vortrag war Peter sehr nachdenklich, als er die Versammlung schloß. Er drehte sich zu mir um, nahm meine Hand und drückte sie fest, und es lag ein Blick in seinen blaugrauen Augen, den ich nicht ermessen konnte. Dann gingen wir alle in den Abendgottesdienst, und ich machte den Fehler, daß ich mich ganz vorne in die dritte Bank setzte.

Meine aufgewühlten Gefühle und die ganze Anspannung der letzten Stunden waren einfach zuviel gewesen. Die steinernen Säulen und das bunte Glasfenster mit dem Bild vom Guten Hirten hinter der Kanzel fingen an, bedenklich vor meinen Augen zu verschwimmen. Mir war zu schlecht, als daß ich noch verlegen geworden wäre, als Peter von der Kanzel noch einmal meinen Namen erwähnte im Zusammenhang mit dem Vortrag, den ich gerade gehalten hatte. Als er mit der Predigt anfing, merkte ich, daß es höchste Zeit für mich war, hinauszugehen.

Als ich aufstand und den längsten Weg meines Lebens durch die Kirche begann, brach die Stimme von der Kanzel ab. Es entstand eine Todesstille, durch die nur das abgehackte Klicken meiner Absätze auf dem Steinfußboden zu hören war. Ich konnte förmlich spüren, wie sich Peters fragende Augen in meinen Rücken bohrten. Erst als ich schon draußen im Vorraum war, setzte die Stimme im Lautsprecher wieder ein.

Die Krankenschwester unseres Colleges empfing mich an diesem Abend und versuchte, einen Grund für meine seltsame Magenverstimmung zu finden. Die Oberschwester, immer frisch gestärkt und mit einem ganz besonders feinen Spürsinn für Mädchen mit Liebeskummer, machte sich so ihre eigenen Gedanken . . .

Am nächsten Tag aßen Peter und seine Sekretärin Ruby Coleman zusammen in einem kleinen Lokal neben der Kirche zu Mittag, wie gewöhnlich. Normalerweise nutzten sie diese Zeit, um über Gemeindeangelegenheiten oder Predigten zu reden. Aber an diesem Tag, so wurde mir später erzählt, war Peter ungewöhnlich schweigsam. Die Sekretärin merkte, daß er sehr angespannt und nachdenklich war. Plötzlich sagte er:

»Wissen Sie, jedes Mal, wenn ich ein richtig nettes Mädchen kennengelernt habe, dann zieht es wieder weg.«

Ruby Coleman wußte wohl, wovon er sprach. Sie hatte die langsame Entwicklung unserer Freundschaft beobachtet. Sie wußte, daß ich in kaum einem Monat meine Abschlußprüfung machen und dann für immer aus Atlanta verschwinden würde.

»Ja«, meinte sie in ihrer ruhigen Art. »Können Sie denn in diesem Fall wirklich nichts dagegen tun?«

Eine lange Zeit erwiderte Peter nichts. Er saß da, tief in Gedanken versunken. Mit großer Sorgfalt strich er sich die Butter auf sein Brötchen. Dann sagte er: »Ja, vielleicht kann ich das doch.«

Und er tat wirklich etwas, sogar noch innerhalb der nächsten Stunde. Am frühen Nachmittag klingelte das Telefon im Krankenzimmer des Colleges, und die besorgte Stimme am anderen Ende der Leitung hatte einen sehr vertrauten schottischen Akzent:

»Ich spreche hier aus dem Büro von Miss Hopkins«, sagte die Stimme. »Ich habe die Erlaubnis bekommen, herüberzukommen und dich zu besuchen. Darf ich?«

Mir blieb die Luft weg. Kein einziges männliches Wesen, es sei denn, es wäre der Arzt, hatte jemals in der Geschichte des Colleges die Erlaubnis erhalten, das Krankenzimmer zu betreten. Männliche Besucher waren einfach tabu, schließlich waren die jungen Damen ja nicht richtig angezogen. Wie Peter die Genehmigung von Miss Hopkins errungen hatte, konnte ich mir überhaupt nicht vorstellen.

»Ich . . . ich glaube, das tust du besser nicht«, antwortete ich hastig. »Mir geht es schon so gut, daß ich mich anziehen und rüberkommen kann. Ich seh dich dann in 10 Minuten in der Säulenhalle.«

Ich hätte ihn doch nicht davon abhalten sollen. Später hat mir Peter immer wieder vorgehalten, daß ich ihm die einzige Möglichkeit genommen hätte, Gesprächsstoff für alle künftigen Generationen des Colleges zu werden. Wenn ich nicht dazwischengekommen wäre, hätte Peter als der erste männliche Besucher in diesem hermetisch abgeriegelten Raum vielleicht eines Tages noch eine Bronzeplakette bekommen, die zur Erinnerung an diesen denkwürdigen Tag an der Wand des Krankenzimmers hätte prangen können . . .

Fast jeden Tag nach diesem Vorfall kommen in meinem Tagebuch Peter und ich zusammen vor:

»Peter ist rührend besorgt um meine Krankheit . . . Ich glaube wirklich, daß er es jetzt ernst meint . . . Ich bin sicher, daß Peter jetzt auch in mich verliebt ist . . . Heute abend haben wir uns ein Theaterstück angesehen, und nachher konnte er nicht aufhören, mich zu küssen, als wir vor dem College-Tor standen . . . Heute abend haben wir bis 3 Uhr nachts zusammen geredet, und dann hat er auch um meine Hand angehalten.«

Und dann passierte mir etwas völlig Unerwartetes. Ich stellte fest, daß ich Peter nicht gleich und sofort eine Antwort auf seinen Heiratsantrag geben konnte. Wie seltsam das war! Es ergab doch gar keinen Sinn. Drei lange Jahre lang war ich hoffnungslos in ihn verliebt gewesen (fast verrückt, wie ich die meiste Zeit dachte), und nun war der größte Augenblick meines Lebens gekommen: Der Mann meiner Träume machte mir einen Heiratsantrag. Und da zögerte ich. Warum bloß?

Das lag daran, daß ich in diesem Moment ganz neu erkannte, wie Gott in unserem menschlichen Leben wirkt, und in diesem Augenblick wurde ich ein gutes Stück erwachsener. Plötzlich sah ich, wie falsch es ist, immer dem nachzugeben, was wir wollen, und dann mit ziemlicher Unverfrorenheit später Gott darum zu bitten, daß er den Segen auf unsere Pläne legt. Als Peter mich nun endlich fragte, ob ich seine Frau werden wollte, da lag mir vor allem daran, Gottes Willen in dieser Angelegenheit zu erkennen. Nichts anderes würde auf Dauer das Richtige sein, das wußte ich. Es wurde mir klar, daß mir bisher nur mein Wille gegenwärtig gewesen war und auch nur meine Gefühle, und genau deshalb konnte ich jetzt auch noch nicht sofort »ja« sagen, ohne daß ich die sichere Gewißheit hatte, daß diese Ehe nicht nur mein oder auch Peters Wille war, sondern vor allem der Wille Gottes.

Als ich vorsichtig vorschlug, daß wir beide diese Entscheidung erst einmal im Gebet Gott vorlegen müßten, da stimmte Peter sofort zu. So beteten wir zusammen und baten Gott, uns zu zeigen, ob unsere Lebenswege zusammen und alle unsere Absichten gemeinsam einen größeren Gewinn für seine Herrschaft auf dieser Erde bedeuten würden, als wenn wir jeder unseren eigenen Lebensweg gingen.

Schon fast seit der ersten Begegnung mit Peter hatte ich das seltsame Gefühl gehabt, daß sich hier ein Geschick anbahnte, das von Gott geschenkt war. Und deshalb war es auch ganz wichtig für mich, erst sicher zu sein, daß ich dazu bestimmt war, ein Teil dieses Schicksals zu sein.

Es folgten einige Tage, in denen wir jeder für sich für diese ganz wichtige Entscheidung beteten. So ungeübt und unreif ich auch im Beten war, Gott wählte doch diese Zeit aus, um mir etwas Wichtiges beizubringen. Ich lernte, daß er uns, gerade weil er uns so sehr liebt, dadurch führt, daß er den Traum von seiner Liebe in den ausgedörrten Boden unseres menschlichen Herzens einpflanzt. Und wenn der Traum reif geworden ist und die Zeit für seine Erfüllung da ist, dann finden wir zu unserem Erstaunen und zu unserer Freude, daß Gottes Wille unser Wille geworden ist und unser Wille Gottes Willen entspricht. Am Wendepunkt meines Lebens, bei einer der wichtigsten Entscheidungen im Leben überhaupt, bei der Wahl des Ehepartners, begegneten Peter und ich Gott selbst. Nur Gott selbst konnte einen solchen Plan erfunden haben.

Als ich die letzte Prüfung im College hinter mir hatte und fast wie im Traum über den Hof ging, da ließ sich so etwas wie ein Segensspruch auf mir nieder. Was mir zu schön erschienen war, um wahr zu sein, das war wirklich wahr. Gott gab nicht nur seine Zustimmung zu unserer Ehe, sondern er war in der Beziehung zwischen Peter und mir ja schon die ganze Zeit über lebendig gewesen und hatte uns langsam geführt und uns dabei reifer gemacht. In der Rückschau konnte ich plötzlich sehen, daß durch all meine Ungeduld und Enttäuschung hindurch doch Gott selbst der Dirigent gewesen war, der diese Entwicklung gelenkt hatte.

Nun blieb mir nur noch die erfreuliche Aufgabe, Peter meine Antwort mitzuteilen.

Ich suchte dazu einen Augenblick aus, als wir von Decatur nach Atlanta fuhren.

»Ich muß dir noch etwas sagen«, fing ich zaghaft an.

Im Halbdunkel sah ich den angespannten Ausdruck auf Peters Gesicht.

»Ist es gut oder schlecht?« fragte er nervös.

Als ich dann erzählte, daß ich nun zu seinem Heiratsantrag »ja« sagen könne, da sagte er kurz und aus tiefstem Herzen: »Gott sei Dank!!«

Er fuhr noch einen Moment lang weiter, ohne etwas zu sagen. Dann hielt er endlich am Straßenrand an und neigte den Kopf und sprach ein Gebet, das mir so schön schien, daß es fast schmerzte. Gott war in jedem Bereich seines Lebens, und er gehörte Gott, und so wollte er auch mit ihm diesen ganz bedeutsamen Augenblick seines Lebens teilen. Dann erst nahm er mich in die Arme.

Am Abend meiner Abschlußfeier gingen Peter und ich über den fast leeren Innenhof des Colleges. Am folgenden Tag sollte ich abreisen. Die uralten Eichen warfen schwere Schatten auf die Einfahrt, und der Mond schien auf die weißen Magnolienblüten, die ihren süßen Duft ausströmten. Das ehrwürdige Hauptgebäude hatte wohl Tausende von Mädchen kommen und gehen sehen. Die uralten von Efeu überwucherten Backsteinmauern waren Zeuge mancher zärtlicher Abschiedsszenen gewesen.

»Wenn mir jemand vor einem Vierteljahr erzählt hätte«, sagte Peter, »daß ich hier vor dem College stehen und mich zärtlich von dem Mädchen, das ich liebe, verabschieden würde, ohne mich darum zu scheren, daß mir dabei ganz Decatur von hinten und ganz Atlanta von vorne zusieht – ich glaube, dann hätte ich diesen Jemand für völlig verrückt erklärt!«

Der Nachtwächter, der irgendwo im Schatten stand, sah diskret in eine andere Richtung.

5. Krankheit

»Er weidet mich auf einer grünen Aue.« Psalm 23,2

Peter und ich wurden von meinem Vater am 4. November 1936 in Keyser in einem schlichten Gottesdienst getraut. Noch am selben Tag reisten mein neuer Ehemann und ich nach Washington. Mit beträchtlichem Kummer hatte mir Peter ein paar Tage vorher erzählt, daß er zugesagt hatte, gleich am Morgen nach der Hochzeit mit Vertretern des Gemeinderats von der Presbyterianischen Gemeinde in der New York Avenue zu einer wichtigen Besprechung zusammenzukommen.

Diese berühmte alte Gemeinde in Washington war ganz eng mit der Hauptstadt und ihrer Geschichte verwachsen. Sie lag nur zwei Häuserblock vom Weißen Haus entfernt, und hier hatte schon Abraham Lincoln an den Mittwochs- und Sonntagsgottesdiensten teilgenommen. Der Präsident sollte am 19. April 1865 als Mitglied in die Gemeinde aufgenommen werden, aber fünf Tage vorher wurde aus nächster Nähe auf ihn geschossen, und er starb.

Am Morgen nach unserer Hochzeit eilte Peter, immer noch zerknirscht darüber, daß er mich ausgerechnet jetzt, an diesem Tag, allein lassen mußte, hinaus, um sich mit den Vertretern der Gemeinde zu treffen, die schon in einem anderen Stockwerk des gleichen Gebäudes auf ihn warteten. »Ich rufe dich dann an, wenn du hochkommen sollst, Catherine«, sagte er zum Abschied.

Ich versuchte, meine aufgewühlten Gefühle zu beruhigen. »Bitte, Herr«, betete ich in meiner Aufregung. »Laß nicht zu, daß ich Peter jetzt irgendwie in Verlegenheit bringe oder ihm im Weg stehe.«

Die Damen und Herren des Komitees waren sehr freundlich zu mir und entschuldigten sich dafür, daß sie unsere Hochzeitsreise unterbrechen mußten. Dann sagten sie zu Peter:

»Wir haben uns überall im Land umgesehen und sind zu dem Schluß gekommen, daß Sie der Mann sind, den wir als Pfarrer für unsere Gemeinde brauchen.«

Nach längerer Überlegung gab Peter ihnen eine Absage. Er schrieb später an den Gemeinderat und erklärte, daß es immer noch viel unerledigte Aufgaben in Atlanta für ihn gäbe und daß er sich noch nicht bereit fühlte, eine solch große Aufgabe zu übernehmen.

Wir richteten uns in einem kleinen Haus in Atlanta ein. Peter, der Romantiker, hatte es selbst während unserer Verlobungszeit ausgesucht. Es hatte bleigefaßte Fenster, die in ihrer Form an Diamanten erinnerten, und stand hoch aufgerichtet auf einem Hügel. Die Zufahrt zu unserem neuen Zuhause ging über eine rustikale Brücke über einen Bach, der sich am Fuß des Hügels entlangschlängelte. Hinter dem Haus stand ein Wäldchen von duftenden Tannen.

Peter war lange Zeit nur Mieter im Haus eines Freundes gewesen, und seine Freude darüber, daß wir jetzt ein Haus ganz für uns allein hatten, kannte keine Grenzen. Voller Begeisterung half er mir, jedes einzelne Möbelstück auszusuchen, und auch in bezug auf die Dekoration und Ausgestaltung wollte er mir keine Entscheidung ganz allein überlassen. Mit demselben Eifer pflanzte er Frühlingsblumen am Hang vor unserem Haus.

Doch im folgenden Jahr kam ein zweiter Ruf an die Gemeinde in der New York Avenue in Washington:

»Da Sie uns eine Absage erteilt haben, haben wir überall noch einmal nachgeforscht, aber Sie sind und bleiben immer noch der Mann, den wir für diese Pfarrstelle haben wollen. Werden Sie kommen?«

Nach vielen Gebeten wurde uns klar, daß die Antwort diesmal Ja lauten mußte. Wir hatten beide in der Zeit unserer ersten Liebe gelernt, daß man dann, wenn man ganz besonders um die Führung Gottes bittet, die eigenen Vorlieben und Wünsche loslassen muß, sie sozusagen auf Gottes Altar legen und ihn darüber entscheiden lassen muß, bevor er deutlich zu uns sprechen kann.

Es war durchaus nicht Peters persönlicher Wunsch, nach Washington zu ziehen. Er liebte Atlanta, dort hatte er seine Heimat gefunden, und der Gedanke, das alles nun hinter sich lassen zu müssen, war qualvoll für ihn. Doch wir hatten das Wort, daß Gott einen größeren Plan für ihn hatte. Ja, wir mußten gehen.

So kam es, daß das junge Mädchen, das früher immer die Hintertreppe hinaufgelaufen war, um nur nicht den Leuten aus der

Gemeinde zu begegnen, jetzt mit erst 23 Jahren Pfarrfrau und Gastgeberin für einen stetigen Strom von Besuchern sein mußte und viele soziale Rollen in einer der größten und berühmtesten Gemeinden Washingtons übernehmen mußte. Und unser neues Haus, das Pfarrhaus an der Cathedral Avenue, lag direkt neben »Woodley«, dem Anwesen von Henry L. Stimson, der später Kriegsminister werden sollte.

Immer noch war eine ganz besondere Leistung mein Ziel, und so steckte ich alle meine Energien in meine neue Rolle und nahm mir vor, darin erfolgreich zu sein. Freundliche Damen aus der Gemeinde wie z.B. Mrs. Frank Edgington und Isabella Stott zeigten mir die Traditionen der New-York-Avenue-Gemeinde auf, die eine lange Reihe von Pfarrfrauen vor mir seit 1803, der Zeit von Thomas Jefferson, gebildet hatte. Auch Bekannte außerhalb der Gemeinde wie Winifred Hanigan, die sich sehr gut mit Kleidern auskannte, nahmen mich unter ihre Fittiche: ich konnte ja nun nicht mehr aussehen wie ein Mädchen vom Land, das erst vor kurzem in die große Stadt gekommen war. Anita Ritter, die Besitzerin eines eindrucksvollen Hauses in der Massachusetts Avenue, führte mit mir einen Schnellkursus durch zum Thema Protokoll in Washington, d.h. alles, was man im sozialen und politischen Leben tun mußte oder auf keinen Fall tun durfte. Bald schon trieb mich der Eifer und die Anstrengungen, auf allen möglichen Ebenen den Anforderungen zu genügen, an den Rand meiner körperlichen Kräfte.

An einem verschneiten Sonntagmorgen, am 21. Januar 1940, wurde uns ein Sohn geboren. Kurz vor 9 Uhr überbrachte die Hebamme Peter und meiner Mutter die Neuigkeit: »Herzlichen Glückwunsch, Mister Marshall, es ist ein Junge, ein prächtiger Sohn!«

Der frischgebackene Vater war ganz begeistert und fast ehrfürchtig. »Ein Sohn? Wir haben einen Sohn – wie herrlich!«

Wie sollten wir ihn nennen? Mein Mann wollte den Namen Peter beibehalten, weil er schon zwei Generationen lang in seiner Familie weitergegeben worden war. Schließlich entschieden wir, daß das Kind Peter John heißen sollte.

Jetzt war unser Glück vollkommen.

Aber Peter hatte oft gesagt, das Unglück schicke keine telegrafischen Vorwarnungen, und das bewahrheitete sich nun auch bei uns. Drei Jahre nach Peters Geburt stellte ich fest, daß auch unser größtes Verlangen und unsere höchsten Anstrengungen niemals genug sind.

Plötzlich befiel mich eine Krankheit. Ich war bei einer Gemeindeveranstaltung fast ohnmächtig geworden und ging in die John-Hopkins-Klinik in Baltimore, um mich einmal gründlich untersuchen zu lassen.

Nach Tagen von verschiedensten Tests und Röntgenaufnahmen war die Zusammenfassung meiner augenblicklichen Lage, wie Dr. Thomas Sprunt mir erklärte, erschütternd. Er hatte eine Tuberkulose diagnostiziert, ich mußte von jetzt an fest liegen.

»Die Tests haben erwiesen, daß es keine Bazillen sind, die infektiös wären«, fuhr der Doktor fort. »Deswegen dürfen Sie zu Hause bleiben. Aber Sie sollten, nein Sie dürfen keinerlei Hausarbeit verrichten oder sonst irgend etwas tun.«

»Ja, aber, Doktor«, erwiderte ich verzweifelt, »ich kann mich doch nicht einfach ins Bett legen. Ich habe einen dreijährigen Sohn, der braucht mich doch!«

»Frau Marshall«, sagte er darauf streng, »völlige Bettruhe ist unbedingt vonnöten! Sie haben gar keine Wahl. Es gibt einfach keine andere Behandlungsmethode für diese Krankheit. Sie können noch froh sein, daß Sie nicht in ein Lungensanatorium müssen.«

»Wie lange wird es denn wohl dauern, bis es mir wieder gut geht, was glauben Sie?« Meine Stimme war fast nur noch ein Flüstern.

Dr. Sprunt zögerte eine ganze Weile. »Nun ja . . . vielleicht drei oder vier Monate.« Dann sah er meinen entsetzten Gesichtsausdruck und fügte hinzu: »Frau Marshall, nun nehmen Sie das alles nicht zu schwer! Man kann sich wirklich von dieser Tuberkulose vollständig erholen.«

Als ich etwas später Peter entgegenlief und ihm schluchzend die Neuigkeit erzählte, war er genauso betroffen wie ich. In diesem Moment war dieser sonst so beredte Mann wortlos und versuchte stumm, mich zu trösten, indem er mich streichelte und in den Arm nahm.

Dr. Sprunt übergab meinen Fall einem Lungenspezialisten in Washington. Eine ausgebildete Krankenpflegerin wurde zunächst einmal gebraucht, weil ich noch nicht einmal selbst essen durfte. Jede Bewegung des Armes konnte den Heilungsprozeß der Lunge verzögern. Miss Mildred Beall war ein Mitglied unserer Gemeinde und sprang in diesem Notfall ein.

Die Anweisungen des Spezialisten lauteten, daß ich Stärkungsdrinks aus Eigelb und Milch zwischen den Mahlzeiten zu mir nehmen sollte, damit ich zunahm, daß sechsmal am Tag die Temperatur gemessen und aufgeschrieben werden mußte und daß einmal im Monat eine Röntgenaufnahme fällig war. Aufstehen durfte ich nur, um nebenan ins Badezimmer zu gehen.

Aber wer sollte sich jetzt um Peter John kümmern?

Wie sollten wir nun all das einem traurigen Dreijährigen erklären, der seine Mutter noch so nötig brauchte?

Man machte einen Tuberkulintest mit unserem Sohn, und das Ergebnis war zum Glück negativ. Das hieß also, daß er wenigstens in mein Schlafzimmer kommen durfte, sooft er wollte. Noch heute, viele Jahre später, habe ich das traurige Bild vor Augen: Peter John, ziemlich groß für sein Alter, steht mit dem Rücken zum Fenster vor mir, das Licht hinter ihm erhellt seine blonden lockigen Haare, und er starrt mich verständnislos an, wie ich da vor ihm im Bett liege.

Seine großen Augen sind traurig, verletzt und fragend.

Ich brauchte meine ganze Willenskraft, damit ich nicht auf der Stelle aus dem Bett sprang und ihn fest in den Arm nahm. Aber es gab keine andere Möglichkeit. Da stand die Krankenschwester und beobachtete mich aufmerksam, wenn auch mit mitfühlendem Blick.

»Komm, setz dich auf mein Bett, dann erzähle ich dir eine Geschichte, ja?« sagte ich halbherzig. »Und vielleicht können wir später auch noch zusammen etwas spielen.«

Doch das war nur ein trauriger Ersatz. Ich wußte ganz genau, daß solche behelfsmäßigen Gesten nicht das Gefühl der Sicherheit vermitteln konnten, das unser Sohn brauchte. Meine Mutter kam und kümmerte sich um ihn, solange sie nur konnte. Dann folgte eine lange Reihe von Kinder- und Hausmädchen, die z. T. von der

Regierung geschickt wurden. Jede Art von Hilfe war sehr schwer zu bekommen, denn seit zwei Jahren war Krieg.

Und so zog sich schleppend ein Monat nach dem anderen dahin.

In besonders trübsinnigen Zeiten stand Peter oft im Schlafzimmer und sah auf mich herunter, wie ich da in den Kissen lag. Dann spielte er den Propheten: »Eines Tages, Catherine, wirst du mit Dankbarkeit auf diese öden Tage zurückblicken und wirst sagen, daß sie die reichste Zeit deines Lebens waren.«

Und wenn er sah, wie ungläubig ich ihn anblickte und seine Worte nicht so aufnehmen konnte, wie sie gemeint waren, fügte er hinzu: »Übrigens weißt du ja ganz genau, daß alle Mutlosigkeit vom Teufel kommt.«

Ich hätte meinem schottischen Propheten am liebsten ein Buch an den Kopf geworfen. Dann grinste er mich an, streichelte meine Wangen und küßte mich. Schließlich drehte er sich um und ging wieder in sein Büro.

Und doch weiß ich', daß Peter damals recht hatte. Für mich waren diese langen zwei Jahre, die ich im Krankenbett verbringen mußte, eine ganz entscheidende Vertiefung in meiner Selbsterkenntnis und auch der Gotteserkenntnis.

Die unvergeßliche Wahrheit des 23. Psalms wurde mir in dieser Zeit eine ganz neue, lebendige Erfahrung. »Er weidet mich auf einer grünen Aue«, heißt es da. So gebraucht er auch manchmal eine Krankheit dazu, um unsere volle Aufmerksamkeit zu bekommen. Für mich wurde dies eine Zeit der Ausrüstung und geistlichen Vorbereitung auf ein bewegtes Leben, in dem es viele Veränderungen, großartige Höhepunkte und auch bittere Niederlagen geben sollte. Von meiner jetzigen Situation kann ich in der Rückschau erkennen, daß jene Zeit damals, als ich gezwungen war, auf der »grünen Aue« zu liegen neben einem sehr stillen »frischen Wasser« stillzuhalten und auszuharren, daß diese Isolation des Krankenzimmers eine Zeit der Ausbildung war mit Gott als Lehrer.

Ich wurde in diesem Klassenzimmer der grünen Aue durch vier Wissensgebiete geführt. Zuerst mußte ich mit meinem Herrn erst einmal persönlich bekannt werden, mit seiner Art, seiner Person, seiner Weise, mit uns Menschen umzugehen. Meine erste Aufgabe: Ich sollte sein Wort in einer ganz neuen Weise lesen und verstehen lernen. Denn die Heilige Schrift ist eine fortlaufende Geschichte dessen, wie Gott mit Männern und Frauen umgegangen ist, die alle nur denkbaren Erfahrungen gemacht haben. Und weiterhin erkennen wir darin, worin sein Wille für uns Menschen besteht und worin nicht.

Aber es steckte noch mehr hinter dieser zumindest für mich neuen Art, die Bibel zu lesen. Ich sollte erwarten, daß Jesus selbst durch die Botschaft seines Wortes zu mir sprechen wollte. Wie ich da so hilflos im Bett lag, sollte ich auch lernen, auf die »kleine, ruhige Stimme« in mir zu horchen, mit der Gott zu mir redete. Nachdem ich nur ein paar Tage lang auf diese Weise die Bibel gelesen hatte, fühlte ich die Notwendigkeit, in einem Tagebuch die Gedanken und Einsichten festzuhalten, die Gott mir schenkte.

Eine meiner ersten und frohmachendsten Entdeckungen über den Willen Gottes war die, daß er unsere überaus komplizierten und ehrfurchtgebietenden menschlichen Körper geschaffen hat und deshalb natürlich will, daß es uns gesundheitlich gutgeht. In allen Evangelien finden wir den Eifer Jesu, die Kranken zu heilen, den Behinderten zu helfen. Er zog sich dadurch sogar die böse Kritik der religiösen Autoritäten seiner Zeit zu, weil er nicht einmal 24 Stunden warten konnte, um kranken Menschen zu helfen, und so unbekümmert das jüdische Sabbatgesetz brach – nach dem jüdischen Gesetz war auch eine Krankenheilung Arbeit. Und die Schrift macht weiterhin klar, daß Jesus Christus derselbe ist, gestern, heute und in Ewigkeit. So wird auch bis in die Zukunft hinein dieselbe Kraft wirksam, die er hatte, als er als Mensch auf unserer Erde lebte. Und diese Kraft übertrug er besonders auch auf seine zukünftigen Jünger, die seine vollkommene Herrschaft anerkannt haben.

Dann mußte ich feststellen, daß mein Vater und viele andere Prediger falsch informiert worden waren. In ihren Seminaren hatte man ihnen beigebracht, daß die Wunder der Heiligen Schrift sich nur noch bis ins erste Jahrhundert erstreckt hätten, nur eine kurze Zeit möglich gewesen wären, gerade um die Urgemeinde zu gründen, und daß sie niemals dazu bestimmt gewesen wären, auch noch heute zu gelten oder in Zukunft wieder aufzutreten.

Da die sehr anders lautende Botschaft aus der Heiligen Schrift für mich wie lebendiges Wasser für meinen durstigen Geist und meinen kranken Körper war, nahm ich diese Erkenntnis mit ganzer Bereitschaft auf. All das erzählte ich bis ins kleinste Detail auch Peter, und er selbst beschäftigte sich dann ausführlich mit dem Thema der christlichen Krankenheilungen, was zu einer ganzen Reihe von Predigten zu diesem Thema führte.

Aber wie es wohl typisch für einen neuen Schüler ist, zog ich zu schnell und zu vereinfachend meine Schlußfolgerungen und erwartete ganz selbstverständlich, daß unsere gemeinsamen Gebete für meine Genesung jetzt schnelle Erfolge bringen müßten.

Und nicht nur das, ich teilte begeistert meine Erkenntnisse auch anderen Kranken mit. Kenneth Gray, der schottische Hausmeister in dem Stimson'schen Haus neben uns, lag schwerkrank mit einem Gehirntumor darnieder. Und gerade hatten wir auch die Nachricht erhalten, daß Gertrude, eine liebe Frau aus unserer Gemeinde, an Krebs erkrankt war. Ganz gewiß konnten doch auch diese beiden die wunderbaren Verheißungen, die überall in der Bibel zu finden waren, für sich in Anspruch nehmen.

»So will ich dir keine der Krankheiten auferlegen, die ich den Ägyptern auferlegt habe, denn ich bin der Herr, dein Arzt.«
(2. Mose 15,26)
»Fürwahr, er trug unsre Krankheit und lud auf sich unsre Schmerzen ... durch seine Wunden sind wir geheilt.«
(Jesaja 53,4.5)
»Ist jemand unter euch krank, der rufe zu sich die Ältesten der Gemeinde, daß sie über ihm beten und ihn salben mit Öl in dem Namen des Herrn. Und das Gebet des Glaubens wird dem Kranken helfen, und der Herr wird ihn aufrichten ...«
(Jakobus 5,14.15)

Und hatte Gott nicht auch versprochen, daß sein Wort »nicht wieder leer zu ihm zurückkommen« sollte? (s. Jesaja 55,11) Dann war es doch sicher: Wenn wir im Glauben irgendeine dieser Verheißungen für uns in Anspruch nahmen, mußte das der einzige Weg zur Heilung sein.

Dennoch ging alles nicht so, wie ich erwartet hatte. Ein Test nach dem anderen wurde gemacht, und die hohe Blutsenkung änderte sich nicht, und die Röntgenbilder blieben unverändert schlecht.

Ich hatte zwar etwas zugenommen, und die Krankenschwester war schon lange wieder weg. Im Juni 1944 konnte ich jeden Tag für etwa eine halbe Stunde aufstehen und wenigstens Peter John vor dem Kindergarten beim Anziehen helfen oder manchmal abends mit der Familie zusammen essen.

Dr. Sprunt hatte damals von drei oder vier Monaten gesprochen, und jetzt, nach 14 Monaten, sah ich immer noch keinen großen Erfolg. Was war denn da los? Was hatte ich falsch verstanden? Mein göttlicher Lehrer mußte mir noch den Unterschied zeigen zwischen den eigenen Vermutungen, die sich als Glaube ausgeben, und dem wahren Glauben.

Die Trennungslinie zwischen den beiden liegt in den innersten Beweggründen.

Als schließlich beide Krebskranke gestorben waren, ging mir auf, ohne daß ich es schon ganz verstand, daß ich nur einer Vermutung zum Opfer gefallen war, als ich für Genneth Gray und Gertrude Wiber gebetet hatte. Ich hatte das im Grunde so gemacht:

»Gott, hier ist dein Wort bezüglich der Krankenheilung, hier steht es, du hast es selbst gesagt. Ich glaube es und nehme es im Glauben an. Und jetzt beweise du dich auch und tu endlich etwas!«

Später erst ging mir die Wahrheit auf: Unser Herrscher, der allmächtige Gott, hat es gar nicht nötig, einem Menschen irgendetwas zu beweisen, wo wir doch seine Geschöpfe sind. Wer sind wir denn, daß wir ihn dazu auffordern können?

Dann erkannte ich, daß die dritte Versuchung Jesu in der Wüste genau dasselbe zum Inhalt gehabt hatte. Er sollte eine bloße Vermutung anstelle des Glaubens setzen. Denn Satan hatte ihn ja nach Jerusalem auf die höchste Spitze des Tempels geführt und dort spöttisch gesagt:

»Bist du Gottes Sohn, so wirf dich von hier hinunter.«

(Lukas 4,9)

Dann hatte Satan, der ja selbst die Heilige Schrift sehr gut kannte, noch ein Zitat hinzugefügt, eine von Gottes reichen Verheißungen über den Schutz, den seine Kinder durch die Engel genießen:

»Denn es steht geschrieben: ›Er wird seinen Engeln befehlen über dir, daß sie dich bewahren.‹«   (Lukas 4,10)

Jesus aber hatte Satan sofort widerstanden und geantwortet:

»Es ist gesagt: ›Du sollst Gott, deinen Herrn, nicht versuchen.‹«   (Lukas 4,12)

Wie aber sollte ich nun den Weg zum richtigen Glauben finden? Nach und nach bekam ich gezeigt, daß es einen Unterschied gibt zwischen dem Wort »logos«, einem der beiden griechischen Begriffe, die in der Heiligen Schrift für Gottes Wort verwendet werden, und dem »rhema«. Das letztere ist derjenige Teil der Schrift, auf den uns der Heilige Geist persönlich hinweist, das Wort, das er uns klarmacht und uns in unserer konkreten Situation lebendig werden läßt.

Zum Beispiel hatte Gottes guter Geist mir aus dem ganzen »logos«, der im Alten Testament aufgezeichnet ist, nur sieben Worte tief in mein Bewußtsein eingeprägt, nämlich die Worte aus dem 2. Vers im Psalm 23: »Er weidet mich auf einer grünen Aue.« Diese sieben Worte waren sein »rhema«, das der Herr direkt zu mir gesprochen hatte.

Das Entscheidende ist, daß Jesus nicht zuläßt, daß wir die Heilige Schrift nur als ein historisches Dokument verwenden oder als eine Sammlung von praktischen Regeln. Wenn wir das tun, dann kennen wir den auferstandenen und lebendigen Herrn nicht, der direkt neben uns steht und jeden Moment bei uns ist, so wie er es uns verheißen hat. Ebenso hat er versprochen, daß der Heilige Geist in uns das Wort deuten und uns lehren und in alle Wahrheit leiten will (s. Joh. 16,13). So wacht der Herr über sein Wort und will uns zeigen, daß wir es nur mit wirklicher Kraft gebrauchen können, wenn er selbst uns die Energie dazu gibt und ganz persönlich durch ein Wort zu uns spricht.

Ist es nicht genau das, was er uns zeigen will, wenn er sagt:

»Ihr suchet in der Schrift; denn ihr meinet, ihr habt das ewige Leben darin; und sie ist es, die von mir zeuget; aber doch wollt ihr nicht zu mir kommen, daß ihr das Leben hättet.«

(Joh. 5,39.40)

Wir können ohne das Wort Gottes nicht auskommen, wir müssen

es sorgfältig lesen, denn das wird immer wieder der Schatz sein, aus dem Gott sein »rhema« herausheben kann. Aber nur dieses »rhema« hat die Kraft, mit Satans Angriffen auf uns fertig zu werden, auf unseren Geist, auf die Beziehungen zu anderen und auch auf unseren Körper.

Es wurde mir immer klarer, daß mein Unterricht in der Schule der »grünen Aue« erst gerade angefangen hatte.

Langsam und ganz behutsam schien mich Gott dann in mein zweites Wissensgebiet einzuführen. Das war Ehrlichkeit, Offenheit, ganze Transparenz vor seinem Angesicht. Gott ist immer Licht, und so sollte auch ich im Licht leben. Alle Schranktüren, jeder verschlossene Raum in mir, alles mußte vor ihm geöffnet werden. Damit fing eine monatelange Suche und Entdeckung meiner selbst an. Ein Eintrag in meinem Tagebuch ist ganz typisch für diese Phase:

»Heute morgen kam mir ein beunruhigender Gedanke. Jahrelang habe ich mich danach gesehnt, einmal von all meinen Hausfrauenpflichten frei zu sein, um Zeit zum Bibellesen und Beten zu haben, ganz allein und ungestört. Früher ist mir das niemals ganz gelungen, bis ich im letzten März krank wurde. Kann es sein, daß ich so dringlich wünschte, die Last des täglichen Lebens loszuwerden, daß ich den tiefen, unbewußten Wunsch hatte, krank zu werden, und daß ich das als Flucht benutzt habe, nachdem ich mich einmal damit abgefunden hatte, daß ich im Bett bleiben mußte? In dieser Hinsicht war meine Krankheit bisher ja sehr zufriedenstellend. Ich habe soviel Zeit gehabt, wie ich nur wollte, um mich im stillen mit dem Herrn zu unterhalten; und andere haben meine täglichen Pflichten für mich erledigt.
Der Herr hat mir die direkte Frage gestellt:
›Willst du überhaupt gesund werden? Bist du bereit, dem Leben wieder gegenüberzutreten, alle Verantwortung eines normalen Menschen wieder auf dich zu nehmen?‹
Ich kann erkennen, daß er will, daß es mir besser geht. Er will mich gesund machen. Er will, daß meine Antwort auf seine Fra-

ge ›Ja‹ lautet. Deshalb würde ein Nein bedeuten, daß ich mich gegen seinen Willen stellen wollte.

Ein Teil in mir will auch wieder gesund werden, aber ein anderer hat das Bett noch sehr gern, ist noch gar nicht bereit, sich davon zu trennen. Ich habe Gott meinen Willen in dieser Angelegenheit ganz übergeben und ihn gebeten, diese Spaltung in mir selbst zu beseitigen und mich dahin zu bringen, daß ich seinen Willen aus ganzem Herzen erfüllen will und auch Freude daran habe.«

Das waren wirklich verwirrende Gedanken. Als ich weiter darüber nachdachte, dämmerte es mir sogar, daß eine Bedeutung darin lag, daß eins der Symptome meiner Lungenkrankheit Atemlosigkeit war. Schon seit unserem Umzug nach Washington hatte ich regelrecht gekeucht unter all den Lasten, die ich doch unbedingt auf mich nehmen wollte.

Natürlich hatten Peter und ich seit Beginn meiner Krankheit regelmäßig dafür gebetet, daß ich doch wieder gesund werden sollte. Und so war es schockierend, als ich nun entdeckte, daß ein bestimmter Teil in mir diese Gebete für nichtig erklärt hatte. Was mußte ich noch in mir aufdecken, damit wirklich eine Heilung zustande kommen konnte?

Ich wußte, daß alles in mir, was nicht Liebe war, z.B. jeder Groll, jede Weigerung zu vergeben, jede Unreinheit Gott ausschließen mußte, wie eine schmutzige Fensterscheibe das Sonnenlicht nur unzureichend hindurchscheinen läßt. In einem schmerzhaften und für die Gedanken und den Glauben qualvollen Prozeß fing ich an, über mein bisheriges Leben nachzudenken, und es fielen mir nur zu deutlich alle meine Verfehlungen und Versäumnisse ein.

Es wuchs in mir das Verlangen nach schonungsloser Ehrlichkeit, das aus Verzweiflung entstanden war. Ich erkannte langsam, daß meine innere Unversehrtheit wertvoller und wichtiger war als meine körperliche Gesundheit. Die würde sich erst einstellen, wenn im Inneren Risse geheilt würden, wenn ich enger mit der eigentlichen Quelle meines Wesens verbunden war.

Wenn ich betete, stand ich ganz bloß vor meinem Schöpfer, ohne alle Entschuldigungen und Vorwände. Meine Unzulänglichkeit und Unwürdigkeit sprang mir förmlich in die Augen; meine Tendenz, alles zu kritisch anzusehen, schnelle und übereilte Urteile zu fällen, wurde mir klar. Meine kleinen Eifersüchteleien, meine Ichbezogenheit hatten mich fast unfähig gemacht, in irgendeiner Weise mit anderen Menschen zusammenzuarbeiten.

Nun stellte ich all die Unaufrichtigkeiten meiner Vergangenheit zusammen. Einmal hatte ich in der High-School bei einer Rechenarbeit gemogelt, ein anderes Mal, als ich für kurze Zeit die Kasse einer Schulorganisation verwaltete, hatte ich mir daraus etwas Geld »geliehen« und es 10 Tage später erst wieder hineingetan.

Aber es gab auch Unehrlichkeiten von ganz anderer Art. Ich war nicht immer offen zu meinem Mann gewesen. Dieselbe Zurückgezogenheit und Neigung, Dinge geheim zu halten, die ich schon als kleines Mädchen in mir entdeckt hatte, war auch in der Ehe wieder zum Vorschein gekommen als eine Tendenz, Peter wenigstens aus einer Ecke meines Herzens auszuschließen. Ich wußte genau, daß das nicht der richtige Weg ist, um eine gute Ehe aufzubauen.

In qualvollen Tagen machte ich ganz methodische Aufzeichnungen von all diesen unschönen Zügen in mir und von dem, was ich in der Vergangenheit getan hatte.

Und dann bat ich Peter, mir zuzuhören, besonders bei dem, was ihn in meinen Entdeckungen anging. Er hörte mich an und sah dabei bedrückt aus, nicht so sehr wegen der Dinge, die ich ihm bekannte, sondern wegen der geistlichen Not in mir, die er so deutlich sah.

Jetzt hatte ich wirklich alles getan, was notwendig war, um für eine Genesung bereit zu sein. Und ich betete: »Herr, ich habe dich gebeten, mich von den dunklen Stellen in meinem Leben zu reinigen. Ich bitte dich, daß sich diese Heilung in den nächsten Untersuchungen herausstellte.«

Gespannt wartete ich auf den nächsten Test. Er wurde durchgeführt, und bald kam auch schon der Bericht: keine nennenswerten Veränderungen im Zustand der Lunge.

Jetzt nistete sich Verzweiflung in mir ein. Immer noch mußten meine Gebete für Gott unangemessen sein. Nun hatte ich schon über ein Jahr im Bett verbracht. Wo stand ich jetzt? Mein Mann und unser vierjähriger Sohn brauchten mich mehr denn je. Ich versuchte, so gut es ging, den Haushalt vom Bett aus zu führen, aber die Lage wurde mit jedem Monat, der verging, schwieriger.

Dann kam der Sommer 1944, und wir fuhren nach Cape Cod, wo wir zweieinhalb Monate verbrachten. Die Reise überstand ich in einem besonderen Abteil im Zug, das wir reserviert hatten, und einem Krankenwagen, der mich vom Bahnhof abholte.

Dort in unserem Ferienhaus begann die dritte Phase des Unterrichts, den ich bei Gott hatte. Zuerst hatte ich ihn und sein Wort besser kennengelernt; danach war ich schonungslos offen mit mir selbst gewesen und war durch diese Ehrlichkeit bereit geworden, mehr von Gottes Liebe und seinen Reichtümern in mich aufzunehmen. Nun fing das dritte Kapitel an. Eines Tages stellte ich fest, daß ich ein plötzliches und sehr intensives Interesse am Heiligen Geist hatte. Fragen stiegen in mir auf und ließen sich nicht mehr verdrängen. Was war daran eigentlich so bedeutsam? Warum hatte die christliche Kirche so hartnäckig an diesem scheinbar archaischen Etwas festgehalten? Was hatte es überhaupt mit dem Heiligen Geist auf sich?

Ich entschied mich, direkt an der Stelle zu forschen, wo ich damit rechnen konnte, endgültige und sichere Wahrheit zu finden, nämlich in der Bibel. Die Schrift hatte mich noch nie enttäuscht oder auf Abwege geführt. Aus langer Erfahrung wußte ich, daß die mir so wohlbekannten Worte aus dem »Kurzgefaßten Katechismus«, die ich schon als Kind auswendig gelernt hatte, es genau richtig ausdrückten: Die Bibel ist immer noch ». . . die einzig unfehlbare Richtschnur des Glaubens und des Lebens.«

Zur selben Zeit wurde mir auch klar, daß die Suche in der Schrift nicht nur in einem wahllosen Blättern bestehen konnte. Ich mußte schon gründlich und umfassend damit arbeiten. Eine Bibel, eine Konkordanz, ein Ringbuch, Füller und Buntstifte waren dazu notwendige Werkzeuge.

Den ganzen Sommer lang saß ich mindestens eine Stunde am Tag an dieser Arbeit. Ich sah die verschiedenen Ausdrücke nach, die für die dritte Person der Dreieinigkeit in der Bibel verwendet wurden, ich verfolgte jeden Hinweis, der in der Konkordanz aufs

Alte oder Neue Testament gegeben wurde. Jeden Morgen gingen mir neue Wahrheiten auf, jedenfalls waren sie für mich neu, z.B. daß im Alten Testament nur bestimmte Propheten, Priester und Könige mit dem Heiligen Geist beschenkt wurden. Auch dann wurde ihnen der Geist immer nur »nach Maß« gegeben, d.h. immer nur teilweise. Deshalb war die Prophezeiung von Joel, die sich später an Pfingsten erfüllte, eine solche umwerfende Neuigkeit. An diesem großartigen Tag sollte der Heilige Geist zum erstenmal in der Geschichte für alle Menschen verfügbar sein, nicht nur nach Maß, sondern in seiner ganzen Fülle (s. dazu Joel 3,1 und Apostelgeschichte 2,17).

Die Aussagen türmten sich auf. Obwohl keiner von uns Jesus so erkennen kann, wie er wirklich ist, bis der Heilige Geist selbst uns das zeigt, ist doch die Fülle des Heiligen Geistes auch wieder nicht ein Geschenk, das man bei der Hinwendung zu Gott automatisch mitgeliefert bekommt. Das Kommen des Geistes zu uns und sein Wohnen in uns ist eine Gabe, das beste Geschenk, das Gott der Vater uns überhaupt geben kann. Aber der Vater nimmt immer Rücksicht auf unseren Willen. Jesus hat uns gesagt, daß wir nach diesem größten aller Geschenke verlangen sollen, daß wir den Vater darum bitten sollen und damit um ihn selbst.

Etwas anderes schimmert da auch noch durch. Es ist der Heilige Geist, der eigentlich die Wunder bewirkt. Wenn unsere heutigen Gemeinden oft den Heiligen Geist gar nicht kennen, dann ist es nicht erstaunlich, daß so selten Gebete erhört werden, daß sie vieles rationalisiert und eine unbiblische Haltung in bezug auf die Wunder eingenommen haben, nämlich daß die biblischen Wunder auf die ersten Jahre der Urchristenheit beschränkt geblieben wären, nur um die Geschichte der Kirche in Gang zu bringen.

Die Wahrheit ist aber, daß die Heilige Schrift die Möglichkeit von Wundern einfach voraussetzt. Und der Helfer (einer der Ausdrücke in der Bibel für den Heiligen Geist) hat immer Wunder in seinem Gefolge, wenn er Menschen aufrüttelt und sie in das Klima des wunderbaren Gesetzes Gottes stellt, das nicht im Gegensatz zum natürlichen Gesetz steht, sondern einfach an seine Stelle tritt.

Nun war ich geradezu aufgeregt. Es wurde mir immer unverständlicher, wieso die Kirchen und Gemeinden im allgemeinen zu diesem Thema so schweigsam waren. Wie kam es, daß ich mich nicht erinnern konnte, je in meinem Leben eine Predigt über den Heiligen Geist gehört zu haben? Warum wurde das nicht in der Sonntagsschule gelehrt?

Als der Sommer weiter fortschritt, konnte ich immer häufiger für kurze Zeit aufstehen. Eines Morgens stand ich am Schlafzimmerfenster und blickte in den Garten hinaus, den Peter mit soviel Liebe bepflanzt hatte; Rosen gab es da und weiße Malven, gelbe Lilien, Zinnien, es war eine Pracht von Farben. Darüber spannte sich ein blauer Himmel, und über dem Hügel war gerade noch das Meer zu sehen. Ich fühlte, daß Gott mich jetzt zu einem weiteren Schritt im Glauben aufrief. Das Thema »Gehorsam« war das vierte Stadium meiner Ausbildung. Es ergab sich ganz natürlich aus dem, was ich über das Wesen Gottes, über meine Ehrlichkeit vor ihm und über den Heiligen Geist gelernt hatte. Ich holte tief Atem.

»Herr, von diesem Moment an verspreche ich dir, daß ich versuchen will, alles zu tun, was du mir sagst, damit ich wieder gesund werde. Du mußt es mir nur klar genug machen, was deine Anforderungen für mich sind. Ich bin schwach, und ich werde vielleicht oft versuchen, den Gehorsam zu umgehen. Aber Herr, dann mußt du mir auch bitte helfen.«

Ich zitterte. Ich wußte, daß das ein noch vollständigeres Ausliefern an den Herrn war als der Anfangsschritt, den ich damals mit neun Jahren getan hatte, als mein Vater zum Altar gerufen hatte und ich mitgegangen war.

Und doch schien sich nichts unmittelbar verändert zu haben. Die Malven nickten immer noch dem Fenster zu, dicke weiße Wolken zogen im blauen Himmel dahin. Ich drehte mich um und schrieb in mein Tagebuch das Datum und die Stunde dieses Versprechens, das ich Gott gerade gegeben hatte. Es würde bestimmt Augenblicke in der Zukunft geben, in denen mir dieses Gelöbnis nicht mehr wirklich erscheinen würde, aber es war echt gewesen, und wenn ich es jetzt aufschrieb, würde es mir sicher helfen, mich später daran zu erinnern.

Der Beweis für die Echtheit meines Versprechens stellte sich schon bald in den folgenden Wochen ein. Meine körperliche Verfassung wurde spürbar besser. Jeden Morgen lag ich nun im Garten und sog den Sonnenschein förmlich in mich auf. Dann fing ich an, regelmäßig mit Peter und unserem Sohn zusammen die Mahlzeiten einzunehmen, und bald konnte ich nachmittags öfter schon kurze Spaziergänge machen mit Jeffrey, unserem Cockerspaniel, der immer brav neben mir hertrottete. Es war mir eine Freude, jetzt oben an der Auffahrt zu stehen und das Meer wieder sehen zu können, die salzige Luft, die nach Tang schmeckte, auf meinen Wangen zu spüren und über den Seewind zu lachen, der Jeffreys Schlappohren nach hinten wehte, während er mühsam das Gleichgewicht hielt, und den Möwen zuzusehen, die ihre Kreise zogen. Ja, es war sogar schön, wieder Sand in den Schuhen zu spüren.

Doch auch dieses Stadium fing wieder mit einem Rückschlag an. Die vielen Monate der Krankheit hatten mein Selbstwertgefühl als Mutter und Ehefrau untergraben. Mein Sohn brauchte mich, aber ich konnte immer noch nicht mit ihm im Garten toben oder am Strand entlanglaufen oder lange Spaziergänge machen und nach Muscheln suchen oder Blaubeeren und Pflaumen pflükken. Peter John war am liebsten draußen an der frischen Luft, und ich mußte immer drinnen bleiben. Abends konnte ich ihm wenigstens vorlesen, aber ich sah wohl, daß er auf dem Wege war, ein einsames und nachdenkliches Kind zu werden, besonders dann, wenn sein Vater weg war und irgendwo predigen oder einen Vortrag halten mußte.

Mein Mann zeigte immer viel Verständnis, war liebevoll, mitfühlend und rücksichtsvoll. Aber auch er litt darunter, daß ich immer im Hause bleiben mußte. Wenn ich sein kehliges, ansteckendes Lachen bei den Nachbarn nebenan hörte oder wenn man schon bald seine durch den schottischen Akzent markierte Stimme von den anderen in einem Gespräch mit Bekannten draußen unterscheiden konnte, dann tat mir das Herz weh, und ich mußte mit aufkommendem Selbstmitleid kämpfen.

In solchen Momenten konnte sich sozusagen ein kleiner Kobold mit der Mistgabel in meine Gedanken drängen. »Peter ist es langsam leid, eine kranke Frau zu haben. Er mag nicht mehr immer Rücksicht auf dich nehmen, er hat gern gesunde Menschen um sich, und faszinierende Frauen haben ihn immer schon angezogen.« In meinem Tagebuch steht aus dieser Zeit folgendes:

Irgendwo ist eine Angst in mir, daß irgend jemand anders meinen Platz in Peters Herzen einnehmen könnte. Oft habe ich versucht, mir einzureden, daß das eigentlich Angst um Peter ist, um seinen Beruf, um seine Pfarrstelle, um seinen Glauben. Aber ist es wirklich so? Ist es nicht eigentlich Angst um mich selbst? Ich habe oft und oft dafür gebetet und bin zeitweise auch darüber ruhig geworden, aber bald haben mich dieselben alten Ängste wieder eingeholt. Heute habe ich Gott angefleht, daß er mir doch zeigen solle, wie ich dafür beten müßte, wo der Hebel ist, mit dem ich alle diese Sorgen endgültig ihm übergeben kann.

Nur Minuten später kam mir plötzlich ein Bibelvers in den Sinn ›Widerstehet nicht dem Bösen‹. Mit anderen Worten, wenn ich fühle, daß das Böse in meinem Leben oder im Leben von Menschen, die ich liebe, am Werk ist, dann gibt es nur einen Weg zum Sieg. Es hilft nichts, mit aller Anstrengung dagegen anzukämpfen, ich muß vielmehr die geliebten Menschen ganz und gar in die Hände des Vaters legen und wissen, daß ich selbst machtlos bin angesichts des Bösen, aber daß er damit fertigwerden kann.

Ich will nicht einfach zusehen, wie die Menschen, die ich lieb habe, in die Löwengrube gehen, in welcher Gestalt das Böse auch immer auf sie zukommt. Gott aber wird die Mäuler der Löwen verschließen, er wird den, der ihm anbefohlen ist, mit einem Heer seiner Engel umgeben. Wenn ich keine bösen Gedanken denke, dann wird Gott auch nicht zulassen, daß ich verletzt werde, denn ich will ihm allein vertrauen.«

Diese Antwort war für mich eine riesengroße Erleichterung und Hilfe.

Der Sommer ging zu Ende, und wir mußten wieder nach Washington zurück. Mit neuem Zutrauen ging ich zur üblichen Röntgenuntersuchung. Und das Ergebnis lautete: keine nennenswerten Veränderungen!

Und ich hatte doch nun wirklich fest daran geglaubt, daß ich auf dem Weg der Besserung wäre, daß ich aus dem Morast der Krankheit endlich einmal herauskommen würde! Jetzt verfiel ich in echte tiefe Verzweiflung.

An diesem neuen Krisenpunkt fuhren Peter John und ich nach Virginia, um dort zwei Wochen bei meinen Eltern zu verbringen, die damals in Seaview wohnten. Dort versuchte ich, noch einmal den langen Weg zu überblicken, den ich bisher gegangen war. Volle zwei Jahre lang hatte ich alles dafür eingesetzt, von Gott zu lernen und ihm gehorsam zu sein. Ich hatte doch wirklich alles versucht, war jeder Anweisung, war jeden Weg, den ich für richtig erkannt hatte, gegangen. Aber nun lag ich immer noch da und mußte täglich viele Stunden im Bett verbringen.

Es gab nur noch einen Weg. Vielleicht hatte ich irgendeinen geheimen Wunsch meines Herzens zurückgehalten. So kämpfte ich viele Tage lang und übergab Gott jede Spur von Eigenwillen, selbst meine starke Sehnsucht danach, endlich wieder gesund zu sein. Schließlich war ich bereit zu beten:

»Herr, ich verstehe all das überhaupt nicht. Aber wenn du willst, daß ich für den Rest meines Lebens krank bleibe, dann ist das deine Sache. Ich lege mich jetzt in deine Hände, ob du Gutes oder Böses mit mir vorhast. Und ich bitte nur darum, daß ich dir in jedem Falle dienen kann.«

In der folgenden Nacht lag ich wach. Nach zwei endlosen Jahren der Krankheit fühlte ich jetzt zum erstenmal eine tiefe innere Ruhe und die Zuversicht, daß Gott diesmal mein letztes Gebet erhört hatte. Er schien mir zu sagen: »Sei doch ganz ruhig. Hier gibt es nichts, was schlecht wäre, und nichts, was ich nicht in die Hand nehmen könnte.«

Obwohl es mitten in der Nacht war, verspürte ich den starken Wunsch, meine Gefühle sofort meiner Mutter mitzuteilen. Ich tastete mich durch den dunklen Flur zum Schlafzimmer meiner Eltern, das genau gegenüber lag. Dann sprach ich sanft meine Mutter an. Erschrocken fuhr sie im Bett hoch: »Catherine! Ist irgend etwas los? Was ist denn nur passiert?!«

»Es ist alles in Ordnung«, beruhigte ich sie. »Ich muß euch nur etwas sagen. Ich werde jetzt endlich wieder gesund. Es war mir so wichtig, daß ich euch das noch heute nacht erzählen mußte.«

Als ich wieder in mein Schlafzimmer kam, war ich freudig aufgeregt und hellwach. Erst als die ersten Streifen der Dämmerung am östlichen Horizont zu sehen waren, schlief ich endlich wieder ein.

Nach meiner Rückkehr nach Hause warteten wir die nächste Lungenuntersuchung mit ganz besonderer Spannung ab. Zum erstenmal zeigte sich tatsächlich eine deutliche Besserung, und von da an gab es stetige Fortschritte. Ein halbes Jahr später konnten mich die Ärzte für vollständig gesund erklären.

In mehr als zwei Jahren der Krankheit und der Verzweiflung hatte Gott mir gezeigt, daß ich ihn immer brauchen würde, Tag für Tag in dem Leben, das noch vor mir lag, und noch länger – die ganze Ewigkeit hindurch.

6. Trauer

»... und wer da lebet und glaubet an mich, der wird nimmermehr sterben, Glaubst du das?«   Joh. 11,26

Morgens um 8.25 Uhr klingelte das Telefon. Es war ein Anruf aus der Universitätsklinik, und man teilte mir mit, daß mein Mann vor einigen Minuten an einem Herzanfall gestorben sei. Meine Gedanken konnten das nicht fassen. Wie konnte denn Peter tot sein? Ganz bestimmt würde Gott hier irgendwie eingreifen.

»Lassen Sie ihn so liegen, wie er ist, und fassen Sie ihn nicht an, bis ich hinkomme«, entgegnete ich instinktiv.

Als ich im Krankenhaus angekommen war, empfing mich ein junger Arzt. Er ging mit mir zum Sterbezimmer und war sehr besorgt um mich. Seine Augen sahen mich prüfend an, und er fragte mit ruhiger Stimme:

»Sind Sie sicher, daß Sie ganz allein hineingehen wollen?«

»Ja!« antwortete ich mit Nachdruck.

Darauf schwieg er und zog sich zurück.

Als ich die Tür öffnete und in das kleine Zimmer trat, merkte ich sofort, daß ich nicht allein war. Doch der Mann, den ich liebte, lag nicht da ausgestreckt auf dem Bett. Obwohl ich es nicht verstand und auch heute noch nicht erklären kann, fühlte ich, daß Peter lebte und mir in diesem Moment ganz nah war. Mit ihm war eine andere Gegenwart von jenseitiger Herrlichkeit, der Herr, dem Peter so lange Jahre hindurch gedient hatte, schon als ein junger Mann in Schottland.

In einer intuitiven Weise, die über jede Diskussion und jeden gedanklichen Prozeß erhaben war, tiefer als Tränen oder Worte es ausdrücken könnten, kam mir die Gewißheit, daß das menschliche Leben nicht in einem engen Grab endet.

Doch die Erkenntnis dieser Herrlichkeit dauerte nicht an. Auf einmal verschwand diese wundersame Präsenz aus dem Spitalzimmer. Plötzlich sah ich nur noch den Tod vor mir in seiner ganzen Häßlichkeit. Mit meinen sehr irdischen Augen sah ich den Zustand des Mannes, der mir so unendlich lieb gewesen war. Es gibt nichts Schönes am Tod, und diejenigen, die darüber rührselige Geschichten erzählen, lügen. Wenn das Kohlendioxyd aus den eingefallenen Wangen strömt, wenn die Hände schlaff herunterhängen und die Kälte und fahle Blässe der Haut einen erschaudern läßt, das ist furchtbar.

Zitternd stand ich auf und wollte den Raum verlassen. Ich wußte, daß dies nun das letzte Mal auf dieser Erde war, daß ich meinem Mann ins Gesicht gesehen hatte. Und so sagte ich ihm in diesem engen Zimmer zum letzten Mal auf Wiedersehen.

Jetzt konnte ich nichts anderes mehr tun, als hinauszugehen. Ich spürte, daß draußen hinter der Tür, hinter dem eiskalten Krankenhausflur ein neues Leben auf mich wartete. Und das war eigentlich das letzte, was ich jetzt wollte. Aber auch Peter hatte kein neues Leben in der Ewigkeit gewollt, jedenfalls noch nicht im Alter von erst 46 Jahren. Und doch war er nun in dieses neue Abenteuer eingetreten.

Zwei Schritte hinter der Tür war mir, als würde ich von einer unsichtbaren Hand angehalten. In meinem Innern hörte ich Worte, mit allem Nachdruck und aller Klarheit und mit der eigenartigen Autorität, die ich als die Stimme Gottes schon kennengelernt hatte:

»Wahrlich, Güte und Barmherzigkeit werden dir folgen dein Leben lang.«

Das war Gottes persönliches Versprechen an mich und an meinen Sohn, der nun seinen Vater schmerzlich vermissen würde.

Als ich zurücksah, konnte ich erkennen, daß Gott mich auf diesen schweren Schock schon vorbereitet hatte, und zwar während meiner zweijährigen Krankheit. Im Klassenraum der »grünen Aue« hatte ich gelernt, wie hilflos ich war und wie sehr von Gott abhängig. Er war meine einzige Stärke und Kraftquelle.

Als die Bestattung vorzubereiten war und eine Unmenge von Entscheidungen auf mich zukam, da war es, als ob ich über alles Schwierige hinausgehoben und -geführt würde. Und außerdem wurde so etwas wie ein schützender Schild über meine verworrenen und aufgewühlten Gefühle gelegt. Irgendwie lebte ich in diesen Tagen in einer anderen Welt. War es vielleicht das, so fragte ich mich, was man empfindet, wenn man ganz im Reich Gottes auf dieser Erde lebt?

Die scheinbare Reife und Gefaßtheit, die ich Peter John gegenüber aufbringen konnte, auch den Mitgliedern meiner Familie und der großen Trauergemeinde, all das war eine Gabe seiner Gnade.

Dann aber, etwa acht Tage nach Peters Tod, war plötzlich die höhere Ebene, in der ich so liebevoll aufgehoben war, vorbei. Ich fiel zurück auf die Erde und stand wieder mit beiden Füßen im Tal der Traurigkeit. Tränen, Einsamkeit und die Angst vor den täglichen Problemen, mit denen ich nun allein fertig werden mußte, stürzten wieder auf mich ein.

Auch hier war der Herr mir nahe, war bereit, mir den ganzen Weg entlang zu helfen, und doch spürte ich, daß ein anderer schmerzlicher, aber notwendiger Wachstumsprozeß noch vor mir lag.

An diesem Punkt hat ein Hinterbliebener nur ein Bedürfnis: das nach Trost. Gott hatte uns doch zugesagt, daß ein Teil unseres Erbes als rechtmäßige Kinder Gottes darin besteht:

»Ich will euch trösten, wie einen seine Mutter tröstet.«

(Jesaja 66,13)

Dieser Trost wurde mir ganz gewiß gleich nach Peters Tod noch in seinem Krankenhauszimmer geschenkt, und er hatte auch während der Tage der ersten Erschütterung und Benommenheit angedauert. Ich war sicher, daß der Trost das Geschenk eines liebevollen Vaters war, der wußte, daß ich jetzt ganz verzweifelt die Gewißheit brauchte, daß er mich nicht verlassen hatte.

Dann fand ich, daß einige der schönsten Worte in der Heiligen Schrift gerade die Traurigkeit des Herzens, die oft auch lange dauert, anspricht.

»Ich will euch nicht als Waisen zurücklassen; ich komme zu euch.« (Joh. 14,18)

»Er hat mich gesandt, den Elenden gute Botschaft zu bringen ... zu schaffen den Trauernden zu Zion, daß ihnen Schmuck statt Asche, Freudenöl statt Trauerkleid, Lobgesang statt eines betrübten Geistes gegeben werden.« (Jesaja 61,1.3)

Ich war überrascht, als ich feststellte, daß sich viele Verheißungen in der Bibel ganz besonders an Witwen und an Kinder richten, die einen oder beide Elternteile verloren haben.

»Der Herr wird das Haus der Hoffärtigen einreißen; aber den Grenzstein der Witwe wird er schützen.« (Sprüche 15,25)

»Verlaß nur deine Waisen, ich will sie am Leben erhalten, und deine Witwen sollen auf mich hoffen.« (Jeremia 49,11)

Und einige von den schönsten Versprechen finden sich in dem ganz außergewöhnlichen 54. Kapitel des Propheten Jesaja, das sich besonders an die Frauen richtet, ein Kapitel, das immer wieder einmal ganz gelesen werden sollte, vor allem von denen, die sich verlassen und beraubt vorkommen, so daß es ihnen in Fleisch und Blut übergeht.

»Fürchte dich nicht ... denn du wirst die Schande deiner Jugend vergessen und der Schmach deiner Witwenschaft nicht mehr gedenken ... denn der Herr hat dich zu sich gerufen wie ein verlassenes und von Herzen betrübtes Weib ... mit großer Barmherzigkeit will ich dich sammeln ... und alle deine Söhne sind Jünger des Herrn, und großen Frieden haben deine Söhne.« (Jesaja 54,4.6.7.13)

Aber Gottes Trost hat auch noch ganz andere Seiten, denn seine Wege sind niemals genauso wie unsere. Sein Trost ist nicht so etwas wie ein weiches Federkissen oder ein Wangentätscheln mit den Worten: »Ach, was bist du für ein liebes Kind!« Er schleicht sich auch nicht auf Zehenspitzen in das Trauerzimmer, in dem die Rolladen heruntergelassen sind, nein, er bricht vielmehr herein. Der Trost von Gott her hat ein stählernes Rückgrat, er ist wie ein Trompetensignal und schenkt neue Kraft. Er erinnert uns daran, daß Trost immer etwas mit Kraft und Stärke zu tun hat. Gott tröstet uns mit Stärke, indem er uns neue Kraft gibt. Er verniedlicht die Probleme nicht, aber er vergrößert unsere Fähigkeit, mit ihnen fertig zu werden.

»Fürchte dich nicht, ich bin mit dir, weiche nicht, denn ich bin dein Gott. Ich stärke dich, ich helfe dir auch, ich halte dich durch die rechte Hand meiner Gerechtigkeit.« (Jesaja 41,10)

Es sollte uns nicht überraschen, daß Gott hauptsächlich durch sein Volk trösten will, durch die Gemeinschaft seiner Gläubigen. Im Heilungsprozeß meiner Trauer war ein erster und sehr wichtiger Schritt, daß Gott mich bat, mein Herz weit für andere Menschen zu öffnen.

Wenn wir eine tiefe innere Verletzung erlitten haben – und ein Trauerfall ist so eine innere Wunde für den Verstand und die Gefühle –, dann ist die erste Reaktion des Trauernden, daß er am liebsten sein Herz ganz verschließen möchte und alle Verbindungen zur Außenwelt abschneiden will, damit nicht noch mehr Schläge auf ihn niederprasseln. Deshalb besteht Gott gerade darauf, daß wir dieser Tendenz nicht nachgeben, und das scheint im Moment fast hart und grausam.

Als meine persönliche Krise nun kam, wußte ich noch nicht, wie ich aus meiner Trauer wieder herausfinden sollte. Ich hatte noch nie davon gehört, daß Psychologen und Psychiater die Meinung vertreten, daß neue Kontakte, neue Kommunikationsformen mit anderen Menschen aufgebaut werden müssen, wenn die Heilung in Gang kommen soll. Ich wußte auch nichts von der Erkenntnis erfahrener christlicher Berater, daß ein Trauernder fast unwillkürlich sein Inneres auch vor seinen Freunden verschließt, leicht verbittert wird und sich so tragischerweise von der kraft-spendenden Liebe Gottes isoliert.

Ein Teil der wunderbaren Führung Gottes war für mich, daß er mich gleich nach dem Tode meines Mannes fähig machte, mein Herz weiter als je zuvor für andere Menschen zu öffnen. Ich wußte, daß das nur Gottes Werk gewesen sein konnte, denn irgend etwas durchbrach meine natürliche Verschlossenheit und das Verlangen nach einem ungestörten Privatbereich, das ich schon seit meiner Kindheit an mir kannte.

Am Sonntag nach Peters Tod konnte ich wieder in die New-York-Avenue-Kirche gehen und mit Peter John auf unserem üblichen Platz in der Pfarrfamilienbank sitzen. Es würde mir schrecklich schwer werden, das wußte ich wohl, denn diese Umgebung würde mir dramatischer als alles andere vor Augen führen, daß Peter Marshall nie mehr auf dieser Kanzel stehen und predigen würde.

Während des Gottesdienstes konnte ich manchmal die Tränen nicht mehr zurückhalten. Und doch waren das heilende Tränen, weil ich mich hier der Wirklichkeit stellte. Gott schenkte mir in diesem Augenblick eine sehr freundliche chinesische Frau, die neben mir saß und ihre Hand auf meine legte. Da wußte ich, daß sie für mich betete.

Am nächsten Tag kam ein Ehepaar vorbei, das Peter ganz besonders gern gemocht hatte. Die beiden stöberten mich im Schlafzimmer auf, und ich weiß nicht ganz genau, wie die junge Frau es schaffte, mit tränennassem Gesicht ihren Arm um mich zu legen. Weinend sagte sie: »Liebe Frau Marshall, ich hab Sie doch so gern! Wir müssen jetzt ganz eng zusammenstehen.«

Nur einen Sekundenbruchteil lang hatte ich die Wahl, doch sie fiel mir nicht schwer. Ich traf sie instinktiv, gar nicht einmal bewußt. Ich konnte mich entscheiden, ob ich eine solche überfließende Liebe nur höflich ertragen oder aber sie wirklich annehmen sollte. Indem ich mich ihr auslieferte, erfuhr ich eine Einheit mit allen Menschen, eine Verwandtschaft mit allem Leiden auf der Welt und einen kurzen Einblick darin, daß das Reich Gottes in einer konkreten Gemeinde auf dieser Erde wirklich am Werk sein kann.

Und so öffnete ich die Tür unseres Pfarrhauses ganz weit. Es kamen viele Menschen, die uns die Hand drückten und denen Tränen in den Augen standen. Sie brachten alles mögliche mit, was sie eben am besten machen konnten. Sie brachten Suppen und Geflügelsalate mit, gebratenen Schinken, Kuchen, Vanillecreme und Aufläufe. Die Liebe, die wie eine große Flutwelle durch unsere Gemeinde ging, war für uns alle ein Segen.

Diejenigen, die mir in dieser Zeit am meisten halfen, waren die wenigen, die etwas von der schroffen und strengen Seite von Gottes Trost wußten. Sie vermieden es, sanfte und mitleidige Worte auszusprechen, hinter der die unausgesprochene Haltung steht: »Ach, Sie tun mir ja so leid!« Die Reaktion des Trauernden darauf ist nämlich fast unvermeidlich das Selbstmitleid, und das ist eins der schlimmsten Hindernisse auf dem Weg zur echten Heilung der Trauer.

Da ich wußte, was für ein tödliches Gift diese Haltung des Selbstmitleids ist, lernte ich die verbissenen Freunde besonders zu schätzen, die mich z.T. scharf behandelten, wenn ich krank oder traurig war.

Eine solche Freundin war Anita. Sie war eine stattliche, große Frau, die die seltene Gabe hatte, die Dinge klar und sofort zu durchschauen. Ich erinnere mich noch genau an einen ihrer Besuche, als ich krank war. An diesem Nachmittag ging sie nicht in mein Zimmer, sondern sie marschierte herein. Sie hielt es noch nicht einmal für nötig, sich hinzusetzen.

Sie stand mitten im Raum und räusperte sich, so als ob sie eine Rede halten wollte. Ihre Augen sprühten Feuer wie der Saphirring an ihrer rechten Hand. »Catherine, schon ein paar Tage lang muß ich immer an dich denken. Fast war ich schon versucht, nur noch Mitleid mit dir zu haben, aber das will ich auf keinen Fall, verdammt noch mal. Entschuldige den harten Ausdruck, aber genauso hart empfinde ich das auch. Mitleid würde dir jetzt überhaupt nicht helfen, das weiß ich ganz genau. Warum sollte ich dich auch bemitleiden? Du hast doch alles, was du brauchst. Du hast Kraft und Führung durch Gott, unseren Herrn.«

Ihre Worte vermittelten mir das Gefühl, als wenn mir jemand eine Schüssel mit Eiswasser ins Gesicht geschüttet hätte. Ich hätte es ihr übelnehmen können, aber das tat ich nicht. Denn als ich mich von dem ersten Schock über den kalten Guß erholt hatte, fühlte ich mich aufgemuntert, und genau das hatte Anita ja auch erreichen wollen.

Meine erste Reaktion war dann: Jetzt ist es aber mal genug mit aller Schwachheit und Zurückgezogenheit, ich muß sehen, wie ich hier so bald wie möglich wieder herauskomme. Und der Mut und der Wille, die Schwäche und Krankheit zu bekämpfen, stiegen in mir hoch wie Quecksilber, wenn die Sonne auf das Thermometer scheint.

Anita hatte mir eine unvergeßliche Lektion erteilt. So wirkt es, wenn man sich gegenseitig mit dem Trost Gottes tröstet. In den Jahren meiner Krankheit bekam ich Hunderte von Krankenbesuchen, aber dieser eine Besuch von Anita ragt in meiner Erinnerung wie eine Bergspitze über all die anderen hinaus. Selbst wenn ich später noch einmal daran zurückdachte, spürte ich die erfrischende Wirkung, weil das die Art von Freunden war, die ich auch in der Dunkelheit und im Morast meiner Trauer ehrlich zu schätzen wußte.

Noch etwas anderes entdeckte ich in diesen Tagen nach Peters Tod. Gottes Trost ist ganz erdverbunden. Die Schrift umgibt das Thema des Todes und der Unsterblichkeit mit dem Licht des Natürlichen und Normalen. Sie hebt es aus dem Dunkel des Unheimlichen und Unbekannten heraus. Einer der Gründe dafür, daß Jesus aus freien Stücken das Reich seiner Herrlichkeit verlassen hat und alle Beschränkungen der menschlichen Existenz auf sich genommen hat, liegt darin:

>»Er erlöste die, die durch Furcht vor dem Tode im ganzen Leben Knechte sein mußten.«   (Hebr. 2,15)

Ein Teil dieser Befreiung liegt in der Versicherung, die uns immer wieder in der Schrift gegeben wird, daß die wirkliche Person im Menschen nach dem leiblichen Tod ununterbrochen weiterlebt. Die Bibel sagt uns, daß das kommende Leben nicht nur ein voll bewußtes ist, in dem wir jede unserer geistigen und geistlichen Fähigkeiten weiter behalten, sondern auch, daß diese unsere Fähigkeiten noch verfeinert und überhöht werden.

»Wir sehen jetzt durch einen Spiegel in einem dunkeln Wort;
dann aber von Angesicht zu Angesicht. Jetzt erkenne ich (nur)
stückweise; dann aber werde ich erkennen, gleichwie ich (von
ihm jetzt schon) erkannt bin.«   (1. Kor. 13,12)

Darin liegt auch die Versicherung, daß alle die von uns geliebten
Menschen, die gestorben sind, fähig sein werden, sich zu erinnern,
etwas zu denken und zu wollen, zu lieben, Gott anzubeten und
dort auf der anderen Seite, jenseits des Todes auch viel mehr ein-
zusehen und zu verstehen. So wird unser neues Leben bei Gott bestimmt kein Zustand des unbewußten Dahindämmerns sein und
auch keine gefühllose Existenz.

Im Gleichnis, das Jesus vom reichen Mann und vom armen La-
zarus erzählt, stellt er beide Männer so dar, daß sie sich nach ihrem
Tode noch ganz genau an ihr Leben ohne jede Gedächtnislücke erinnern können.

Außerdem sind zu diesem Thema noch die Worte überliefert,
die Jesus am Kreuz mit dem mitgekreuzigten Verbrecher wechsel-
te:

»Und er sprach: ›Jesus, gedenke an mich, wenn du in dein Reich
kommst!‹ Und Jesus sprach zu ihm: ›Wahrlich, ich sage dir: Heute wirst du mit mir im Paradiese sein.‹«   (Lukas 23,42.43)

Jesu Versprechen für den sterbenden Verbrecher wäre unsinnig gewesen, wenn er damit nicht hätte sagen wollen, daß sowohl er als
auch der andere sofort nach dem Tod sich erkennen könnten, sich
daran erinnern würden, daß sie zusammen gelitten hatten und
sich so auch gegenseitig erkennen würden.

Es gibt einen natürlichen Körper und auch einen geistlichen,
sagt der Apostel Paulus, und er beschreibt das auch noch bis in die
Einzelheiten. Der geistliche Körper wird zwar noch die Erscheinung haben, an der man uns erkennen kann, die wir auch in unserem irdischen Leben gehabt haben, aber alles Unvollkommene,
Verformte, von Krankheit Gezeichnete wird dann in Vollkom-
menheit verwandelt sein.

»So auch die Auferstehung der Toten. Es wird gesät (= begraben,
in die Erde gelegt) in Unehre und wird auferstehen in Herrlich-

keit. Es wird gesät in Schwachheit und wird auferstehen in Kraft. Es wird gesät ein natürlicher Leib und wird auferstehen ein geistlicher Leib.« (1. Kor. 15,42–44)

Wie schön wird es demnach sein, die Beschränkungen des menschlichen Körpers hinter sich lassen zu können und auch die oft so hinderlichen Begrenzungen durch Raum und Zeit.

Die meisten Trauernden verspüren eine Notwendigkeit, sich mit den Gedanken auseinanderzusetzen, die mit den Worten beginnen: »Was wäre wohl gewesen, wenn . . .« Ich war da keine Ausnahme. Fast immer kommt eine Zeit der quälenden Fragen, der Vorwürfe und Schuldgefühle, nachdem die erste Benommenheit gewichen ist.

Ich erinnere mich, daß es damals meine Mutter war, die mir durch diese schwierige Phase hindurchhalf. Sie saß in ihrem kleinen Schaukelstuhl neben mir und hörte mir ganz weise einfach zu. Sie gab mir keine guten Ratschläge und redete auch nicht voller Mitgefühl auf mich ein, es war mir genug, daß sie einfach da war. Ohne mit den Wimpern zu zucken, hörte sie sich alles an, und ich konnte die ganze Fülle meiner negativen und oft bitteren Gedanken vor ihr ausschütten.

Hatte ich nach Peters so ganz plötzlichem ersten Herzanfall Ende März 1946 wirklich alles Mögliche unternommen, um ihn zu retten? War es wohl wirklich Gottes Wille gewesen, daß Peter schon so früh sterben sollte? Oder war das ein Versagen auf meiner Seite?

Dann fiel mir ein, daß ich noch am letzten Sonntag vor seinem Tod ärgerlich auf Peter geworden war und sehr kindisch und empfindlich reagiert hatte. Als wir von der Kirche nach Hause fuhren, hatten wir das Radio angestellt, und gerade als Peter vor unserer Haustür anhielt, hatte der Sprecher etwas von dem bevorstehenden Valentinstag gesagt, an dem man ja seiner heimlichen Liebe ein Geschenk machen soll. Peter hatte die Hand zu mir ausgestreckt und mich scherzhaft gefragt:

»Na, Catherine, willst du mein Valentinsmädchen sein?«

Ich aber hatte meine Hand zurückgezogen und diesen kleinen heiteren Augenblick rücksichtslos zerschlagen, indem ich sarkastisch erwiderte:

»Ja, ja, ganz sicher werde ich deine Geliebte sein. Ich werde mir hier in Washington einen schönen Tag machen, während du einen Vortrag in Des Moines halten wirst. Ich habe schon gehört, daß du diese Einladung nun auch noch angenommen hast!«

Einen kurzen Moment lang lag ein schmerzlicher Ausdruck auf Peters Gesicht, und die Erinnerung an diesen Blick tat mir jetzt noch weh.

»Wie konnte ich nur so häßlich sein? Was war damals nur mit mir los? Ich dachte doch immer, daß ich eine erwachsene Frau bin und kein empfindliches Mädchen. Wie konnte ich nur so unreif und so ekelhaft kleinlich sein?«

Die Trauer vergrößerte jetzt nur noch meinen Ärger auf alle die, die so genau gewußt hatten, daß Peter herzkrank war, und doch immer neue Anforderungen an ihn gestellt hatten. Diese Aufgaben und Forderungen waren von 1947 an immer zahlreicher geworden, nachdem Peter der Pfarrer des Senats geworden war. Wie oft hatte ich daneben gestanden und zugehört, wenn jemand zu ihm sagte: »Dr. Marshall, bitte übernehmen Sie sich nicht. Sie müssen jetzt zunächst einmal an sich und Ihre Gesundheit denken!« Und im nächsten Moment flehten sie ihn dann an, er möchte doch einen Vortrag vor ihrem Lieblingsgremium halten, er müßte zu einem bestimmten Termin in ihre Gemeinde kommen usw. Ihre Organisation war dann selbstverständlich immer eine Ausnahme, ihre Gruppe sollte etwas Besonderes sein. Wie egoistisch können doch Menschen sein!

Und dann, als ich andere beschuldigt hatte und mich selbst, klagte ich auch Gott an. Warum, warum mußte alles auf diese Weise enden, fragte ich verbittert. Waren Peter und ich denn auf irgend etwas hereingefallen? War all das, was Peter gepredigt hatte, nur frommer Unsinn gewesen? Wenn Gott ein Gott der Liebe ist und die Macht hat, uns überall zu helfen, warum hatte er dann nicht irgend etwas unternommen, damit Peters Herz wieder zu Kräften kam?

Meine Mutter war tief betrübt über das, was sie da aus meinem Mund hörte, aber sie wußte, daß im Moment jede Entgegnung von ihr kaum etwas ändern könnte. Jeder bittere Gedanke gegen mich selbst, gegen andere Menschen und auch gegen Gott mußte einmal an die Oberfläche kommen und ausgesprochen werden.

Sie verstand gut mein Verlangen nach einer Antwort auf die quälende Frage, die jeder trauernde Mensch in sich aufsteigen fühlt: Wo ist jetzt der Gott der Liebe, der sich um jeden einzelnen Menschen kümmert in allem, was passiert? Mutter erkannte auch, daß es keine Heilung meines verwundeten Herzens geben konnte, wenn ich diese Fragen nicht einmal stellen durfte, sie geradezu herausschreien konnte. Ohne dieses Ausspucken aller Bitterkeit und aller negativen Gedanken würde ich später auch nicht fähig sein, die Wohltat von Christi Heilung in mich aufzunehmen. Dann würde ich entweder aus dem Leben fliehen oder aber es emsig und betriebsam wieder aufnehmen und dabei innerlich gelähmt und gefühllos bleiben.

»Gott weiß die Zeit«, sagte sie mir ruhig. »Und du wirst bestimmt auch einmal Gottes Antworten auf deine Fragen bekommen.«

Sie wußte nur zu gut, daß letzten Endes nur Gott ein zerbrochenes Herz heilen kann. Die Trauer ist eine Verwundung, ein klaffendes Loch im Inneren des Menschen. Schließlich sind die Bande, die Eltern mit ihren Kindern verbinden, Brüder mit Schwestern, Ehepaare untereinander, ganz tiefe Verbindungen, die so echt und wirklich sind wie die Liebe, die zwischen ihnen besteht. Und durch den Tod ist einem der geliebte Mensch nun entwunden, wirklich und körperlich fühlbar aus dem Leben gerissen worden. Diese Wunde ist eine Tatsache, auch wenn der Hausarzt sie nicht klinisch feststellen kann. Aber Christus ist immer noch der beste Arzt für die Seele.

Es war Rebecca Beard, eine Ärztin, die mir half, mein wundes Herz in die Hände des göttlichen Arztes zu legen. Vor ein paar Jahren hatte sie ihre Arztpraxis aufgegeben und arbeitete als geistliche Beraterin und Therapeutin. Als ich hörte, daß sie für kurze Zeit in Washington war, bemühte ich mich um ein Gespräch mit ihr.

Bald schon konnte ich ihr mein Herz ausschütten, all meinen Schmerz, meine Unfähigkeit und die Angst vor der Zukunft, die ich nun allein bestehen mußte.

Zuerst ließ mich Rebecca Beard, genau wie meine Mutter, einfach reden. Sie sagte wenig und gab mir auch keine Ratschläge für die Zukunft. Sie war eine mütterliche Frau, und manchmal standen Tränen in ihren mitfühlenden Augen, wenn sie mich ansah.

Dann endlich, als der Brunnen meiner Gefühle langsam austrocknete, sagte sie ruhig:

»Als Ärztin habe ich nur ein Heilmittel, das ich Ihnen geben kann und das wirklich helfen kann: Wir wollen zusammen mit Jesus darüber sprechen.«

Ihr Gebet war eine einfache und von Herzen kommende Bitte, eine Inanspruchnahme der Verheißung Jesu, daß er denen helfen will, die zerbrochenen Herzens sind. Mein Herz war wirklich zerbrochen und leer. Jetzt war der Moment gekommen, um Gott zu bitten, daß er es in seine Hände nehmen sollte, es wieder heilen und mit seiner Liebe ausfüllen möchte. Als wir beide unser Gespräch mit ihm beendet hatten, nahm mich die Ärztin in den Arm. An diesem Nachmittag fühlte ich, wie sich Gottes sanfte Hand auf mein Herz legte. In diesem Moment hatte die Heilung irgendwo in den Tiefen meines Wesens angefangen.

7. Gottes Ruf an mich

»Denn wir sind Gottes Mitarbeiter ... Denn mit Feuer wird er sich offenbaren; und welcherlei eines jeglichen Werk sei, wird das Feuer bewähren.« 1. Kor. 3,9.13

Die drei Männer aus unserer Gemeinde waren sehr freundlich zu mir und hilfsbereit, aber auch entschlossen, mich davon zu überzeugen, daß meine finanzielle Situation in Zukunft sehr trostlos aussehen würde. Einer von ihnen, ein erfahrener Versicherungsvertreter, hatte mir alles in einer graphischen Darstellung aufgezeichnet.

»Ich würde Ihnen empfehlen«, sagte er, »sich die Lebensversicherung Ihres Gatten auf eine längere Zeit einzuteilen. Schließlich dauert es ja noch acht Jahre, bis Ihr Sohn einmal aufs College geht.«

»Wie groß wird dann unser Einkommen jeden Monat sein?«
fragte ich.

»Das sind 171 Dollar monatlich, und zwar für einen Zeitraum
von acht Jahren. Danach wird das Einkommen sich verringern.«

»Sie dürfen sich hier keine Illusionen machen, Frau Marshall«,
fiel jetzt der andere Geschäftsmann ein. »Das ist noch nicht einmal
genug, um ein Auto zu unterhalten. Vielleicht sollten Sie doch Ihren Wagen verkaufen.«

»Und jetzt sind Sie wohl kaum schon kräftig genug, um einen
Beruf auszuüben«, fügte der dritte noch hinzu.

»Es ist schließlich erst zwei Jahre her, daß Sie sich von Ihrer
schweren Krankheit erholt haben. Übrigens, was könnten Sie
denn eigentlich beruflich machen?«

Ich hatte das Gefühl, daß irgend jemand seine Finger um meinen Hals legte. »Ich . . . ich weiß es nicht genau. Als ich mit dem
College fertig war, habe ich gleich geheiratet. Ich habe nur die Abschlußprüfung vom College, aber noch nicht einmal irgendeine
Lehrerausbildung. Ich könnte wohl auch nicht als Sekretärin arbeiten, denn ich kann keine Stenographie.«

Die drei Männer waren Freunde von Peter gewesen, und sie
hatten auch mich aufrichtig gern. Doch sie sahen nur eine trübe
Zukunft auf mich zukommen, wenn ich selbst für meinen Lebens-
unterhalt aufkommen sollte. Ich konnte es an ihrem Blick sehen
und fühlte es auch in ihrer Art, wie sie sich um meine finanzielle
Lage bemühten.

»Ich fürchte, Sie sind sich noch nicht so ganz im klaren darüber,
wie verzweifelt Ihre Situation ist«, betonte der Versicherungs-
agent nun wieder und versuchte erneut auf sein Thema zu kommen. »Ein Einkommen von nur 171 Dollar im Monat, und das in
Washington, das reicht noch nicht einmal für die nötigsten Dinge
zum Leben.«

»Ihr Ferienhaus in Cape Cod ist eigentlich ein recht wertvoller
Besitz«, ergänzte der nächste. »Ich glaube, das sollten Sie so schnell
wie möglich verkaufen.«

Die drei waren recht unglücklich, als sie sich schließlich verabschiedeten, denn ihrer Meinung nach war ich nicht ängstlich genug. Sie vermuteten, daß sie mich noch nicht genug davon über-

zeugt hatten, daß ich unmittelbar vor einer schweren finanziellen Krise stand. Sicher, sie hatten recht. Aber bei mir war das nicht so sehr ein starrsinniger Widerstand gegen ihre düsteren Prognosen in finanzieller oder auch anderer Hinsicht, es war vielmehr so wie damals unmittelbar nach Peters Tod, als sich ein schützender Schild über meine Gefühle legte: Ich fühlte auch jetzt, daß derselbe Schild meinen Glauben bewahrte und mir die Angst vor der Zukunft nahm. Es lag nicht an mir, jemand anders schützte mich. Die Pfeile der Angst, die die drei Freunde in der besten Absicht auf mich abgeschossen hatten, hatten nur den schützenden Panzer getroffen und waren abgeprallt.

Ich hatte jedoch nicht mit den besorgten Freunden diskutiert, denn Fakten und Zahlen waren eigentlich alles gewesen, was sie gesagt hatten. Da lagen die Tatsachen auf dem Tisch, so wie die normale Welt sie sieht. Es war alles aufgeschrieben in übersichtlichen Zahlenreihen und Kurven. Wie könnten solche Zahlen auch lügen? Und doch wußte ich, daß sie nicht die Wahrheit sagten. Irgend etwas Wichtiges fehlte noch.

Als ich wieder allein war, sah ich zum Fenster hinaus auf den Mond, der über schwankenden Baumwipfeln am Himmel stand. In so vielen Bereichen des Lebens war ich noch naiv und ungebildet. Mittlerweile war ich 35 Jahre alt und hatte mich noch nie mit einer Einkommensteuererklärung befaßt, war noch nie mit dem Auto zur Inspektion gefahren, hatte noch nie mit einem Rechtsanwalt verhandelt oder versucht, eine Versicherungspolice zu entziffern. Eisenbahnfahrpläne waren mir ein Rätsel, und es kam nur sehr selten vor, daß mein Haushaltsbuch mit den täglichen Ausgaben ausgeglichen war. Ich hatte auch noch nie irgendwo Geld investiert oder es auch nur gewagt, ganz allein nach New York zu fahren.

Das Mondlicht draußen war fast weiß. Ein leuchtender Stern über den Baumkronen blitzte wie ein Edelstein. Plötzlich wußte ich, als ich da am Fenster stand, was in den ganzen Überlegungen des Abends noch gefehlt hatte. Meine drei Freunde, die es so gut mit mir gemeint hatten, die so deutlich meine vielen Unzulänglichkeiten sahen, hatten ihre Rechnung ohne Gott gemacht.

Ich erinnerte mich daran, wie oft Peter dieselbe Haltung bei den

Verantwortlichen in seiner Gemeinde kennengelernt hatte. Häufig kam er mit grimmigem Gesicht von einer Gemeindevorstandssitzung nach Hause. »Catherine«, sagte er dann, »man kann ihnen vorschlagen, was man nur will. Die Litanei ist immer wieder dieselbe: ›Ja, aber, Dr. Marshall, wo soll denn das Geld dafür herkommen?‹ Wo haben die eigentlich ihren Glauben an Gott?«

Also, entweder war Gott immer da (»Ich bin, der ich sein werde«), und das war dann eine Tatsache, die noch realistischer war als alle Zahlen, Kurven und Skizzen, oder er war nicht da. Wenn er aber da war, dann war doch wirklich das Rechnen und Überlegen, ohne ihn einzubeziehen, nicht realistisch. Es konnte vielmehr die gefährlichste Fehlkalkulation überhaupt sein.

Gott war mir vor Peters Krankenzimmer begegnet an jenem Morgen, etwa eine Stunde nach seinem Tod. Ich hatte seine Gegenwart gespürt, und die Worte, die er mir in meinem Innern zugesprochen hatte, als ich gerade das Zimmer verlassen hatte, waren mir tief ins Bewußtsein eingegraben: »Güte und Barmherzigkeit werden dir folgen dein Leben lang.«

Das war seine persönliche Verheißung für mich. In den Tagen, die vor mir lagen, und in allen Jahren, die noch kommen sollten, wollte ich mich an diesem Versprechen festhalten.

So stand ich also nun vor einer Krise, ich war an einer Kreuzung meines Lebensweges angelangt. Ich mußte in einen neuen Lebensabschnitt eintreten, aber welchen Weg sollte ich dazu einschlagen?

Eine Entscheidung konnte ich schon auf der Stelle treffen. Ich wollte mich weigern, arm und mittellos zu sein. Die Erziehung meiner Mutter in dieser Hinsicht saß ganz tief in mir. Warum sollte ein Kind des Königs sich einfach damit abfinden, bedürftig und arm zu sein?

So beanspruchte ich für Peter John und für mich die große Verheißung, die die Phantasie anregt und alle kreativen Kräfte im Menschen in Bewegung setzt:

»Wir wissen aber, daß denen, die Gott lieben, alle Dinge zum Besten dienen, denen die nach dem Vorsatz berufen sind.«
(Römer 8,28)

Wie oft hatte Peter von der Kanzel gesagt, wenn er diese Verheißung zitiert hatte, daß Gott mit diesem Vorsatz, diesem Plan für uns Menschen nicht nur geistlichen Segen gemeint hatte, sondern daß er ganz genau wußte, daß wir auch Geld für die Miete brauchen und für Kleider und Lebensmittel.

Aber jetzt stellte der Heilige Geist für mich einige Worte aus dieser Verheißung ganz klar heraus; sie wurden für mich in diesem Moment ein »rhema«:

».. . denen, die nach dem Vorsatz berufen sind.«

Ich fühlte mich schaudern. Durfte ich wirklich die Hoffnung haben, daß Gott mich zu einem ganz bestimmten Plan berufen würde, daß es eine besondere Aufgabe für mich geben würde?

Mich befiel das Gefühl in ein Abenteuer verwickelt zu sein. Es würde wohl aufregend werden, zu erkennen, was Gottes Plan von mir in meinem Leben wollte. Ich spürte: Wenn sein großer Plan für mich sichtbar geworden war, dann würde er noch viel mehr enthalten als nur die Versorgung mit materiellen Dingen.

Aber ich hätte mir nicht träumen lassen, daß die Antwort auf die Fragen zu meinem neuen Lebensabschnitt noch mehr umfassen würde als die Erkenntnis, daß Peters Dienst mit seinem leiblichen Tod noch nicht zu Ende war, sondern daß Gott diesen Dienst noch ausweiten wollte über alles hinaus, was ich bitten, denken oder nur träumen konnte, und daß er mir die ganze Zeit über eine unbegreifliche Freude daran schenken könnte, daß ich ein Teil von diesem Dienst sein durfte.

Doch inzwischen gab es noch viele andere Dinge, die ich lernen mußte und die ich Jahre später dann an diejenigen Leute weitergeben konnte, die plötzlich einen geliebten Menschen durch Tod, Scheidung oder Trennung verloren hatten. Zunächst sollten unmittelbar nach der Krise keine größeren Entscheidungen getroffen werden. Fast immer empfindet man eine tiefe Erschütterung, wenn man sich gleich von irgend etwas trennen muß. Es muß genügend Zeit zur Erholung verstrichen sein, bevor es möglich ist, eine feste Grundlage wiederzufinden, von der aus man weitreichende Entscheidungen fällen kann.

Ich hatte Glück, denn ich mußte nicht sofort entscheiden, wo mein Sohn und ich von nun an wohnen sollten. Wir konnten noch fast zehn Monate im Pfarrhaus wohnen bleiben, während die Gemeinde sich nach einem neuen Pfarrer umsah. In dieser Zeit halfen mir vertraute, geliebte und mit meinem Mann geteilte Besitzstücke, mein aufgewühltes Inneres zu beruhigen. Da war z.B. Peters Sammlung von Bildern, wilde Meereslandschaften, die überall an den Wänden hingen, oder die so oft benutzten Spiele in dem kleinen Zimmerchen, wo wir häufig gesessen und gespielt hatten. Daß ich mit unserem Cockerspaniel Jeff auf denselben Wegen spazierengehen konnte, die wir so oft zusammen gegangen waren, war für mich eher wie Balsam als ein zusätzlicher Schmerz.

Dann stellte ich auch fest, daß die organisatorischen Umstände, die sich aus einer Trennung ergeben, in sich selbst eine Hilfe sein können, auch wenn es einem erst so vorkommt, daß sie das Leid noch vergrößert. Ganz zu Anfang kann man das Gefühl haben, daß auch diese praktischen Dinge einen nur von neuem in Trauer und Verzweiflung stürzen. Der innerlich verwundete Mensch sieht die Welt mit neuen Augen an und kann es nicht fassen, daß die anderen auf der Straße und in den Geschäften ihren gewohnten Tätigkeiten nachgehen, so als ob überhaupt nichts geschehen wäre, als ob alles noch wäre wie früher.

Wie ist es möglich, so fragt man sich in diesem Stadium, daß man sich dazu überwinden könnte, Kommoden und Schreibtischschubladen aufzuräumen, seine ganzen Lebensgewohnheiten zu ändern, seine Finanzlage neu zu überdenken, sich mit geschäftlichen und versicherungstechnischen Einzelheiten abzugeben, mit den Dutzenden von Telefonanrufen und persönlichen Briefen fertig zu werden und die liebende Fürsorge von Freunden und Familienangehörigen zu ertragen?

Die Wahrheit ist aber, daß das leere Herz geradezu mechanische Arbeit der Hände braucht. Ich erfuhr, daß es eine richtige Therapie ist, notwendige Handgriffe zu tun. Peters Büro mußte aufgeräumt werden, und alle seine persönlichen Dinge mußten herausgeholt werden. An einem Tag, den ich mir selbst festsetzte, stieg ich die Treppe zu seinem Arbeitszimmer hoch und setzte mich an seinen Schreibtisch. Impulsiv öffnete ich die mittlere Schublade und fand Peters Terminkalender. Er war noch aufgeschlagen für die Woche, die mit dem 23. Januar anfing. Es sollte eigentlich eine sehr volle, vielbeschäftigte Woche werden. Da saß ich und starrte das Buch an. Wie plötzlich brach doch der Tod in unser Leben ein!

Vorne in den Terminkalender war ein Zeitungsartikel eingelegt mit der Überschrift »Würden Sie gerne länger leben, wenn Sie es könnten?«

Ich sah auf, und mein Blick fiel auf das Bücherregal, auf dem oben ein liebevoll nachgebildetes Modell des Hauses von John Knox in Edinburgh stand. Vor vielen Jahren waren Peter und ich Hand in Hand die schmalen Stufen hinaufgegangen und hatten zusammen dieses eigenartige, kleine mittelalterliche Haus besichtigt. Die Erinnerungen schmerzten und brannten in mir.

Dann folgte ein stundenlanges Ausräumen der Bücherregale. Alles mußte in Kisten verpackt werden. Bilder und Skizzen, alles Meereslandschaften, und eine schöne Lithographie von der amerikanischen Flagge, all das mußte abgenommen und eingepackt werden. Alle Schubladen waren auszuleeren. Und doch, während ich an diesem Tag all diese Arbeiten verrichtete, hatte ich das seltsame, wohltuende Gefühl, daß sich meine Schmerzen langsam verringerten.

Ein Eintrag in mein Tagebuch aus dieser Zeit beschreibt meinen damaligen Zustand sehr gut:

»Ich muß immer einen Teil meiner Stillen Zeit darauf verwenden, um zu hören, was der Herr jetzt für mich zu tun hat. Er hat mir gezeigt, daß er bestimmt einen Plan für mein Leben hat. Könnte es doch sein, daß auch mein Traum, einmal Schriftstellerin zu werden, ein Teil seines Planes ist? Ich muß jetzt offen für alles sein, was mich weiterbringen könnte, für Briefe, Einladungen und die Ratschläge von Freunden.«

Einige Tage später schrieb mir eine Freundin:

»... das, was ich Dir jetzt schreibe, liegt mir schon lange auf dem Herzen, und ähnliche Gedanken haben mir auch verschiedene Leute aus unserer Gemeinde mitgeteilt: Ich und tausend andere mit mir hoffen doch ernsthaft, daß Du dafür sorgen wirst, daß die Predigten deines Mannes, seine Gebete vor dem Senat und von der Kanzel irgendwann einmal veröffentlicht werden.«

Bald kamen die Wünsche nach einem Buch, das möglichst viele von Peters Gebeten und Predigten für jedermann zugänglich machen würde, von den verschiedensten Seiten auf mich zu.

Ich hatte aber keinerlei Kontakte zu Verlegern. Sicherlich hätten sich manche Freunde von mir darum bemüht, aber ich schreckte davor zurück, mich ihnen aufzudrängen. Daher betete ich zunächst um ein sicheres Zeichen. »Herr«, sagte ich, »wenn das wirklich dein Plan ist, dann öffne bitte auch eine Tür dafür. Daran werde ich es erkennen.«

Es waren noch keine sechs Wochen seit diesem Gebet vergangen, als ich Briefe von drei verschiedenen Verlagen bekommen hatte, die dieselbe Frage stellten, ob ich nicht daran interessiert wäre, ein Buch von Peter Marshalls Predigten und Gebeten zusammenzustellen und herauszugeben. Es schien also wirklich so, daß Gottes Wort an mich hieß: »Los, vorwärts!«

Nachdem ich die Verlage etwas näher untersucht und mich mit verschiedenen Freunden unterhalten hatte, entschied ich mich für die Fleming H. Revell Company in New York. Es wurde ein Vertrag erarbeitet, nach dem ich mindestens 12 Predigten von meinem Mann zusammenstellen sollte. Und im Spätherbst 1949 sollte das Buch dann erscheinen. Ein kleiner Vorschuß wurde mir auch gewährt, der mir dabei half, die Lebenshaltungskosten im Laufe des nächsten halben Jahres aufzubringen.

Peter hatte ungefähr 600 vollständige Predigtmanuskripte hinterlassen. Sie lagen in drei abgegriffenen schwarz-weißen Pappschachteln. Das geplante Buch konnte allerhöchstens 15 bis 20 davon enthalten. Das Problem hieß nun: aufgrund welcher Kriterien sollte ich von den 600 nur so wenige auswählen?

Während die Herausgeber bei Fleming H. Revell zunächst sehr interessiert waren an dem neuen Projekt, weiß ich mittlerweile, daß sie aufgrund späterer Überlegungen und der Reaktion von hartgesottenen Geschäftsleuten im Verlag bald in ihrer Begeisterung nachließen, als ich schon die Arbeit an dem Buch angefangen hatte. »Nette Witwe veröffentlicht die Predigten ihres verstorbenen Mannes«, das hörte sich nicht gerade nach einem Bestseller an.

Wenn ich nun oberflächlich oder nur in Hetze arbeitete, hätte das ganze Projekt gefährdet sein können, oder es wäre nur ein mittelmäßiges Buch dabei herausgekommen, das nur wenig Geld einbrachte. Während ich nun in der Arbeit Fortschritte machte, erfuhr ich nach und nach eine tiefe Befriedigung und eine innere Freude, die nur die kennen, die endlich das gefunden haben, was wirklich ihr Beruf ist.

Das hieß durchaus nicht, daß ich über den Tod meines Mannes schon ganz hinweggekommen wäre. Der Verarbeitungsprozeß hatte vielmehr gerade erst begonnen. Aber trotz der Leere in mir war es mir, als wäre ich endlich dahin gekommen, wo ich meinem Wesen nach hingehörte.

Die Arbeit des Sichtens und Auswählens, die Kraft der Aussage in den Predigten, Peters ganz besonderer Umgang mit der englischen Sprache, sein intuitives Finden des genau richtigen Wortes, sein Humor, sein instinktives Wissen, daß Menschen von nah und fern in dieser Botschaft Nahrung für ihre hungrigen Seelen finden sollten, die herausblitzenden Aspekte von Peters Eigenarten, die mir manchmal aus den maschinengeschriebenen Seiten entgegensprangen, ja, schon das Gefühl von Papier und Bleistift in meinen Händen, alles das war mir eine wahre Freude. Und langsam fing ich an zu verstehen, daß viele Dinge, die ich in den letzten Jahren getan hatte, nur eine Vorbereitung für diese Aufgabe gewesen waren.

Während der langen, stillen Tage, an denen ich an den Manuskripten arbeitete, wenn Peter John in der Schule war, kam mir ungewollt eine Szene aus der Vergangenheit ins Gedächtnis. Es war das Zimmer, das ich als Kind immer so geliebt hatte, Vaters Studierzimmer, in dem die Bücher vom Boden bis zur Decke reichten. In dieser Umgebung war meine Liebe zu Büchern, sie zu lesen, in der Hand zu halten, zu sammeln und auch der Traum, eines Tages selbst schreiben zu können, ein Teil meines Lebens geworden.

Seit meiner Kindheit war ich von diesem Traum, einmal Schriftstellerin zu werden, begleitet worden. Im College war der

Wunsch zu schreiben in mir immer lebendig gewesen, und wenn ich eine Arbeit für Englisch oder Geschichte schreiben mußte, dann war das eigentlich keine Arbeit für mich, sondern machte mir Spaß.

Als ich Peter heiratete, war dieser Wunsch erst einmal in den Hintergrund getreten, aber er war doch nie ganz verschwunden. Zu Weihnachten nach unserer ersten Reise nach Schottland hatte ich Peter ein sauber getipptes »Tagebuch einer Schottlandreise« geschenkt, in einem hübschen Ledereinband. Dieses Buch war eine Arbeit der Liebe gewesen, nur für seine Augen bestimmt. Irgend etwas in mir hatte darauf gedrängt, daß ich weiter schreiben sollte. Ob nun etwas davon auch irgendwann einmal veröffentlicht würde, das war mir ziemlich gleichgültig.

Später, während meiner Krankheit, als ich in mir forschte nach der Bedeutung des menschlichen Lebens und meines eigenen im besonderen, da war es mir auch ein Bedürfnis herauszufinden, ob mein Mädchentraum, einmal Schriftstellerin zu werden, wirklich von Gott geschenkt war.

»Wenn ich glaubte, der Wunsch, Schriftstellerin zu werden, sei in Wirklichkeit nur der Wunsch nach Ruhm oder Geld oder auch nur der Wunsch, daß mein Name nicht mit mir zusammen sterben sollte, dann wäre das Ganze ein falscher Traum gewesen. Aber ich glaube nicht mehr, daß das der Fall ist. Ich habe immer schon Ideen geliebt, und ich habe Freude daran gehabt, sie auszudrücken, so präzise und so schön wie nur irgend möglich, schon als ich noch ein ganz kleines Mädchen war. Das befriedigt mich so richtig von Herzen . . .«

Nach langem Nachdenken an vielen und stillen Tagen stellte ich damals fest, daß mein Traum auch die ehrlichsten Prüfungen bestand, die ich mir nur vorstellen konnte. Und ziemlich zur gleichen Zeit standen mir plötzlich zwei Verse aus dem Neuen Testament vor Augen:

»Wir vertrauen ganz fest darauf, daß Gott uns hört, wenn wir ihn um etwas bitten, was seinem Willen entspricht. Wir wissen, daß er uns hört, darum wissen wir auch, daß er uns gibt, worum wir ihn bitten.« (1. Joh. 5,14.15)

Wenn der Wunsch, selbst Bücher zu schreiben, wirklich Gottes Wille für mich war, dann würde er mich auch hören, wenn ich ihn um die Hilfe bat, die ich nötig hatte. Und wenn er hörte, dann würde mein Wunsch auch eines Tages erfüllt werden. Die Zeit der Erfüllung lag ganz bei ihm, und so ließ ich meinen ganz besonderen Wunsch wieder ruhen in dem vertrauensvollen Bewußtsein, daß Gott mich schon gehört hatte.

Jetzt aber, fünf Jahre nach meiner Krankheit, hatten seltsame Ereignisse von neuem Papier und Stift in meine Hand gelegt. Tief innen fühlte ich einen Ruf:

»Es gibt eine Erfüllungszeit für alle Dinge. Jetzt ist die Zeit, in der dein Kindheitstraum erfüllt wird, irgendwann einmal Schriftstellerin zu werden. Dieser Auftrag, Peters Predigten herauszugeben, ist jetzt mein Auftrag für deinen neuen Lebensabschnitt.«

Wenn nun diese Arbeit, die mir aufgetragen war, wirklich Gottes Berufung für mich war, dann würde er mich auch im richtigen Augenblick zu den richtigen Menschen schicken, um der Predigtsammlung eine ganz besondere Qualität zu geben.

In diesem Stadium erinnerte ich mich auch an etwas anderes, an eine der Verheißungen, die Peter immer so geliebt hatte, die wertvoll war, weil sie immer und immer wieder die Feuerprobe der täglichen Erfahrungen überstanden hatte und niemals etwas zu wünschen übrigließ:

»Trachtet am ersten (= zuerst) nach dem Reich Gottes und nach seiner Gerechtigkeit, so wird euch solches (= Nahrung und Kleidung) alles zufallen.«   (Matth. 6,33)

Für mich sollte das nun bedeuten, daß ich dann, wenn ich Gottes Ruf gehorchte, alles andere, womit ich versorgt werden mußte, bekommen würde. Das würde mir von Gott einfach dazugeschenkt werden.

Im Lauf der nächsten fünf Monate sah ich mit Staunen, wie genau die Zusammenstellung von Ideen, Personen und Ereignissen zustande kam, um die ich Gott gebeten hatte. Dann mußte das fast wunderbare Zusammenwirken von so vielen Faktoren wirklich das sein, was Paulus gemeint hatte, als er im Römerbrief schrieb: ». . . daß denen, die Gott lieben, alle Dinge zum Besten dienen . . .«

Zunächst erklärte sich eine Gruppe von jungen Erwachsenen aus unserer Gemeinde bereit, mir bei der riesenhaften Aufgabe zu helfen, die 600 Predigtmanuskripte zu lesen und durchzusehen. Wir saßen rund um unseren Eßzimmertisch, und der ganze Raum war mit Papier übersät. Es waren anregende und manchmal fast lustige Arbeitssitzungen. Irgendeiner unterbrach immer wieder einmal die Stille und sagte: »Also, das müssen Sie sich einfach anhören!« Und dann kamen Zitate wie etwa dieses:

> »In zu vielen Fällen sind Gemeindemitglieder so etwas wie Tiefseetaucher, die sich in einen Taucheranzug zwängen, mit dem sie viele hundert Meter unter dem Meeresspiegel bestehen könnten, und die damit dann unerschrocken vorwärtsmarschieren, um einen Stöpsel aus der Badewanne zu ziehen.«[3]

Ein paar Minuten später fing jemand anders an zu kichern und las vor:

> »Die heutige Politik scheint etwas mit der Zauberkunst zu tun zu haben. Die Skelette großer Männer in den Schränken der Nation werden durch die Kaninchen ersetzt, die die Politiker aus dem Hut zaubern.«[4]

Wie kam Peter nur auf manche seiner sprachlichen Bilder und Vergleiche?

> »Es ist immer noch dasselbe alte Messing des trotzigen Ungehorsams der Menschen, nur ist es jetzt mit dem Chrom des 20. Jahrhunderts überkleidet.«[5]

Und dann, an einem denkwürdigen Abend, machte Tom Wharton, einer aus unserer Arbeitsgruppe, eine wichtige Entdeckung. Der Text der Predigtflugblätter, die die Gemeinde schon jahrelang verteilen ließ und für 10 Cents verkaufte, war wie jede andere Prosa auch in Absätzen gedruckt.

Aber als Tom dann einen Abschnitt aus einem Flugblatt mit dem entsprechenden Text im getippten Manuskript verglich, das Peter immer mit auf die Kanzel nahm, da erschrak er fast über den Unterschied. Die Worte des Manuskripts sprangen einem förmlich in die Augen. Man konnte dabei fast den Klang von Peters Stimme hören. Der Leser erkannte sofort dieselbe Betonung der Wörter und Sätze, die einem auch die gesprochene Predigt vermittelt hatte. Und der großzügige Umgang mit Leerzeilen und freiem Raum (die getippten Predigten sahen fast aus wie Gedichte in Blankversen) machte das Lesen der Predigten zu einem Vergnügen.

Es folgten nun Tage, in denen wir ausprobierten, wie bedeutsam der Unterschied in der Textanordnung war. Wir tippten eine Reihe von Abschnitten auf beide mögliche Arten und ließen sie dann von verschiedenen Leuten lesen. Die Form der Flugblätter sah dann etwa so aus:

»Große Kunst kennenzulernen, z.B. das Rot von Tizian, die Sonnenuntergänge von Turner, die Meeresbilder von Winslow Homer oder aber den Zauber der epischen Helden zu spüren, den rhythmischen Puls von Homers Dichtung mitzuempfinden, die Zärtlichkeit des Franz von Assisi kennenzulernen, den Prolog des Johannesevangeliums tief auf sich wirken zu lassen oder mit den majestätischen Aussagen des Nicänischen Glaubensbekenntnisses mitzuschreiten, all das bewirkt etwas in einem Menschen. Es richtet ihn verstandesmäßig auf, es berührt ihn in seiner Moral, es regt ihn geistlich an.«

Die getippte Predigt sah dagegen ganz anders aus, viel lebendiger:

»Große Kunst kennenzulernen – z.B. das Rot von Tizian . . .
die Sonnenuntergänge von Turner . . .
die Meeresbilder von Winslow Homer . . .
Oder aber den Zauber der epischen Helden zu spüren . . .
den rhythmischen Puls von Homers Dichtung mitzuempfinden . . .
die Zärtlichkeit des Franz von Assisi kennenzulernen . . .
den Prolog des Johannesevangeliums tief auf sich wirken zu lassen . . .
oder die majestätischen Aussagen des Nicänischen Glaubensbekenntnisses abzuschreiten:
all das bewirkt etwas in einem Menschen.
Es richtet ihn verstandesmäßig auf . . .
es berührt ihn in seiner Moral . . .
es regt ihn geistlich an . . .«

Alle unsere Leser waren derselben Meinung: dieser Trick mit den stufenförmigen Absätzen, den Peter nur für sein eigenes Exemplar benutzte, würde auf einer gedruckten Buchseite den entscheidenden Unterschied machen! Wir waren uns alle darüber im klaren, daß Gott der Schöpfer uns in diesem Punkt auch zu etwas ganz Neuem in der Herausgabe von Büchern führen wollte.

Dann aber tauchte in mir die Frage auf, wie ich wohl eine solche Neuerung, die wahrscheinlich auch sehr teuer werden würde, einem alten, konservativen Verlag überzeugend vorschlagen konnte. Aber wenn der allmächtige Gott uns überall führte, dann könnte er auch hier dafür sorgen, daß der Vorschlag angenommen würde.

Und so war es auch. Die Fleming H. Revell Company versprach uns, es zu versuchen. Später erfuhr ich, daß die Verlagsleitung den Entschluß schon gleich nachher bereute, da die stufenförmige Anordnung des Textes sehr viel gedankliche Vorarbeit über die Aufmachung des Buches erforderte, daß auch der Lektor das Manuskript besonders kennzeichnen mußte für den Druck, daß außerdem Setzprobleme hinzukamen usw.

Mittlerweile hatten unsere Bemühungen und Gebete schon das Interesse an diesem Buch in weiten Bereichen unseres Landes geweckt, so ähnlich wie ein Stein wachsende Ringe auf der Wasseroberfläche entstehen läßt, wenn man ihn in einen Teich wirft. Wenn man auch die Einzelheiten sorgfältig beachtet, zahlt sich das aus. Und wenn jeder der beteiligten Personen an einem Projekt anderen davon erzählt, dann ergibt sich eine wahre Kettenreaktion.

Deshalb war ich enttäuscht, als ich hörte, daß die erste Auflage des Buches nur für 10 000 Exemplare geplant war. Es sollte unter dem Titel herauskommen: »Mr. Jones, Meet the Master.« Ich protestierte bei der Leitung des Verlages und bat darum, daß doch wenigstens 25 000 Exemplare erscheinen sollten.

Mr. Barbour, der leitende Herausgeber, war damals schon ein älterer Mann mit viel Erfahrung in seinem Beruf. Er war nicht groß, aber er reckte sich zu seiner vollen Höhe empor und schien plötzlich turmhoch über mir zu stehen.

»Frau Marshall«, sagte er mit beißender Stimme. »Jeder Verleger weiß, daß sich posthum gedruckte Predigten nicht verkaufen!«

Damit war für ihn das Thema erledigt.

Aber eine letzte Entscheidung blieb noch zu treffen. Wir brauchten noch ein Vorwort für das Buch. Wen sollten wir darum bitten? Der Verlag neigte dazu, daß ein weithin bekannter Mann, ein prominenter Freund von Peter, z.B. der Senator Kenneth Wherry oder der Senator Arthur Vandenberg der richtige Mann für eine solche Einleitung wäre. Ich weigerte mich aber zu meinen, daß Peters Predigten einen zugkräftigen Namen brauchten, um überhaupt Erfolg zu haben.

Außerdem schien es mir, daß für Peter Marshalls Predigten eine ganz neue Art von Vorwort notwendig war. Die Leser sollten darin eine kurze Skizze von Peters so lebendiger Persönlichkeit erhalten, wozu auch seine Weigerung gehörte, sich dem Leben in Washington völlig gleichzustellen, wo das politische und machtbezogene Stereotyp seit langem die Regel war. Diese kurze Charakterisierung sollte auch Peters stark ausgeprägte Vorlieben und Überzeugungen, auch seine Fehler und persönlichen Eigenheiten aufzeigen. Ich hatte mehr und mehr das Gefühl, daß nur ich so ein Vorwort schreiben konnte.

Die nächste Frage war nun: Wie sollte ich nun wieder diesen Plan den schon etwas ungeduldigen und gereizten Vertretern der Revell Company vortragen? Ich hatte das Gefühl, daß mich die Verleger immer mehr für eine etwas sentimentale Witwe hielten, die ohne jedes Schreibtalent und ohne jegliche Erfahrung nur von der Idee besessen ist, daß ihr Buch etwas ganz Besonderes ist, weil sie damit ihren verstorbenen Mann idealisieren will.

So fing ich die Sache sehr vorsichtig an. Ich fragte am Telefon: »Würden Sie sich wohl darauf einlassen, daß ich einmal die Einleitung aufschreibe, die ich selbst im Kopf habe? Wenn Sie sie nicht mögen, dann dürfen Sie sie ohne weiteres in den Papierkorb werfen und sich nach etwas anderem umsehen.«

Am anderen Ende der Leitung war ein fast hörbarer Seufzer der Erleichterung zu spüren. Unter diesen Bedingungen, bei denen sie nichts zu verlieren hatten, stimmten die Verleger zu, daß ich versuchen sollte, etwas zu Papier zu bringen.

An einem Abend setzte ich mich mit vielen Kissen im Rücken ins Bett und umgab mich mit Papieren. Dann schrieb ich eine siebenseitige Charakterisierung von Peter, der ich den Titel gab »So war Peter Marshall«. Dann schickte ich das Ganze nach New York.

Zwei Tage später rief mich der Verleger an. In seiner Stimme lag unverhohlene Überraschung.

»Hören Sie, Frau Marshall«, sagte er. »Drei von uns haben Ihre Einleitung gelesen. Ich hätte nicht gedacht, daß Sie ... ich meine ... nun ja ... das heißt also, es könnte gar nicht besser sein! Selbstverständlich werden wir diese Einleitung als Vorwort für das Buch nehmen.«

Diese sieben Seiten, die ich geschrieben hatte, erwiesen sich später als mein Fuß in der Tür zur Welt der Verlage.

Die ersten 10000 Exemplare von »Mr. Jones, Meet the Master« waren schon am Tag der Veröffentlichung verkauft. Im nächsten Jahr brauchte der Verleger noch die Hilfe von mehreren Druckereien, um der Nachfrage nach dem Buch gerecht zu werden. Ich sah keinen Grund, nun schadenfroh zu sagen: »Sehen Sie, ich habe es ja gleich gewußt!« Ich wußte vielmehr, daß das allein ein Grund zur Freude war.

Als man mir sagte, daß das Buch sogar in die Bestsellerliste der »New York Times« aufgenommen worden war, war ich gar nicht so beeindruckt, wie ich es eigentlich hätte sein sollen. Für mich lag der wirkliche Erfolg des Buches auf einer ganz anderen Ebene, nämlich in den Hunderten von Briefen, die ich bekam, und in denen zum Ausdruck gebracht wurde, was die Botschaft der Predigten im Leben von vielen Männern und Frauen mittlerweile bewirkt hatte.

Der Erfolg dieses Buches machte mich mit Edward Aswell bekannt, der damals Chefherausgeber bei der Mc Graw-Hill Book Company war und sich um mich bemühte. Er dachte an ein zweites Predigtbuch, aber statt dessen schlug ich ihm vor, daß die Geschichte des Mannes, der hinter den Predigten stand, zuerst einmal erzählt werden müßte.

Herr Aswell war nicht abgeneigt, aber nach den üblichen Regeln der Verlage bat er mich, zunächst eine Zusammenfassung des Buches zu schreiben, wie ich es mir vorstellte, und dann noch ein oder zwei Kapitel auszuführen und auch Manuskriptsegmente mitzuschicken.

Damals waren Peter John und ich gerade für den Sommer nach »Waverley«, in unser Landhaus in Cape Cod, umgezogen. Tagelang kämpfte ich mit der Zusammenfassung, der Handlungsskizze. Das war für mich schwere Arbeit, in der ich nicht sehr geübt war.

Eines Abends, als ich schon zu Bett gegangen war, traf mich ein Gedanke wie ein Blitzschlag. Plötzlich wurde mir die wirkliche Bedeutung der letzten Worte klar, die Peter auf dieser Erde zu mir gesagt hatte.

Ich hatte die Szene noch lebendig vor Augen, und so machte ich gleich die Nachttischlampe an, schnappte mir einen Stift und einen Block vom Nachttisch und fing an, fieberhaft zu schreiben, um alles auf dem Papier festzuhalten. Die Szene spielte sich im Flur unseres Hauses in der Cathedral Avenue ab. Es war am 25. Januar um 3 Uhr morgens, und draußen auf der Straße stand der Krankenwagen, der Peter in die Klinik bringen sollte. Ich wäre so gern mit ihm gefahren, aber konnte es nicht, denn dann wäre Peter John allein in dem großen Haus geblieben.

Peter hatte noch einmal von der Bahre zu mir aufgesehen, die die Krankenwärter kurz abgesetzt hatten. Er muß genauer als ich gewußt haben, daß dieser Moment ganz wichtig und bedeutsam war. Seine ganze Liebe lag in seinen Augen, als er sie auf mich richtete. »Catherine«, sagte er leise und doch irgendwie triumphierend, »bis nachher, Liebling. Ich sehe dich dann am Morgen.«

Warum war mir das noch nie vorher aufgefallen? Ich sehe dich dann am Morgen, hatte er gesagt. Nein, das war nicht nur die Dämmerung eines normalen Tages. In der wunderbaren Vorsehung eines liebenden Vaters (dessen Plan ich immer noch nicht verstehen, nur akzeptieren konnte) sollte ich Peter an jenem anderen, strahlenden Morgen wiedersehen, der jenseits von Schmerz und Zeit liegt.

Ich schrieb alles auf, es waren eineinhalb Seiten, und die Tränen liefen mir übers Gesicht und tropften auf das Papier.

Am folgenden Tag spürte ich eher Erleichterung und war bald in einer ganz anderen Stimmung. Ich schrieb an einem eher humorvollen Kapitel über Peters Schwächen und Eigenheiten und über manche Situationen, wenn er es mit einigen besonders frommen und konservativen alten Damen seiner Gemeinde verdorben hatte, die einfach nicht begreifen konnten, daß ihr junger schottischer Pfarrer so ungehörig fröhlich sein konnte.

Diese beiden Teile des Manuskripts schickte ich zusammen mit meiner ziemlich stümperhaften Handlungsskizze an Edward Aswell.

Dann kam der Tag, als ich in dem winzigen Postamt in West Harwich stand und einen Brief von Mr. Aswell fand. Voller Spannung riß ich ihn auf, und zwei Sätze aus dem zweiten Abschnitt sprangen mir gleich in die Augen:

»Wir werden stolz darauf sein, dieses Buch zu veröffentlichen. Ich schicke Ihnen umgehend einen Vertrag zu.«

Aus diesem Buch wurde dann später »Ein Mann namens Peter«. Damit erfüllte Gott endgültig meinen Traum, eine Schriftstellerin zu werden. Und wieder einmal segnete er das Buch mit Einkünften, die jenseits von meinen kühnsten Träumen lagen. »Ein Mann namens Peter« stand 50 Wochen hintereinander auf der Bestseller-Liste der »New York Times«, es war schon ein Rekord.

Im Laufe der Jahre sind noch 15 andere Bücher gefolgt. Oft halte ich heute still und staune über den Weg, den Gott mich seither geführt hat. Dazu gehört meine Erfüllung und Freude am Schreiben selbst, die Tatsache, daß das, was auf dem Papier mitgeteilt wird, Hilfe und Anregung für andere sein kann, und das, was bei dieser Aufgabe, die Gott mir gestellt hat, herauskommt, nämlich daß er sich auch um alle meine materiellen Bedürfnisse kümmert. Wer außer Gott hätte sich eine so gelungene Mischung ausdenken können?

Wir brauchten unser Auto erst dann zu verkaufen, als wir uns ein neues kaufen konnten. Wir behielten auch »Waverley«, unser schönes Landhaus in Cape Cod, und Peter John und ich und unsere Freunde freuten uns Sommer für Sommer daran.

Nach noch nicht einmal zwei Jahren in einer sehr engen Wohnung in Mc Lean Gardens, einem großen Mietshausviertel im Nordwesten von Washington, konnten wir ein bescheidenes Haus in der Wisconsin Avenue zwischen Georgetown und Bethesda kaufen. Wir litten niemals finanzielle Not, mußten uns nie Geld leihen. Nicht eine einzige der düsteren Vorhersagen der freundlichen Geschäftsleute von damals hatte sich bewahrheitet. Die monatlichen Schecks von der Lebensversicherung kamen ganz willkommen, es war ein liebevolles und beruhigendes Geschenk von Peter an seine Familie, aber wir mußten niemals ausschließlich davon leben.

Die Rechnung ohne Gott machen? Das zu tun, wäre so unsinnig, wie wenn man die Sonne nicht beachten würde, während man über ein wechselndes Muster von Licht und Schatten auf dem Boden staunt. Nein, die Rechnung ohne Gott sollten wir besser nicht machen, und zwar auf keinem Gebiet unseres Lebens, wenn wir es ernst meinen damit, daß wir die Wirklichkeit kennen und alle unsere Möglichkeiten ausschöpfen wollen. Denn unser Gott sieht in unserer Arbeit nicht nur ein Mittel zur Erlangung des Lebensunterhalts, soundsoviel pro Stunde und soundsoviel im Jahr. Er hat jedem von uns die Gabe des Lebens geschenkt und damit auch eine ganz bestimmte Absicht verbunden. Für ihn ist die Arbeit etwas Heiliges, selbst das, was wir für unwichtig und rein weltlich halten. Wenn diese Arbeit für den Herrn getan wird, dann kann sie ewige Bedeutung haben.

Es ist daher wichtig für Gott, daß wir unsere ganz besonderen Fähigkeiten und Talente entdecken und daß wir dann diese Möglichkeiten auch zu seiner Ehre gebrauchen, sie ganz ausschöpfen während unseres kurzen Lebens auf dieser Erde.

Für jeden von uns hat Gott einen ganz bestimmten Plan. Wieviel Freude liegt darin, ihn zu entdecken und zu erfahren, daß Gott uns trotz unserer Hilflosigkeit dahin führt, daß wir seinen Plan auch erfüllen!

8. Mit meinem Sohn allein

>»Denn der Herr, euer Gott, ist der Gott aller Götter ...
>und schafft Recht den Waisen und Witwen ...
>
>   5. Mose 10,17.18
>»Fürchte dich nicht, denn du sollst nicht zuschanden
>werden, schäme dich nicht, denn du sollst nicht zum
>Spott werden ... denn der dich gemacht hat, ist dein
>Mann, Herr Zebaoth ist sein Name ...« Jesaja 54,4.5

Peter John war gerade neun geworden, als sein Vater starb. Ich kann heute noch sein erschüttertes Gesicht vor mir sehen, als er die schreckliche Nachricht erfuhr, und das Zittern seines ganzen Körpers fühlen, als ich niederkniete und ihn in die Arme nahm. Nun waren wir zwei allein, Mutter und Sohn.

Doch nach dem ersten Schock schien der kleine Peter den Verlust seines Vaters viel besser zu verschmerzen als ich den Verlust meines Mannes. Er stellte so kindliche Fragen wie »Wer hilft mir denn jetzt bei der elektrischen Eisenbahn?« oder »Wo wohnen wir dann jetzt?« »Muß ich jetzt in eine andere Schule gehen?« »Kann ich dann noch weiter zu den Pfadfindern?«

Diese Fragen schienen mir so normal, daß ich gar nicht erkannte, daß sich dahinter giftige Angst zusammenbraute, Einsamkeit, Verlassenheit und auch Wut. Wenige Kinder können den wirklichen Grund für ihren Ärger angeben, der sich in der Frage ausdrücken würde:

»Wenn Gott mich doch lieb hat, warum hat er mir dann meinen Papa (oder meine Mama) weggenommen?«

Wenn das Kind noch sehr klein ist, kann es auch zu einer ganz irrationalen Reaktion kommen, die einem Erwachsenen gar nicht einfallen würde, nämlich: »Wenn mein Papa mich wirklich lieb gehabt hat, warum stirbt er dann einfach und läßt mich allein?«

In jedem Fall wird dieser Ärger ins Unbewußte verdrängt und erscheint später wieder als Rebellion und Feindseligkeit gegen jede Art von Autorität.

In den Jahren, die seither vergangen sind, habe ich erfahren, daß Kinder bei Scheidungen oft eine verborgene Wut gegen den Elternteil entwickeln, der in ihren Augen der Hauptverantwortliche für die Trennung ist. Und oft entstehen auch Schuldgefühle in dem Kind: »Habe ich vielleicht etwas falsch gemacht und damit Mama oder Papa vertrieben?«

Von diesen Gefühlen spürte ich bei meinem Sohn nichts. Behutsam wurde er mit einbezogen in alle Planungen und Vorbereitungen für die Beerdigung seines Vaters. Mehrere Male versuchte ich, ihm etwas über Tod und Unsterblichkeit zu sagen. Er schien zwar zu verstehen, aber hier setzen Erwachsene oft bei Kindern ein Verständnis voraus, das einfach noch nicht da ist.

Mein Sohn war zu schüchtern und ängstlich, als daß er sein Inneres offen gezeigt hätte (ich war ja als Kind genauso gewesen), und er wurde mit der Zeit still und sehr zurückhaltend. Fotos von ihm aus dieser Zeit zeigen immer einen traurigen und etwas angespannten Gesichtsausdruck. Offenbar war ich mir über seine innere Verlassenheit nicht genügend im klaren während dieser Monate, in denen ich mich selbst erst auf all das Neue einstellen mußte, das auf mich zukam. Und in dieser Hinsicht kam er zu kurz.

Wie soll eine alleinstehende Mutter oder ein Vater mit dieser Situation fertigwerden? Ich weiß jetzt, daß wir in unserem Bemühen, mit dem Kind zu reden, niemals zu schnell aufgeben sollten. Bei den Mahlzeiten stellte ich Peter John Fragen zu dem, was er in der Schule gemacht hatte oder was er spielte, und ich erhielt dann immer nur sehr einsilbige Antworten: »Schön«, »Ganz gut«, »Alles in Ordnung«. Natürlich waren das eigentlich gelogene Antworten, nur ein Bestreben, sich vor dem Eindringen in tiefere, schmerzliche Bereiche zu schützen.

Als die Zeit weiter verstrich und unsere schwerfälligen Versuche, bei Tisch in ein Gespräch zu kommen, nicht besser wurden, kam mir der Junge so vor, als ob er sich hinter eine Mauer verkrochen hätte und nur ab und zu oben drüber sähe, aber Angst davor hätte, ganz hervorzukommen.

Wovor hatte er eigentlich Angst? Daß er noch mehr verletzt würde, wenn er sich direkt einer Konfrontation stellte? Hatte er Angst davor, aus seinem Versteck herauszukommen und mit anderen Menschen zusammenzusein?

Ich suchte in dieser Zeit mehrere Berater auf und hatte viele

Gespräche mit ihnen, aber wir konnten weder einen Weg finden, um die unsichtbare Mauer einzureißen, noch konnten wir Peter dazu bringen, freiwillig hinter der Wand hervorzukommen, die er als seinen einzigen Schutz betrachtete.

Zu anderen Zeiten, z.B. wenn wir zwei die mehr als 500 Meilen zu unserem Sommerhaus in Cape Cod zurücklegten, versuchte ich oft, Themen zu finden, die ihn auch interessieren konnten. Nachdem ich dann immer nur kurze, widerwillige Antworten erhalten hatte, gab ich schließlich auf und zog mich in meine eigenen Gedanken zurück. Und das schien Peter direkt zu erleichtern.

Meistens fand mein Sohn dann im Autoradio irgendeine Reportage über ein Hockey- oder Baseballspiel. Für mich waren das immer fürchterlich langweilige Sendungen, »Ball 1 . . . Schlag 1«, »Ball 2 . . . Schlag 2«, »Ball 3 . . .«, »Ball 4 . . .« Nur gelegentlich gab es kurze spannende Phasen, aber das langweilige Gerede von Bällen und Schlägen und andere völlig uninteressante Informationen schienen neun Zehntel der Reportage auszumachen. Was kümmert es einen denn, fragte ich mich oft, ob der Spieler sich zuerst am linken Ohr kratzt und dann am rechten Bein und dann dreimal die Füße anders stellt, bevor er endlich den Ball schlägt? Wie konnte ein solcher Kommentar, in dem sich alles dauernd wiederholte, überhaupt einen Jungen interessieren?

Ich wollte mich aber darum bemühen, Gemeinsamkeiten mit Peter John zu haben, und so zwang ich mich dazu, mit ihm zusammen zu Baseball-, Football- und Hockeyspielen zu gehen. Baseball war für mich immer furchtbar langweilig, als da die Spieler dauernd hinter dem kleinen, weißen Ball herjagten, ihn warfen oder mit dem Schläger wegschleuderten. Wie konnte es nur möglich sein, daß sich Tausende und Abertausende so darüber ereifern konnten?

Football war so etwas Ähnliches wie blutiger Stierkampf. Die Männer warfen sich brüllend aufeinander und schlugen sich manchmal sogar gegenseitig bewußtlos. Der Gedanke, daß Millionen von Menschen davon so begeistert waren, daß sie vor Aufregung schrien, und das alles nur, weil ein kürbisgroßes, braunes Stück Leder auf dem Feld hin- und hergeschossen wurde, das war einfach mehr, als ich begreifen konnte. Mein einziger Trost war:

»Wenn dies einem Mann als Ersatz für den Krieg dienen kann, dann ist es wohl all die Zeit, Energie und die Millionen von Dollars wert, die dafür ausgegeben werden.«

Eishockey erschien mir noch am vergnüglichsten. Wenigstens war die Schnelligkeit und auch die Anmut der Spieler für mich etwas Schönes. Aber auch hier wand ich mich innerlich, wenn es zu solch brutalem Körperkontakt kam. Mein Fehler lag darin, daß ich nicht weiter versuchte, mich für diese Sportarten zu interessieren, so daß es nicht dazu reichte, daß Peter John und ich darüber reden konnten. Für mich liegt der Schlüssel zum Verständnis des Sports woanders, das lernte ich aber erst später. Es ist die menschliche Seite des Sports, die Namen der Spieler, wie gut sie sind, ob sie Familie haben.

Es gab noch andere Möglichkeiten, die mir in meinem Bemühen offenstanden, meinem Sohn dabei zu helfen, ohne seinen Vater aufzuwachsen. Ich brachte ihn soviel wie möglich mit anderen Männern in Kontakt. Mein Vater verbrachte manche Stunden mit ihm, versuchte ihm beizubringen, wie man mit Werkzeugen umgeht und alle möglichen Reparaturen im Haus macht. Mein Bruder Bob konnte mit Peter über Sport reden, und die zwei werkelten viele schöne Dinge zusammen. An einem Weihnachtsfest bastelten sie fast alle ihre Geschenke selbst. Ich bekam ein vollgepfropftes Vogelfutterhaus, das sogar eine Fernsehantenne hatte und wuchernde Rosen, die rund um das Einflugloch aufgemalt waren. Das Glanzstück aber wurde an die Hoskins-Mädchen geschickt, Peters Cousinen. Es war eine wunderschöne Spielzeugkiste, die innen und außen mit Märchenschlössern und Figuren aus einem Bilderbuch ausgemalt war.

All das war gut, aber es war noch immer nicht genug. Man braucht viel Gesellschaft von Männern, um die ständige Gegenwart eines Vaters im täglichen Leben wettmachen zu können.

Meine Erfahrung in dieser Hinsicht lief darauf hinaus, daß unsere Gemeinschaft innerhalb einer christlichen Gemeinde nicht ausreicht, um die Verantwortung für Witwen und Waisen, die Gott uns aufgetragen hat, zu erfüllen. Viele Stellen in der Heiligen Schrift sagen etwas zu diesem Thema und zeigen, daß dieser Dienst, geistlich, finanziell und erzieherisch, etwas ganz Wichtiges ist. Offenbar hat die erste christliche Gemeinde diesen Dienst an Witwen und ihren Kindern sehr ernst genommen, wie folgendes Beispiel zeigt:

>In den Tagen aber, da der Jünger viel wurden, erhob sich ein Murren unter den griechischen Juden in der Gemeinde wider die hebräischen, darum daß ihre Witwen übersehen wurden bei der täglichen Versorgung« (Apostelgeschichte 6,1). »Ein reiner und unbefleckter Gottesdienst vor Gott, dem Vater, ist der: die Waisen und Witwen in ihrer Trübsal besuchen und sich selbst von der Welt unbefleckt halten« (Jak. 1,27).

Wieviel würde es heute für solche verlassenen Kinder bedeuten, wenn jedes Teil eines »Bundes« würde, der zu einem »neuen« Vater gehört, wie die Quäker sagen, der ihnen Ersatzvater ist!

Dieses Bedürfnis wird heute immer dringender. Nach gegenwärtigen Schätzungen wachsen allein in den USA 45 % aller Kinder, die in jedem Jahr geboren werden, nur mit einem Elternteil auf – jedenfalls zeitweise –, bis sie 18 Jahre alt sind. 1980 war die Zahl der minderjährigen Kinder, die aus Scheidungen hervorgingen, 11 Millionen. Und mindestens 1 Million kommt jedes Jahr dazu. Man kann sich kaum die Enttäuschung und die Not all dieser alleinstehenden Väter und Mütter vorstellen, ganz zu schweigen von der Verwirrung und Verbitterung der Kinder, die davon betroffen sind.

In meiner Situation kamen die besten Antworten auf mein Gefühl der Hilflosigkeit und Enttäuschung aus meiner Stillen Zeit am frühen Morgen, wenn ich im Gebet Gottes Führung und seinen Willen für meinen Sohn suchte. Ein Eintrag in mein Tagebuch lautet:

>Ich muß mich noch einmal mit Peter John zusammensetzen, um unsere finanzielle Situation durchzusprechen. Dadurch wird er langsam das Gefühl bekommen, daß auch er gebraucht wird.
Ich will anfangen, ihn mehr zu loben. Die Macht des Lobes muß ich bei ihm noch viel mehr zur Wirkung kommen lassen. Was macht er eigentlich Freitag und Samstag abends? Wir müssen das noch besser im voraus planen.«

An einem anderen Tag war ich sehr niedergeschlagen, und ich schrieb folgendes auf, was mir Gott nach meiner Überzeugung gesagt hatte:

»Habe keine Angst um Peter. Es wird ihm nichts Böses geschehen. Er ist auch mein Kind, und ich liebe ihn mehr als du es kannst!«

Dennoch war es schwer, meine ganzen Befürchtungen um Peter John zu überwinden, als er jetzt langsam in die Pubertät kam. Als ich ihn mit 14 Jahren beim Rauchen erwischte, wurde ich wütend. Mein Ärger explodierte, und er zog sich nur in beleidigtes Schweigen zurück. Als ich den Himmel bestürmte, weil ich mir als Mutter so unfähig vorkam, schrieb ich mir die folgende Erkenntnis auf:

»Ich habe Peter John immer noch nicht ganz IHM überlassen. Doch bemühe ich mich jetzt nicht zu verzweifelt darum, das wird allmählich kommen, wenn ich IHN nur machen lasse. So wie eine Pflanze unter meiner Fürsorge wächst, so entwickelt sich auch ein Kind.«

In diesem Sommer war ich ganz aufgebracht, als Peter mit dem Wunsch kam, den größten Teil der Sommerferien bei Freunden zu verbringen. Eine Einladung, mit einem Freund zusammen in einem Ferienort an die See zu fahren, brachte das Thema auf den Tisch. An einem Morgen während meiner Stillen Zeit schrieb ich:

»Die Frage, warum Peter nicht zu einem christlichen Zeltlager fahren will, hängt damit zusammen, daß ich ihn nicht mit seinem Freund fahren lasse, wo er doch nur 5 Tage weg wäre. Ich fürchte das Unbekannte dort, etwas in seinem Leben, was ich nicht kontrollieren kann, wo ich nicht mehr die Hand drauflegen kann. Und genauso fürchtet sich Peter vor den unbekannten Situationen, die in einem Zeltlager auf ihn zukommen. Diese fünf Tage, in denen Peter in dem Ferienort ist, werden eine gute Übung für mich sein, daß ich Gott wirklich vertraue. Wenn er mir ganz besonders zusagt, daß er über alle Situationen wachen will, dann tut er das auch. Außerdem kann er immer, in jeder Minute bei Peter sein, und das kann ich nicht. Ich will daran

denken, daß Sorgen und Vertrauen einfach nicht zusammen-
passen. Wenn Peter von mir fort ist, wird er in Seiner Hand sein,
und dann darf es keine Sorge mehr geben.«

Eines Tages, als ich Peters Zimmer saubermachte, fand ich einen
ganzen Stapel von Sexromanen in Taschenbuchform. Wie sollte
ich nun wieder darauf reagieren?

Meine erste Reaktion war überkochender Ärger, aber eine innere Stimme sagte mir, daß es einen anderen, besseren Weg gäbe.
Am Abend fragte ich ihn ruhig, ob er mir einen Grund nennen
könne, warum er sich ausgerechnet solche Bücher zum Lesen holte. Er zuckte die Schultern:

»Alle in der Schule lesen doch sowas«, erwiderte er.

Das führte uns zu einem Gespräch darüber, wieweit Gleichaltri-
ge einen bestimmen, und er nahm das Gespräch auf und redete
ganz offen darüber. Er gab zu, daß das Gefühl, von den anderen
akzeptiert zu werden, für ihn bisher viel zu wichtig war. Deshalb
wollte er das tun, was eben alle taten. Am Ende der Unterredung
warf Peter von sich aus alle Romane in den Müll.

Aber das Problem der Gleichaltrigen und ihres Einflusses in der
Schule brachte für mich eine neue Zeit der Angst und Sorge. Es
war keine heftige Furcht, mehr eine geistliche Unruhe, die immer
wieder auftauchte, nur vage und undefinierbar, sozusagen wie ein
Splitter in der Seele. Eines Abends fragte ich Gott, was dieses Gefühl eigentlich bedeuten sollte, was ich tun sollte, um es loszuwerden. Und ich fand diese Antwort:

»Ich hatte Angst um Peter, weil ich versteckte Schuldgefühle
seinetwegen hatte. Angst entsteht gewöhnlich aus einer Schuld
heraus. Ich fühle instinktiv und mit Recht, daß da, wo ich ihm
nicht entschieden genug eine Ordnung gebe, dann Gott als Peters himmlischer Vater die fehlende Ordnung und Disziplin
durch schwierige und harte Lebensumstände liefern soll. Nur
wenige Eltern machen sich das klar.
Ich muß in Ruhe Seine Gedanken und Seine Richtlinien für Peter annehmen und dann auch nach Seiner Führung handeln.
Und wenn ich das tue, wird die Angst verschwinden. Aber ich

will dich nicht in einem Gefühl der falschen Sicherheit wiegen und meinen, diese Erkenntnis wäre schon ein Ersatz für das Handeln. Wenn ich nichts unternehme, wird die Angst mit aller Macht zurückkommen.

Ich werde folgendes tun:

1. Fernsehen und Kino: Genau überwachen, was Peter John sieht. Das im voraus planen, und so gut über Filme und Fernsehprogramme informiert sein, daß ich auch Peters Achtung in dieser Hinsicht gewinne. Wenn es Samstag abends keinen guten Film gibt, dann muß ich etwas anderes planen, und zwar im voraus. Oft bin ich den Weg des geringsten Widerstandes gegangen, weil ich mich einfach nicht genug informiert und vorbereitet hatte.

2. Ordnung und Kleidung: Ich will darauf bestehen, daß Peter auch in dieser Hinsicht Verantwortung für sich selbst übernimmt.

3. Finanzen, Taschengeld usw.: Diesen Punkt habe ich bis jetzt noch nicht systematisch behandelt. Ich muß mir immer wieder Zeit nehmen, um IHM zu kommen diese Dinge mit IHM durchzudenken.«

Für ein paar Monate gab es eine große Verbesserung im Verhältnis zwischen Peter und mir. Kinder gedeihen, wenn sie in festen Ordnungen leben, und ich bekam täglich weitere Ideen, wie ich planen und auch eine gewisse Disziplin einsetzen konnte.

Dann kam eine größere Enttäuschung in meiner schriftstellerischen Tätigkeit, und wochenlang war ich niedergeschlagen und mißmutig. Meine Pläne gerieten durcheinander, und es war auch eine Zeit geistlicher Dürre.

Doch schließlich kam ein Durchbruch, als eine Entscheidung über mein nächstes Buch gefällt wurde. Jetzt konnte ich auch mein Haus wieder in Ordnung bringen. Ich erinnere mich noch deutlich an dieses innere Hochgefühl, als ich mich an einem Montagmorgen endlich wieder einmal auf den vor mir liegenden Tag freuen konnte, um halb sieben aufstehen konnte und eine Stille Zeit mit dem Herrn hatte.

Um halb acht klingelte das Telefon. »Guten Morgen, hier

spricht Detektiv C vom Achten Polizeirevier, Jugendabteilung«, fing eine Stimme vorsichtig an. »Ihr Sohn, Peter John Marshall, und drei andere Jungen haben letzten Samstag abend einige Schwierigkeiten gemacht. Sie werden beschuldigt, Schuleigentum entwendet zu haben, zwei Äxte und einen Feuerlöscher, und die Scheinwerfer von zwei Schulbussen zertrümmert zu haben.«

Ich fing an zu zittern. Als er mir sagte, daß ich mit Peter John nachmittags um halb vier zum Polizeirevier kommen sollte, war mein Hals fast zu trocken, um antworten zu können.

Familienmitglieder waren im Augenblick nicht in der Nähe, und so rief ich mehrere Freunde aus der Gemeinde an und bat sie, für mich zu beten. Ich sagte Peter, er sollte von der Schule zu Hause bleiben, damit wir alles durchsprechen konnten, was passiert war. Peter versuchte nur, sich zu verteidigen und erzählte mir die Tatsachen in allen Einzelheiten. Er und ein paar Freunde hatten auf dem Schulgelände randaliert und auch in der Nachbarschaft. Sie hatten aber dabei nicht das Eigentum anderer Leute zerstören wollen. »Ehrlich nicht, Mama!«

Später, als ich wieder allein war und betete, erkannte ich, daß ich vielleicht in der Gefahr war, zu stolz zu werden. Es war mir anscheinend vor allem wichtig, was die Öffentlichkeit jetzt von mir denken sollte, was ich nun für einen Ruf als Christ hätte. Zuviele Leute hatten meine Familie und mich sozusagen auf einen Sockel gestellt. Vielleicht schadete sogar soviel Berühmtheit der Sache Christi?

Ich weinte, und dann erinnerte ich mich wieder an den Vers Römer 8,28:

»Wir wissen aber, daß denen, die Gott lieben, alle Dinge zum Besten dienen, denen, die nach dem Vorsatz berufen sind.«

Auf diese Verheißung allein wollte ich mich konzentrieren.

Peter und ich verbrachten den Nachmittag von halb vier bis halb sieben auf dem Polizeirevier. Als wir alle sehr nervös auf die zwei Herren von der Jugendabteilung warteten, prägte sich mir die ganze Umgebung genau ein. Die Ecken in dem Raum waren recht schmutzig; der Mann, der die Schule vertrat und dessen Name ironischerweise Peter war, trug Tennisschuhe, und das im Winter, und seine Kleider paßten gar nicht zueinander; der Vater von einem der anderen Jungen machte ein trauriges, erschrockenes Gesicht, und seine Augen sahen aus wie die eines verwundeten Tieres. Einer der Jungen (der Sohn des Mannes, dessen Augen soviel aussagten) legte den Kopf auf den Tisch und fing an zu weinen, sehr leise und ohne zu versuchen, auf sich aufmerksam zu machen. Später erfuhr ich, daß er schon als kleiner Junge den Wunsch gehabt hatte, später einmal zum Westpoint College zu gehen. Wenn dieser Vorfall aber nun in seine Schulakten kam, würde er bei dem College niemals angenommen werden. Dann war da noch das von Falten zerfurchte Gesicht einer Mutter, die ihren kleinen Hund an einer Krawatte von ihrem Sohn festhielt – wirklich eine sehr eigenartige Hundeleine ...

Peter sah angespannt aus, schon sehr lange hatte ich ihn nicht mehr so gerade dastehen sehen und straff antworten hören: »Jawohl, Sir!« Sein blasses Gesicht schien dauernd rot zu werden. Er kaute unentwegt an seinen Fingernägeln, obwohl es da gar nichts mehr abzubeißen gab. Als endlich die Entscheidung fiel, daß die Jungen nur leicht bestraft werden sollten, weil sie alle zum erstenmal straffällig geworden waren, war Peter erleichtert, aber auch zutiefst ernüchtert.

Ich war beeindruckt von der Art, wie die Regierung von Columbia jugendliche Erststraftäter behandelte. Jeder Junge mußte mit seinen Eltern vor einem Richter erscheinen. So wie ich es behalten habe, waren das allerdings Verhandlungen unter Ausschluß der Öffentlichkeit. Als Peter und ich vor einen sehr freundlichen Richter kamen, um mit ihm ein Gespräch zu führen, kam der Richter zu meinem Erstaunen schon bald auf das zu sprechen, was ich für falschen Stolz gehalten hatte.

»Peter«, sagte er, »dein Vater hat etwas dargestellt in der Gemeinde von Washington und in der weiteren Umgebung. Du hast ein stolzes Erbe mitbekommen. Sieh zu, daß du es in Zukunft nicht befleckst. Mein Junge, ich möchte, daß du gründlich über all das nachdenkst!«

Als ich die Vorfälle noch einmal überdachte, sah ich, daß die Mauer, die so lange schon zwischen meinem Sohn und mir bestand, zum Teil auch durch meine Schuld entstanden war. Sie blieb stehen, weil ich es nicht geschafft hatte, Peter auch meine innersten Gedanken mitzuteilen. Unsere ganze Beziehung war zu sehr auf das Niveau der täglichen Termine und der materiellen Dinge beschränkt. All die Oberflächlichkeiten des Lebens zwischen einer Mutter und einem 16jährigen Jungen hatten bei uns im Vordergrund gestanden.

War es nun zu spät, etwas zu ändern? Ich wollte es wenigstens versuchen. Eine innere Stimme empfahl mir, auch die Tiefen meiner Gefühle für Peter zu öffnen und sie ihm mitzuteilen. Wieviel er davon verstehen konnte, wußte ich nicht, aber es war meine Aufgabe, der inneren Stimme zu gehorchen. Gott würde sich um das Übrige schon kümmern.

Es gab in bezug auf Peter keine Krisen mehr im Laufe des Schuljahres. Doch ich fuhr noch einmal nach Richmond, um dort mit einem hervorragenden christlichen Erzieher über meinen Sohn zu reden. Er kannte sich besonders mit Jungen in diesem Alter aus und wußte auch über die besten weiterführenden Schulen Bescheid. Als er mich angehört und mit mir zusammen gebetet hatte, war sein Rat, daß Peter mit 16 Jahren jetzt dringend männliche Autoritätspersonen in seinem Leben brauchte. Deshalb wäre wahrscheinlich ein christliches Internat das Richtige für sein letztes Jahr auf der High School.

Als ich wieder zu Hause war, betete ich um Gottes weitere Führung in dieser Angelegenheit. Und in diesen Tagen sagte mir ein Bekannter ziemlich unverblümt: »Wenn die Söhne einmal 15, 16 sind, dann werden sie schwierig für die Mütter. Und wenn es dann Zeit ist, daß sie von zu Hause weggehen, dann kann man nichts dagegen machen. Später werden Sie sie immer nur noch auf der Durchreise sehen.«

Während meiner Stillen Zeit erkannte ich dasselbe.

Ich lese in meinem Tagebuch:

»Alles, was ich für Peter tun konnte, habe ich jetzt getan. Die Zeit ist gekommen, daß ich meinen Sohn loslasse. Andere werden in Zukunft die Rolle der Eltern in seinem Leben übernehmen. Ich muß das als natürlich ansehen und nur Gott vertrauen.«

So schien klar, was Gott wollte. Nachdem ich mich über verschiedene Schulen informiert und einige auch besucht hatte, die mir von dem Erzieher empfohlen worden waren, entschieden Peter und ich uns schließlich für die, welche auch oben auf der Empfehlungsliste gestanden hatte: die Mount Hermon School in Nordwest-Massachusetts. Peter war mit der Wahl zufrieden.

Aber auch dann war es mir noch schwer zumute, als wir an einem Septembertag endgültig das Auto beluden und uns auf die Reise nach Massachusetts machten. Peter hatte gerade seinen Führerschein gemacht und wollte unbedingt selber fahren. Jetzt war er schon über 1 Meter 80 groß und mir turmhoch überlegen, so daß ich mich von seiner Größe fast eingeschüchtert fühlte.

Auf der Fahrt gab es nur wenig Unterhaltung zwischen uns. Wie üblich hörte sich Peter ein Baseballspiel im Radio an.

Meine Gedanken schweiften immer wieder von dem Spiel zwischen den Braves und den Giants ab – oder vielleicht waren es auch die Indians und die Yankees, zu Peters Ärger konnte ich mir die Namen der tapferen Kämpfer einfach nie merken.

Als dann am nächsten Morgen in unserem Hotelzimmer der Moment des Abschieds kam, da war ich einfach nicht stark genug, allein damit fertigzuwerden. Ich wußte aber, wo ich Hilfe bekommen konnte. Brauchen nicht alle solche entscheidenden Augenblicke im Leben einen Segen von Gott?

Ich versuchte, meine Gefühle nicht allzu deutlich zu zeigen, nicht weil ich selbst davor Angst hatte, sondern weil ich Peter John nicht in Verlegenheit bringen wollte.

Ich sagte zu ihm: »Eigentlich sollten wir jetzt gleich losfahren. Aber würdest du mir vorher noch einen Gefallen tun? Das ist heute ein ganz bedeutsamer Tag für uns beide. Wärst du bereit, mit mir zusammen zu beten und Gott um seinen Segen zu bitten?«

Peter nickte ein bißchen ungeduldig, und so sprach ich nur ein kurzes Gebet. Der Moment blieb einen Augenblick im Raum stehen und verging dann. Aber es war das unmißverständliche Gefühl geblieben, daß wir in diesem Moment nicht zwei waren, sondern drei. Der »große« Peter hatte an dieser Bitte vor dem Thron Gottes teilgenommen. Mit ihm waren wir über Grenzen hinweg verbunden, die in Wirklichkeit gar keine Grenzen waren.

Schweigend nahm Peter seine Koffer.

Ich war in der Schule ein bißchen enttäuscht von den Zimmern für die Schüler. Es war der Baustil von 1890, vergoldete Schnitzereien aus Eichenholz, die Fußböden schon sehr abgetreten von Generationen von Jungenfüßen, das Mobiliar beschädigt und nur zwei kleine Fenster, die fast ganz von Efeu überwuchert waren.

Aber Peter schien das gar nichts auszumachen. Er hatte gerade seinen Zimmergenossen Bruce kennengelernt und mochte ihn auf Anhieb. Er war so groß wie er und auch im selben Schuljahr. Dieses Zimmer sollte die »Bude« für die beiden werden, für sie ganz allein. Was machten da schon Holzschnitzereien aus dem 19. Jahrhundert aus oder abgetretene Fußböden?

Als die Eltern von Bruce ins Zimmer kamen, merkte ich, wie seine Mutter sich fast unbewußt auf den Arm ihres Mannes stützte und ihn von der Seite anlächelte. Eine glückliche Familie, dachte ich. Wie schön muß das doch sein!

Aber dann machte die Mutter von Bruce einen Koffer auf und trug seine neuen Schuhe und Überschuhe zum Schrank, dann Stöße von Unterwäsche und Schlafanzügen, die sie in die Kommodenschubladen einräumte.

»Bis zwei Uhr habe ich letzte Nacht noch dagesessen und Namensschildchen eingenäht!« erzählte sie mir.

»Können Sie sich eigentlich vorstellen, daß die Jungen sich jede Woche ihre Wäsche raussuchen, und das auch noch in nützlicher Frist?«

»Eigentlich nicht«, erwiderte ich. »Aber ich denke, sie werden es schon lernen.«

Sie betrachtete die eisernen Betten. »Ach, Bruce, kann ich dir nicht noch einmal dein Bett machen? Du kriegst das doch nie so gut hin.«

»Ach, laß nur, Mama, ich mach das später schon.«

Sie tat genau das, wonach mir eigentlich auch zumute war. Das Schürzenbändel, an dem ihr Sohn bis jetzt gehangen hatte, war schon fast durchtrennt, aber ihre Hände schmerzten förmlich und wollten unbedingt noch ein paar letzte Handgriffe für ihn tun. Dabei hatte sie noch drei andere Söhne, und Bruce war noch nicht einmal der älteste. Sie mußte das alles doch schon einmal durchgemacht haben.

Peter sah mich an. Er hatte dieselben Gedanken wie ich, verstand das alles schon über sein Alter hinaus. Und er sagte zögernd, so als ob es ihm nicht recht wäre, daß ich noch länger dabliebe: »Ich glaube, du solltest jetzt mal wieder fahren, Mama.«

So schüttelte ich Bruce und seinen Eltern die Hand und stellte mich auf die Zehenspitzen, um meinen großen Sohn noch einmal zu umarmen. Dann ging ich hinaus, die ungleichen, ausgetretenen Stufen hinunter.

Wieder war ein Abschnitt in meinem Leben zu Ende. Ich hatte mich von meinem Mann trennen müssen, und gerade eben hatte ich mich auch in sehr wirklicher Art und Weise von meinem Sohn getrennt. Jetzt fing er sein eigenes Leben an.

Als ich fortfuhr, dachte ich: »Und was finde ich jetzt vor, wenn ich zurückkomme? Nur ein leeres Haus? Noch mehr Einsamkeit als je zuvor?«

Plötzlich kam ein heftiger Regen auf, und die hin- und hersausenden Scheibenwischer hielten Schritt mit meinen düsteren, aufgewühlten Gedanken. Doch zehn Minuten später hörte der Regen so plötzlich auf, wie er gekommen war. Ich fuhr in die untergehende Sonne hinein, die die Regentröpfchen auf der Windschutzscheibe in blitzende kleine Lichtkugeln verwandelte.

Zu meinem Erstaunen war gleich darauf ein Regenbogen zu sehen, mit jeder herrlichen Farbe des Spektrums in seinem riesigen, vollkommenen Halbrund.

Es war der Regenbogen von Gottes Verheißung. Nach der Sintflut in der Zeit von Noah, so erzählen uns die Schreiber der Bibel, hat Gott zum erstenmal den Regenbogen in die Wolken gesetzt als Zeichen für sein Versprechen:

»... Darum soll mein Bogen in den Wolken sein, daß ich ihn ansehe und gedenke an den ewigen Bund zwischen Gott und allem lebendigen Getier unter allem Fleisch, das auf Erden ist.«
(1. Mose 9,16)

Seine Verheißung, sein Versprechen lautete:

»Und siehe, ich bin bei euch alle Tage bis an der Welt Ende.«
(Matth. 28,20)

Da konnte ich meine Angst vor der Rückkehr in ein leeres Haus vergessen und alle meine Gedanken beiseite wischen, die anfingen mit »Was wird sein, wenn . . .« Gewiß war dies der Anfang eines schwierigen neuen Lebensabschnitts. Aber Gott würde ja da sein.

Der Regenbogen der Verheißung glänzte und schimmerte.

9. Einsamkeit

> »Aber Gott ist getreu, der euch nicht läßt versuchen über euer Vermögen, sondern macht, daß die Versuchung so ein Ende gewinne, daß ihr's könnet ertragen.«   1.Kor. 10,13

> »Gott, welcher auch seines eigenen Sohnes nicht hat verschonet, sondern hat ihn für uns alle dahingegeben; wie sollte er uns mit ihm nicht alles schenken? . . . Wer will uns scheiden von der Liebe Gottes?«Römer 8,32.35

Die Jahre, in denen Peter im Internat in Mount Hermon und später auf dem College in Yale war, waren die schwersten in der Zeit meiner Witwenschaft. Wir hatten nun endgültig »Waverley«, das Landhaus in Cape Cod, verkauft, denn es war klar, daß Peter jetzt nur noch sehr selten dorthin kommen konnte. Der Gedanke, allein zu sein, erschreckte mich eigentlich nicht. Dagegen habe ich nie etwas einzuwenden gehabt. Ich bin sogar gerne eine gewisse Zeit am Tag allein, z.B. wenn ich morgens an meinen Büchern schreibe. Aber es besteht ein großer Unterschied zwischen Alleinsein und Einsamkeit.

Einsamkeit ist das schmerzende Bedürfnis im Inneren, sein Leben mit jemand anderem zu teilen. Doch es gibt, abgesehen von der Ehe, auch andere gute Beziehungen für einen alleinstehenden Menschen, durch welche die schmerzhafte Leere im Inneren ausgefüllt werden kann. Meine Frage war nun: was für ein Leben wollte Gott jetzt für mich?

In den ersten Jahren nach Peters Tod war ich überzeugt davon, daß es mir unmöglich wäre, jemals wieder zu heiraten, denn das würde etwas sehr Wertvolles zerstören, was er und ich gemeinsam besessen hatten. Aber als die Jahre verstrichen, fing ich an, auch über diese Frage zu beten. Ich sagte Gott einfach, daß ich noch nicht einmal wüßte, worum ich wirklich beten sollte. Ich konnte eigentlich nur alles ihm überlassen, auch die Entscheidung, ob ich wieder heiraten sollte oder nicht.

Aber im Grunde war das eine ziemlich nachlässige Art des Betens. Sicherlich mußte ich mich selbst erst einmal besser kennenlernen, um zu erfahren, was in dieser Hinsicht meine tiefsten Wünsche waren. Und erst wenn ich darüber Bescheid wußte, konnte ich Gott wenigstens meine Wünsche vorlegen und ihn fragen, ob sie in seinen Augen recht oder unrecht waren.

Meine immer größer werdende Einsamkeit kam mir plötzlich zum Bewußtsein, als ich an einem Fest für Mütter und Töchter teilnahm, bei dem ich nach dem Festessen einen Vortrag halten sollte. Bevor die Reihe an mir war, erhob sich ein junger Bariton, der eine Reihe von traditionellen Liedern sang. Das letzte davon hieß: »Trink mir zu mit deinen Augen.«

Diese Worte von Ben Jonson hatte ich schon öfter singen hören, und ich verband keine besonderen Erinnerungen damit. Auch hatte ich bis jetzt nicht im mindesten irgend etwas sehr Gefühlvolles dabei empfunden.

Als das Lied fast zu Ende war, fühlte ich, wie ich mich innerlich verkrampfte. Ich merkte, wie sich meine Hände unter dem Tischtuch verzweifelt um die Handtasche klammerten, bis mir die Finger schmerzten.

Das geht so nicht weiter, dachte ich. Ich darf nicht mehr auf das Lied hören und muß an etwas anderes denken, was nicht so sentimental ist! Meine Augen schweiften durch den Raum, über all die Mütter, die in ihren besten Kleidern neben ihren Töchtern saßen und die alle aufmerksam dem hochgewachsenen jungen Sänger zuhörten. Mir fiel die Frisur eines rothaarigen Mädchens auf. Ganz bewußt studierte ich dieses Kunstwerk und versuchte herauszufinden, wie der Friseur diesen weichen, glänzenden und verschlungenen Effekt wohl gezaubert haben könnte.

Mit den letzten Tönen des Liedes war auch die Verkrampfung in meinen Händen vorüber, und der Kloß, der in meinem Hals gesessen hatte, war verschwunden. Ich konnte meine Füße wieder gebrauchen und meinen Vortrag sogar mit einer humorvollen Bemerkung beginnen.

Aber diese Erfahrung hatte irgend etwas in mir aufgerührt, von dem ich bis jetzt nur schattenhaft etwas gewußt hatte. Ich sah mich selbst vor einem Altar stehen und wieder heiraten, und alles in mir protestierte gleichzeitig dagegen. Wäre das nicht ein Betrug an dem Mann, der die ganze Liebe meines Herzens besessen hatte? Und wäre das nicht auch ein Betrug an der Liebe selbst?

Plötzlich wußte ich, daß so etwas nur dann möglich sein könnte, wenn Gott selbst mein Denken ändern würde. Etwas ganz tief in mir mußte dazu erst verändert werden, das ein wesentlicher Bestandteil von mir war.

Ein paar Tage später schrieb ich folgendes in mein Tagebuch:

»Ich muß erkennen, daß Einsamkeit, das Gefühl der Unzufriedenheit, das Gefühl, daß das Glück einen Bogen um einen macht, in allen menschlichen Wesen vorhanden ist. Es ist wohl von Gott in uns eingepflanzt, damit wir anfangen, ihn zu suchen. Vielleicht muß ich einfach diesen zweifelhaften Zustand des Alleinseins und Verletztseins annehmen, damit sich ein innerer Friede wieder einstellen kann. Wir werden sehen.«

Auch noch fünf oder sechs Jahre nach Peters Tod fand ich, daß mein Weg durch das finstere Tal der Trauer immer noch ein ständiger Kampf gegen das Selbstmitleid war. Manche von den Ehepaaren in unserer Straße gingen abends öfter einmal spazieren, und wenn ich sie dann ab und zu sah, dachte ich unwillkürlich: Wenn jetzt Peter noch bei mir wäre, dann wären wir das jüngste Paar in unserer Straße. Aber nein, unsere Ehe ist ja vorüber. Oder wenn ich im Theater war und im Vorbeigehen einen grauhaarigen Mann sah, der nach der Hand seiner Frau griff, dann wand ich mich unter einem plötzlichen Anfall von Selbstmitleid.

Es kam auch vor, daß ich irgendwo eingeladen war und bald feststellte, daß ich die einzige alleinstehende Person unter den Gästen war. Ich wußte wohl, daß meine Gastgeberin das nicht beabsichtigt hatte, denn es ist schwer für jemanden, der immer nur eine vollständige Familie gekannt hat, sich vorzustellen, wie eine solche Situation auf den Alleinstehenden wirkt. Ich versuchte, so gut ich konnte, darüber hinwegzukommen, aber ich merkte doch immer wieder, daß mir mein Alleinsein in der Gegenwart von Ehepaaren am schärfsten zum Bewußtsein kam.

Was sollte dann die Lösung sein? Sie mußte irgendwo im Bereich zwischenmenschlicher Beziehungen liegen. Als Einzelwesen verkümmern wir und sterben schließlich vor Einsamkeit. Wir sehnen uns danach, gebraucht zu werden, wir möchten unbedingt mit einbezogen werden in das Leben von anderen, wir dürsten danach, zu wissen, daß wir zu jemand anderem gehören. Die Frage ist nur: Wie können wir das Gefühl dieses Dazugehörens erreichen?

Wir müssen hierfür gewiß einen Preis bezahlen. Der erste Beitrag, den wir leisten müssen, ist Ehrlichkeit uns selbst gegenüber. Auf der einen Seite müssen wir uns fragen, ob wir wirklich die Einsamkeit loswerden wollen, und zwar so sehr, daß wir uns nie mehr gestatten werden, im Luxus des Mitleids zu schwelgen. Andererseits stellt sich die Frage, wie sehr wir uns wirklich an andere Menschen binden wollen, denn wir müssen zugeben, daß es auch seine Vorteile hat, wenn man nur für sich selbst denken und sorgen muß.

Im Licht ehrlicher Antworten auf solche Fragen entschied ich, daß ich nicht unbedingt einsam bleiben müßte, es sei denn, ich täte das aus freiem Entschluß. Der erste Schritt war die Erkenntnis, daß ich neue Dimensionen brauchte und auch mein Äußeres ein bißchen auffrischen mußte. Da ich viele öffentliche Auftritte hatte, mußte ich zunächst einmal meine Kleider unter die Lupe nehmen. Ich fand eine Spezialistin, die zuerst meinen Kleiderschrank besichtigte und mich dann mit sicherem Geschmack beim Einkauf beraten konnte und mir auch bei der richtigen Auswahl für verschiedene Situationen helfen konnte.

Dann kam ein neues Überdenken, in aller Ruhe, von bestimmten Verboten an die Reihe, die meine Eltern mir damals, als ich noch ein junges Mädchen war, auferlegt hatten. Sie waren mir so liebevoll begegnet, daß die Tabus, die sie z.B. auf Tätigkeiten wie Tanzen oder Bridge-Spielen gelegt hatten, mir damals nicht viel bedeutet hatten. Aber das war eben damals gewesen.

Jetzt aber, als junge Witwe im kultivierten Washington, wurde ich verlegen, wenn mich jemand zum Tanzen auffordern wollte oder wenn ich eine Einladung zum Bridge-Spielen ablehnen mußte.

Die Antwort war: Ich mußte es eben lernen. Und das tat ich auch. Ich meldete mich zu einem Tanzkursus an, und dann nahmen drei Freundinnen von mir und ich uns einen Abend in der Woche vor, an dem wir Bridge lernen wollten. Wir schlugen ein Lehrbuch auf und legten es auf einen zweiten Tisch neben uns und lernten so das Spiel gemeinsam, während wir es spielten.

Sieben Jahre nach Peters Tod fand eine Änderung in mir statt, über die ich mir zunächst noch nicht recht im klaren war. In meinen Gedanken war ich noch ganz darauf eingestellt, Witwe zu sein, aber gefühlsmäßig bereitete ich mich schon auf eine neue Art von Leben vor. Der folgende Eintrag in mein Tagebuch stammt aus jener Zeit:

»Gott will bestimmt, daß ich glücklich bin. Gott will auch, daß Peter John mit seiner Umwelt zufrieden und glücklich ist. Gott hat mich so geschaffen, wie ich bin, und er will, daß ich Glück und Liebe erfahren kann. Ich glaube nicht, daß er sich vorgenommen hat oder will, daß ich für den Rest meines Lebens allein bleibe.«

Es war ganz seltsam: sobald ich innerlich eine Tür öffnete, gingen auch äußere Türen auf. Es kamen plötzlich Herren, die mit mir ausgehen wollten, und zwar gleich eine ganze Reihe. Es waren meist Witwer, einer der Rektor eines Colleges, ein Versicherungsvertreter, auch ältere Junggesellen, ein wohlhabender Zitronenplantagenbesitzer aus Kalifornien, ein Professor aus Washington, ein Makler aus Texas. Und dann lernte ich einen Geschäftsmann kennen, als ich einen Vortrag vor einer Universitätsversammlung im Mayflower Hotel hielt. Er war hochgewachsen, schlank und machte einen vornehmen Eindruck, und ich mochte ihn sofort.

Ich erfuhr, daß Howard Witwer mit zwei Söhnen im Alter zwischen 15 und 20 Jahren war und daß seine Frau im Jahre vorher an Krebs gestorben war. Er kam aus einer wohlhabenden, einflußreichen Familie aus den Südstaaten und hatte politische Ambitionen.

Howard lud mich zum Mittagessen ein, später zum Abendessen und schließlich zu einem Wochenende auf seinen großen Familienbesitz in South Carolina, wo seine Schwester die Gastgeberin war. Ich war beeindruckt, und Howard und seine beiden Söhne schienen mich auch zu mögen. Ich schrieb damals in mein Tagebuch:

»Ich habe heute erkannt, daß es jemand anders geben muß, in dessen Leben ich alles einbringen kann, was ich habe. Das ist es, wonach mein ganzes Wesen sich sehnt, und das wäre mir eine Erfüllung, so sicher wie die Wellen des Ozeans, die ganz bestimmt immer wieder ans Ufer schlagen. Irgendwo gibt es einen Mann, dessen Leben diese Fülle, die ich in mir spüre, braucht, und dessen Persönlichkeit und Karriere unter meinem Einfluß blühen und gedeihen wird. Ob dieser Mann nun Howard ist, das weiß zu diesem Zeitpunkt nur Gott, obwohl mein Herz schon ja sagt.«

Wenn es manchmal doch plötzlich Momente für mich gab, in denen mir mein Interesse an Howard wie ein Betrug an Peters Gedanken vorkam, so dauerte das doch immer nicht lange.

»Heute hat Gott mir ein wunderschönes Geschenk gemacht. Er hat mir nämlich versichert, daß eine zweite Ehe seine Idee ist und nicht meine. Er will das für mich noch mehr als ich selbst. Aber ein Geschenk wird erst zu dem, was es sein soll, wenn wir es auch annehmen.
So nehme ich es mit der größten Dankbarkeit entgegen. Das bedeutet, daß ich mir nicht länger Sorgen machen muß, ob es wohl recht ist, wieder zu heiraten. Alles, was ich tun muß, ist, Gott zu danken, da diese Sache nun geregelt ist und daß ich ruhig darauf warten kann, bis Gottes Zeit kommt und ich den richtigen Mann für mich treffe.
Ich sehe, daß ich erst jetzt, und das nach fast sieben Jahren, wirklich ganz bereit bin, Peters Tod anzunehmen, bereit, die Tür hinter der Vergangenheit zu schließen und in ein neues Leben hinauszugehen. Offenbar konnte die zweite Heirat nicht eher kommen, bis dieser Schritt von mir aus getan war. Kein Mann möchte gerne nur ein Teil einer Vergangenheit sein. Eigentlich ist es unglaublich, daß es bei mir so lange gedauert hat, bis ich zu diesem Standpunkt gekommen bin.«

Howard bekam dann eine wichtige Position in Washington und bezog ein Büro im Pentagon. Wir sahen uns nun öfter, doch ich entdeckte auch einige beunruhigende Seiten an ihm. Er schien jedes Gespräch über christliche Themen zu vermeiden. Ich spürte, daß sein Glaube, wenn es überhaupt einen gab, eine Art ererbte soziale Haltung war, in der nichts Persönliches lag. Er schien an allen Oberflächlichkeiten des Lebens besonderen Gefallen zu haben, am Essen und Trinken, an Kleidern, Autos usw. Er war ruhelos und schlecht gelaunt, wenn mich andere Leute besonders auf meine Bücher hin ansprachen. Doch sein Charme, seine Würde, seine staatsmännische Art, mit Problemen fertigzuwerden, sprachen mich nach wie vor sehr an, und er hatte wirklich eine freundliche, warmherzige Art.

Fragen über Howard tauchten auch immer wieder in meinen Tagebüchern auf:

>»Meine Führung geht dahin, daß ich es jetzt ganz Howard und Gott überlassen soll, ob und wann er das Buch ›Ein Mann namens Peter‹ lesen will, daß ich ihm keine versteckten Hinweise geben soll und auch nicht versuchen soll, ihn zum Lesen zu ermuntern.
> Gott hat große Dinge mit Howard vor. In ein oder zwei Jahren wird er all seine Enttäuschungen vergessen haben und sich ganz seinen großen Aufgaben hingeben. Ich sehe das schon deutlich vor mir, und Gott sicher auch.«

Howard war dann beruflich sehr viel unterwegs, und ich sah ihn immer seltener. Er rief gelegentlich an und sprach von der großen neuen Verantwortung, die er nun zu tragen hatte. Ich machte folgende Bemerkung in meinem Tagebuch:

>»Die wirkliche Erklärung dafür, daß Howard keinen weiteren Versuch mehr unternimmt, mir näherzukommen, liegt darin, daß er Angst davor hat, mit mir in Berührung zu kommen. Er ist noch nicht bereit dafür, er spürt, daß das sozusagen Dynamit ist. Gott sagt mir, daß ich geduldig sein soll und versuchen muß, das zu verstehen.«

Gelegentlich kamen kurze Briefe von Howard mit ausländischen

Briefmarken, aus Genf, London, Rom und Bonn. Ich wurde an die langen Zeiten des Schweigens erinnert, unter denen ich damals so gelitten hatte, in jenen drei Jahren, als ich heimlich in Peter verliebt war.

Dann traf ich unerwartet auf Howard. Es war im Korridor des Pentagon. Er war geradezu erschrocken, und ich genauso. Ich stammelte eine Erklärung dafür hervor, warum ich mich dort aufhielt, und ich versuchte fast, mich dafür zu entschuldigen.

»Das ist aber schön, dich zu sehen, Catherine«, sagte er. Es schien mir ein bißchen zu betont herzlich.

Wir sprachen ein paar Minuten miteinander, und dann ging er weiter zu seiner Konferenz.

Als er fortging, wurde ich ärgerlich auf mich selbst. Warum war ich nur so aus der Fassung geraten? Ich hatte Zweifel daran, daß selbst ein Zusammentreffen mit dem Präsidenten mich so sehr aus dem Gleichgewicht gebracht hätte. Und eigentlich war es doch gerade die Gelassenheit, die Howard so sehr an mir bewunderte. Der nächste Tagebucheintrag spiegelt das noch einmal wider:

»Ich habe mich in letzter Zeit mehr von Howard entfremdet gefühlt. Ist mein Gefühl für ihn nur ein ganzes Bündel von Verliebtheit und Vernarrtheit? Wenn seine einflußreiche Position nicht wäre und seine relative Jugendlichkeit (ich schätze ihn nicht älter als 50), würde ich ihn dann immer noch lieben, nur um seiner selbst willen?«

Dann wieder ärgerte ich mich selbst über mich und meine mangelnde Geduld und hielt auch meine neuen Gefühle und Einsichten fest:

»Gott ist der Herrscher, auch in dieser ganzen Situation. Howards Handlungen und Entscheidungen und auch meine liegen ganz in Gottes Hand. Ich gehöre ihm und habe ihm mein Leben gegeben, damit er dafür sorgt und es bewahrt. Ich muß Howards Schweigen akzeptieren, auch das, was in den letzten Wochen alles nicht geschehen ist. Alles ist aus Gottes Hand gekommen. Ich soll Gott das Opfer des Dankes bringen, indem ich ihm auch für all diese unerfreulichen Dinge danke. Das ist der Beweis dafür, daß ich an seine Allmacht glaube.«

Im Juni kam dann ein Brief von Howard, nachdem ich einige Monate nichts mehr von ihm gehört hatte. Es war nur eine kurze Mitteilung. Er wollte, daß ich diese Neuigkeit direkt von ihm hörte und nicht aus irgendeiner anderen Quelle, schrieb er. Er wollte nämlich wieder heiraten. Die Frau war die Tochter eines Generals, eine Witwe mit drei kleinen Kindern.

Als der Brief kam, glaubte ich, ich hätte die ganze Sache schon überwunden. Aber offenbar war es nicht so. Es kam ein überraschender gefühlsmäßiger Rückfall. Ich konnte wochenlang nichts Vernünftiges schreiben.

Meine Sekretärin kam dann auch noch mit einer ganzen Reihe von Anfragen, ob ich nicht hier und dort Vorträge halten könnte. Und da explodierte ich.

»Ich habe mich selbst in die Ecke geschrieben«, stürmte ich los. »Die Leute haben mich einfach auf ein geistliches Podest gestellt und ein Schild dran gehängt: ›Bitte nicht berühren.‹ Aber wer sitzt schon gern auf einem Podest? Das Publikum besteht darauf, mich nur in dieser einen Rolle zu betrachten, während Sie und ich doch genau wissen, daß ich vom Leben etwas ganz anderes erwarte. Ich komme mir vor, als säße ich in einer Falle!«

Peg, meine Sekretärin, hatte den klaren Durchblick und war völlig frei von Mitleid. »Sie haben aber einen ganz bestimmten Ruf«, sagte sie ruhig. »Die Leute wollen zu Ihnen aufschauen. Sie wollen die geistliche Hilfe von Ihnen, die Sie ihnen auch geben können. Was ist denn daran schlecht?«

Doch ich fand es fast unmöglich, wieder einfach so an meine Arbeit zu gehen. Die Tatsache, daß ich immer wieder als Schriftstellerin gefordert wurde oder als Rednerin, schien mir auf einmal gleichgültig. Schließlich war ich eine Witwe von 42 Jahren, an der das Leben vorbeiging.

Inzwischen war meine Sorge auf ein ganz anderes Gebiet verschoben worden. Ich machte mir nämlich Gedanken darum, daß mein Sohn eine Vaterfigur brauchte. So bat ich um ein Gespräch mit Gordon Cosby, dem jungen Pfarrer der Heilandsgemeinde in Washington, in der ich mich seit einiger Zeit engagiert hatte. Er war ein Mann, dem ich mich leicht anvertrauen konnte.

Er hatte seinen Dienst im Zweiten Weltkrieg begonnen, als er Pfarrer des 327. Regiments war, der heute in Amerika schon legendären 101. Luftdivision. Gordon Cosby hatte damals schon seinen tiefempfundenen Pazifismus dadurch demonstriert, daß er darauf bestand, mit seinen Männern unbewaffnet in den Kampf zu ziehen. In vielen heißen Schlachten, z.B. bei der Invasion in der Normandie, in den 33 harten Kampftagen bei der Einnahme von Cherbourg, in der berühmten Weihnachtsbelagerung von 1944 vor Bastogne, in all diesen schweren Zeiten war Pfarrer Cosby immer nur zwischen dem Lazarett und der Front hin- und hergependelt und hatte abwechselnd den Soldaten und den Verwundeten gedient. In dieser Zeit waren seine Überzeugungen entstanden und gefestigt worden, die später die Grundsätze seiner neuen Gemeinde wurden.

Er brachte dieser christlichen Gemeinde, die im Oktober 1947 in Washington gegründet wurde, ein tiefes Verständnis für menschliche Schwächen und Nöte bei, aber gleichzeitig auch eine ungewöhnliche Bestimmtheit. Selbst das Kirchengebäude war und ist noch heute so ungewöhnlich wie sein Pfarrer: ein aus braunem Stein gebautes Stadthaus in der Massachusetts-Avenue, nahe beim Dupont-Platz, wurde in eine Kombination von Gottesdienstraum, Versammlungsräumen und Büros umgewandelt.

An diesem Tag erzählte ich Gordon in seinem Büro von dem Mangel, den ich empfand, nämlich daß im Leben meines Sohnes Männer fehlten.

»Würden Sie vielleicht die Augen offenhalten«, bat ich ihn, »und sich nach Männern umsehen, die das als ihren Dienst an uns Frauen ansehen, die gezwungen sind, ihre Söhne allein zu erziehen? Sie könnten z.B. mit Peter zu einem Baseball-, Football- oder Eishockeyspiel gehen, oder ihn zu einem Jagd- oder Angelausflug mitnehmen oder ein Wochenende mit ihm zelten oder irgend so etwas ähnliches.«

Gordon Cosby hatte nicht nur Verständnis für meine Lage, sondern er versprach mir auch, mir so gut er konnte zu helfen. Schon innerhalb einer Woche hatte er eine Reihe von Männern gefunden, die zu seiner Gemeinde gehörten und die sich anboten, mit den Kindern von alleinstehenden Eltern Freundschaft zu schließen.

Es vergingen ein paar Wochen, dann machte mich Pfarrer Cosby mit Jim bekannt. Er kam aus Wyoming und war Plastikfabrikant. Er war verheiratet und hatte zwei kleine Kinder, aber er hielt sich geschäftlich oft in Washington auf.

Jim war freundlich, recht humorvoll und besaß einen klaren Verstand. Er hatte sich in Wyoming im Bereich der Lokalpolitik und auf Landesebene ein bißchen in der Politik versucht, aber eigentlich war er ein Mann, der vor allem das Leben in der freien Natur liebte und der die Jagd und den Sport besonders gern hatte.

Ich freute mich sehr, als er Peter John zu einem Jagdwochenende einlud oder später lange Stunden mit ihm zusammen Schießübungen machte. Die beiden Männer schienen sich außerordentlich zu mögen.

Dann kam Jim gelegentlich auch zu uns nach Hause, und da er ja Peter besuchte, schien es mir ganz natürlich, daß ich ihn auch zum Essen einlud.

Als die Zeit weiterging, fing Jim auch an, Fragen nach meinem Leben und nach meiner Tätigkeit zu stellen, und ich antwortete ihm offen und ehrlich und erzählte ihm auch davon, wie einsam das Leben einer sogenannten christlichen Berühmtheit oft sein konnte. Er seinerseits begann damit, mir manche Schwierigkeiten aus seiner Ehe zu erzählen. Zunächst hatte das nicht besonders ernst geklungen, aber mit der Zeit schienen sich die Probleme zu verschlimmern, je mehr er davon sprach.

Das hätte in mir eigentlich eine Alarmglocke in Bewegung setzen müssen, denn ich wußte nur zu gut, daß jede alleinstehende, ungebundene Person des anderen Geschlechts bestimmt die Falsche ist, um eine Eheberatung durchzuführen. Statt dessen hörte ich ihm zu, war zwar ein bißchen unsicher, wie ich mit alledem fertigwerden sollte, wiegte mich jedoch in einem Gefühl der falschen Sicherheit, weil Jim immer noch fähig war, auch über sich selbst und seine Situation zu lachen. Das schien mir zumindest zu zeigen, daß doch immer noch eine gesunde Objektivität im Spiel war.

»Ich will ihm doch nur helfen, daß er einsieht, wie wichtig es für ihn ist, die Schwierigkeiten mit seiner Frau zu bewältigen!« sagte ich mir selbst. Und ich redete dann auch fast streng mit ihm und legte ihm nahe, wie wichtig es wäre, daß er so bald wie möglich nach Wyoming zurückführe und seine Familie besuchen müßte, sooft es nur ging.

Dann platzte Jim eines Abends, als Peter schon in sein Zimmer gegangen war, damit heraus:

»Catherine«, sagte er unvermittelt. »Ich bin ich dich verliebt!«

Eine ganze Palette von Gefühlen überschwemmte mich. Es war Sorge, Überraschung, Abscheu, Angst und – ja, auch Sehnsucht. Aber ich wußte, daß die ausgelöscht werden mußte, und zwar sofort.

»Ich bin erschrocken, Jim«, erwiderte ich. »Irgendwie auch dankbar, aber das kann einfach nicht recht sein.«

»Ich meine, das könnte schon recht sein, Catherine, aber erst dann, wenn ich ein freier Mann bin. Ich will mich so schnell wie möglich scheiden lassen.«

Ich protestierte heftig dagegen, und er argumentierte genauso heftig. Als er an diesem Abend ging, konnte ich wohl sehen, daß er fest entschlossen war, seine Absicht durchzusetzen.

Ich wußte genau, was ich am nächsten Morgen zu tun hatte. Ich stellte den Wecker auf halb sieben und kam zuallererst voller Reue zu Gott. Ich tat es mit Zittern und wartete auf seine Antwort. Aber es kam mir eine solche Freundlichkeit und Liebe entgegen, daß mir die Tränen in die Augen traten. Ich wußte, daß ich nun ganz ehrlich und schonungslos meine Gefühle erkennen und bekennen mußte. Vor Gott schüttete ich auch all den Schmerz aus, der noch aus der Beziehung mit Howard in mir zurückgeblieben war. Und dann nahm ich einen Stift zur Hand und versuchte zu analysieren, was ich in bezug auf Jim empfand:

»Die Augenblicke, in denen wir zusammen waren, hatten immer eine besondere Atmosphäre. Vielleicht passiert das nur dann, wenn man wirklich und vollständig in der Gegenwart lebt. Diese Gemeinschaft ist etwas, was man nicht festhalten und konservieren kann, es ist, als ob man durch einen Garten ginge und ab und zu den flüchtigen Duft einer Blume mitbekommt, den man nicht ganz erfassen oder erkennen kann, weil man eigentlich nicht in diesen Garten gehört und auch nicht lange dableiben kann. Oder ist es so, als ob man in der Ferne eine eingängige Melodie hört, die einem direkt ins Herz geht und alle Sinne anspricht, aber diese Melodie bleibt weit entfernt. Jims Freundschaft hat gewiß in mir etwas bewirkt. Ich habe mich in diesen Tagen lebendiger gefühlt als in der ganzen letzten Zeit, es ist, als ob seine Berührung mit meinem Leben meine Gefühle, alle Herzlichkeit, die in mir steckt, aus einem langen Dornröschenschlaf aufgeweckt hätte.

Aber Jim wird zu seiner Familie zurückgehen. Er muß das einfach tun. Seine Freundschaft und Gemeinschaft mit mir, die ganze Beziehung zwischen uns ist nur etwas Geliehenes, obwohl es für kurze Zeit für mich etwas sehr Wertvolles war. Hier darf sich bei mir nicht die kleinste Spur von Besitzstreben einschleichen. In meiner gefühlsmäßigen Einstellung zu ihm muß das ›Hände weg!!‹ Vorrang haben.«

Auf dieser hohen Ebene ließ ich das Thema erst einmal ruhen. Aber dann fing ein inständiges inneres Nagen an, das mich immer wieder daran erinnerte, daß die Situation mit Jim noch nicht beendet war. Da war noch etwas, was ich unbedingt tun mußte. Ich mußte ihm einen Brief schreiben, der einen Schlußstrich unter die ganze Sache zog. Ich hatte Angst davor, und ich schob den Brief tagelang vor mir her. Doch dann zwang ich mich dazu und stellte darin ganz klar heraus, daß Gott niemals eine Beziehung billigen würde, der Jims Frau und Kinder zum Opfer fallen müßten.

Als ich den Brief zur Post brachte, war es mir, als ob ich ein zentnerschweres Gewicht von meinen Schultern loswürde. Am nächsten Morgen fühlte ich neue schöpferische Kraft in mir, die ich schon seit langem nicht mehr so gekannt hatte. Das Bekenntnis meiner Schuld und die Wiedergutmachung hatten mich befreit und ließen jetzt einen ganzen Schwall von Worten aufs Papier strömen:

»Im vergangenen Jahr habe ich mich meist besiegt und enttäuscht gefühlt. Und das ist sicher nicht das, was Gott von uns will.

Es gibt mehrere Bereiche, in denen mich die Einsamkeit besiegt hat:

1. Das Salz, die Lebensfreude ist aus meinem Leben verschwunden. Nichts, nicht einmal der ungeheure Erfolg von ›Ein Mann namens Peter‹, kann mich jetzt noch aufregen. Erfolg ist ein Wort, das in meinem Mund zu Asche geworden ist. Der Eifer ist aus meinem täglichen Leben verschwunden, und das ist falsch. Es ist nur der Blick auf ein langsam sterbendes Geschöpf, und das ist ganz sicher nicht der ›neue Mensch in Christus Jesus‹.
2. Im Laufe der letzten Jahre ist mein Herz immer kälter geworden in der Beziehung zu anderen Menschen. Und eigentlich hätte die Liebe und Warmherzigkeit nur zunehmen müssen. Wenn ich Kranke besuchte, so war mir das eine lästige Pflicht, und ich hatte keine Freude daran.
3. Zusammen mit alledem kam unvermeidlich eine zunehmende Beschäftigung mit mir selbst. Vielleicht war sogar das ständige Drehen um mich selbst der wahre Grund für die Niederlagen.
4. Ich habe oft Befriedigung in materiellen Dingen gesucht und nichts gefunden, was Bestand hätte.
5. Ich bin in der Tretmühle des alltäglichen Lebens immer reizbarer geworden. Schleichende Autofahrer, unerfahrene Verkäuferinnen und Parkwächter regen mich viel schneller auf als früher.
6. Ich weiß, daß Gott von mir will, daß ich jeden Morgen zum Beten und Bibellesen eine Stunde früher aufstehe. Doch darin bin ich nicht konsequent gewesen.
7. Ich habe fast völlig versagt in kleinen Verzichtleistungen in bezug aufs Essen. Das sind Übungen in Disziplin, die ich früher einmal für richtig hielt.
8. Ich habe oft nicht die innere Stärke gehabt, um Vereinbarungen und Ordnungen einzuhalten oder Peter John gegenüber einmal nein zu sagen, wenn ich doch wußte, daß es eigentlich richtig wäre.
9. Trotz all dieser Fehlschläge habe ich oft das Gefühl der Überlegenheit anderen Menschen gegenüber gehabt, und das ist eigentlich völlig absurd.«

Ich wußte, daß die Reaktion auf dieses ganz und gar nicht siegreiche Leben nur sein konnte, daß ich hinter alledem meinen Eigenwillen erkennen konnte. Es war niemals genug gewesen, nur zu Jesus zu gehen und mit ihm über meine Wünsche und Pläne zu reden, nur damit er gerade mal seinen Stempel »Genehmigt« darunter setzen konnte. Ich mußte vielmehr ganz objektiv nach Gottes Willen für mich suchen in dieser Stillen Zeit jeden Morgen. Ich mußte ihn ehrlich suchen, mit Eifer, und dabei ganz klar wissen, daß er allein wußte, was für mich am besten war, noch besser, als ich es selbst wußte.

In meiner Stillen Zeit am frühen Morgen verfolgte ich auch meine Tagebücher zurück und überblickte noch einmal meine Beziehung zu Howard. Ich erkannte, daß ich nur sehr selten etwas über Erkenntnisse von Gott her aufgeschrieben hatte, ob er wohl meinte, daß wir beide zueinander paßten. Die meisten Eintragungen drehten sich nur um meine Wünsche und Gedanken. Ich war damals zu sehr von der Erscheinung dieses Mannes beeindruckt gewesen, von seinem Aussehen und seinem Einfluß, und so hatte ich einfach von mir aus entschieden, daß das der Richtige war. Er war aber nicht der Richtige für mich, und Gott hätte mir das auch schon beizeiten gesagt, wenn ich nur zu ihm gekommen wäre und mein Herz und meinen Willen weit für seinen Ratschlag geöffnet hätte. Erst jetzt, Monate später, konnte ich die Beziehung mit Gottes Augen ansehen, und jetzt konnte ich leicht erkennen, wie unterschiedlich Howard und ich geistlich und gefühlsmäßig gewesen waren.

Dann war es kein Wunder, daß sich die ganzen Ereignisse mit Jim so verwickelt hatten.

Jim war ganz und gar nicht mit meinem Abschiedsbrief zufrieden. Er war zwar nach Wyoming zurückgekehrt, aber dann im frühen Herbst kam er wieder nach Washington und wollte mich besuchen, entschlossen, unsere Beziehung wieder aufzunehmen.

Aber die Stille Zeit am Morgen hatte mich inzwischen gestärkt und mir einen klaren Blick zurückgegeben. Außerdem lernte ich, wie man mit den Versuchungen fertig wird, die die Einsamen befallen. Ich mußte zugeben, daß ich allein gar nicht fähig war, aus eigener Kraft der Versuchung zu widerstehen. Und deswegen wollte ich beiseite treten und Jesus ganz die Verantwortung für die Situation übergeben.

Als ich das tat, wurde mir plötzlich klar, daß ich Gordon Cosby sprechen mußte. Als ich Gordon am Telefon hatte, zögerte ich nur einen kurzen Augenblick, und dann erzählte ich ihm die ganze Geschichte.

»Bringen Sie Jim mit zu mir, dann werden wir alle drei darüber beten«, war seine Antwort.

Das war eine großartige Erhörung meiner Gebete. Jim erklärte sich bereit, mitzugehen. Und so vereinbarten wir einen Termin und trafen uns in der Heilandskirche.

In dem Moment, als Jim und ich in Gordon Cosbys Büro Platz nahmen, fühlte ich, daß Gott gegenwärtig war. Er hatte Verständnis für uns und war offen, und ich konnte ihn fast sagen hören, daß das der richtige Weg sei, so gefühlsgeladene Situationen anzugehen, die uns Menschen aus den Händen gleiten.

Gordon hörte uns zu, ohne einen Kommentar abzugeben oder auch nur seinen Gesichtsausdruck zu verändern. Er, der immer ein liebevoller, freundlicher Pfarrer war, hatte doch niemals Angst, das harte Wort Sünde in den Mund zu nehmen. Ich erinnerte mich an seine Ausführungen in einer Predigt, die ich vor kurzem gehört hatte und in der es hieß, daß unsere unerlöste menschliche Natur zu allem fähig ist und daß der einzige Unterschied zwischen den Menschen darin besteht, daß es verschiedene Nuancen in der Art und im Ausmaß der Sünde gibt. Und dann hatte er zum Schluß sogar gesagt: »Der blutigste Sünder ist nur zu Kindereien fähig im Vergleich zu der Tapferkeit, die Christus von uns verlangt.«

»Ich glaube, es ist nicht nötig, daß ich euch jetzt eine Predigt halte«, sagte Gordon zu Jim und mir, als wir fertig waren. »Ihr seid ja hergekommen, weil jeder von euch das tun will, was Gott von euch verlangt, und ich erkenne das bei euch beiden an. Jesus hat immer die Antwort auf jede unserer Nöte.«

Er lehnte sich im Stuhl zurück und lächelte entspannt. »Wie dankbar müssen wir Christen doch sein. Ohne die Qual, die Jesus am Kreuz durchgemacht hat, gäbe es keine Vergebung für eine solche Sache, kein Wunder der Veränderung an dem, was in uns falsch ist. Das Blut, das er am Kreuz vergossen hat, rettet buchstäblich unser Leben.

Das sollte ja auch das Sakrament des heiligen Abendmahls für uns bedeuten. Ich schlage vor, wir bringen alles, was ihr jetzt gesagt habt, unter das Kreuz Jesu, indem wir miteinander Abendmahl feiern. Was meinst du dazu, Jim? Bist du bereit, all deine Wünsche in dieser Beziehung abzulegen und damit alles, was du bisher für deinen Willen und für richtig gehalten hast?«

Jim nickte mit feuchten Augen.

Dann sah Gordon mich an. »Catherine?«

»Ja, das will ich tun.«

Das Brot und der Wein standen dort auf einem kleinen Altartisch im Arbeitszimmer. Niemals waren mir die Einsetzungsworte des Abendmahls so bedeutungsvoll vorgekommen: »Das ist mein Leib, für euch gebrochen . . .«, »Das ist das Neue Testament in meinem Blut, für euch vergossen zur Vergebung der Sünden. Nehmet hin und trinket alle daraus.«

Wir spürten die Gegenwart Jesu in diesem stillen Raum. Nach dem Abendmahl knieten wir nieder, und Gordon segnete uns beide:

»Jim und Catherine, ihr seid gute Freunde, und das wollt ihr auch bleiben. Gott hat euch beide mit besonderen Begabungen ausgestattet, und er hat auch einen Plan für jeden von euch. Jim hat Verantwortung vor seinem Gott durch seine Familie und seinen Beruf. Gott hat Catherine einen Sohn gegeben, den sie erziehen soll, und auch einen Dienst durch ihr Schreiben. Beide brauchen Gottes Schutz. Geht nun eure getrennten Wege, euch ist frei vergeben. Ihr seid nun innerlich wiederhergestellt, erfrischt, und ihr könnt von neuem nützliche, schöpferische Dinge tun.«

Dann hob uns Gordon wieder auf und umarmte uns beide. Ein paar Monate später hörte ich, daß Jim wieder bei seiner Familie war.

10. Zweite Heirat

»Trachtet am ersten nach dem Reich Gottes und nach
seiner Gerechtigkeit (nach seiner Art, Rechtes zu tun
und recht zu sein), so wird euch solches alles zufallen.«   Matth. 6,33

Etwas Seltsames geschah nach dem Abendmahlsgottesdienst bei
Gordon Cosby. Ich hörte auf, über eine mögliche zweite Ehe weiter
zu grübeln. Nicht daß der Wunsch danach ganz in mir verschwunden wäre, aber es war mir einfach weniger wichtig geworden. Meine Perspektive hatte sich geändert. Eigentlich war das Gott, der
das in mir bewirkte. Ich war jetzt fähig, die ganze Sache ihm zu
überlassen, er sollte sie in seine Hand nehmen.

Eines Morgens schrieb ich in mein Tagebuch:

»Ich muß auch in bezug auf eine Wiederheirat zuerst nach dem
Reich Gottes trachten. Sollte das der Wille Gottes für mich sein,
dann muß ich in jedem Mann zuerst die inneren Qualitäten des
Verstandes und des Herzens suchen, die ein Teil von Gottes
Reich und Herrschaft sind.
Aber wie ist es mit mir? Welche Qualitäten muß ich haben, um
wieder eine Ehefrau werden zu können?«

Am nächsten Tag schrieb ich folgendes auf:

»Ich muß noch einmal zurückkommen auf die Frage, die ich gestern gestellt habe. Darauf würde ich jetzt folgendes antworten:
Weiblichkeit, Warmherzigkeit, innere Stärke, Interesse an anderen Menschen, der Wunsch zu schenken. Eine große Aufgabe!
Aber ich habe heute morgen zugesagt bekommen, daß ich nicht
darum betteln muß, eben weil es ganz bestimmt Gottes Wille
ist, daß ich diese Eigenschaften habe. Dann wird er mich auch
damit ausstatten, und zwar in seiner eigenen Art und Weise
und zu seiner Zeit.«

Kurz danach rief mich der Rektor eines Colleges im mittleren Westen an und bat, mich bei seiner bevorstehenden Reise nach Washington besuchen zu dürfen. Ich war vor einigen Jahren bei ihm zu

Gast gewesen, als ich in seinem College zu Anfang des Studienjahres einen Vortrag gehalten hatte. Als ich erfahren hatte, daß seine Frau gestorben war, hatte ich ihm eine Beileidskarte geschrieben.

Als er in Washington angekommen war, rief er mich noch einmal an und lud mich zum Abendessen in einem Restaurant ein. Mittlerweile kannte ich die Männer gut genug, um zu wissen, daß sie einen normalerweise zum Mittagessen einladen, wenn es ums Geschäft geht, und zum Abendessen, wenn die Sache mehr persönlicher Natur ist.

Der Rektor kam in einem gemieteten Cadillac vorgefahren und drückte meine Hand besonders lange, als ich ihm an der Tür entgegenkam. Er war ein verhältnismäßig kleiner Mann, vielleicht ein oder zwei Zentimeter größer als ich, ungefähr 55 Jahre alt, mit beginnender Glatze und von lebhaftem Ausdruck. Während des Essens in einem exklusiven Restaurant erfuhr ich alles über sein College: Es hatte zwei Millionen Dollar Schulden, immer mehr Studenten trugen sich dort ein, die Baseballmannschaft hatte viele sportliche Erfolge, es war eine neue Bibliothek entstanden, und es gab manche Probleme mit einigen Mitgliedern des Lehrkörpers. Aber dieser ganze Wortschwall verdeckte nur eine recht erstaunliche Nervosität, wie man sie sonst nicht an einem Mann in seiner Position kennt. Er war offenbar an mir als Frau interessiert und wollte das noch irgendwie zum Ausdruck bringen, bevor der Abend verstrichen war.

Und genau das tat er, als er später am Abend in meinem Wohnzimmer saß. Er machte mir rundweg einen Heiratsantrag. Er machte erst gar keine Versuche, das Ganze etwas romantisch einzuleiten, es würde eben eine Ehe aus gegenseitiger Übereinkunft und im beiderseitigen Interesse werden: Er würde mir ein Heim und materielle Sicherheit bieten, und ich sollte dafür die »First Lady« des Colleges werden. Ich war schon bewegt und fühlte mich auch geehrt von seinem Angebot, aber so freundlich wie ich nur konnte, lehnte ich es ab. Denn für mich konnte es keine Ehe geben, in der ich für meinen Mann keinerlei Liebe empfand.

Noch im gleichen Jahr mußte ich zwei weitere Heiratsanträge ablehnen. Was war eigentlich mit mir los? Es gab nur eine Antwort: der intensive Wunsch nach einer zweiten Ehe war verschwunden, und ich suchte nun zuerst Gott und nicht einen Mann. Und das hatte mich so entkrampft, daß ich gerade jetzt Männer auf mich aufmerksam machte. Ich konnte eigentlich nicht beschreiben, in welcher Weise ich mich geändert hatte, außer daß ich nun mehr Einfühlungsvermögen in andere Menschen hatte und viel weniger mit mir selbst beschäftigt war. Und der Maßstab, zuerst nach dem Reich Gottes zu trachten, machte mich auch fähig, das Wort des Herrn in bezug auf jeden neuen Menschen zu hören.

Eines Tages kam ein Anruf von Leonard LeSourd. Er war leitender Herausgeber der »Guideposts«, einer Zeitschrift, und bat mich, mit ihm zusammen zu Mittag zu essen, weil er mit mir über die Idee für einen künftigen Artikel sprechen wollte. Das hatte für mich keine besondere Bedeutung. Ich hatte schon öfter für die »Guideposts« geschrieben und hatte Herrn LeSourd an einem Abend schon kennengelernt, als ich vor einer Gruppe von jungen Erwachsenen in der Marble-Collegiate-Kirche in New York gesprochen hatte.

Während wir in einem Restaurant in Georgetown aßen, redeten wir über viele verschiedene Themen. In einer leichten und persönlichen Art stellte Len mir auch viele Fragen zu meiner Person und prüfte, so dachte ich, damit ein neues Thema durch, über das er vielleicht demnächst einen Artikel schreiben könnte. Wir fanden dann auch ein Thema, aßen zu Ende, und er fuhr mich nach Hause. Als er vor meinem Haus anhielt, kam aus heiterem Himmel eine sehr verblüffende Feststellung:

»Wissen Sie, in den zwölf Jahren, die ich jetzt schon bei den »Guideposts« bin, habe ich einiges über den christlichen Glauben gelernt. Aber ein Aspekt darin scheint mir immer noch beängstigend und doch auch wieder herausfordernd.«

»So«, erwiderte ich erstaunt. »Und welcher ist das?«

»Der Heilige Geist. Niemand sagt viel über ihn, besonders auch Pfarrer nicht, irgendwie ist er ein Geheimnis, und auch eine Macht. Irgendwann möchte ich das auch in den ›Guideposts‹ mal zur Sprache bringen.«

»Der Heilige Geist ist eigentlich nicht ›das‹, sondern ein ›er‹«, sagte ich ruhig.

Er sah mich neugierig an. »Kennen Sie ihn denn?«

»Nicht so gut, wie ich gerne möchte.« Damit brach das Gespräch ab, und Len half mir aus dem Auto und begleitete mich bis zur Tür. Nicht einen einzigen Augenblick in den zwei Stunden, die wir zusammen waren, hatte ich daran gedacht, daß ihn irgend etwas anderes als berufliche Interessen zu dieser Einladung veranlaßt haben könnten.

Aber es war gar nichts mehr von dem professionellen Herausgeber aus dem Brief herauszuhören, den ich ein paar Monate später von Leonard bekam. Das war im Sommer 1959:

»Ich würde Sie sehr gerne besser kennenlernen. Wie stehen Sie zu dieser Idee? Wir sollten einfach einen Tag festsetzen, und dann schreiben Sie auf Ihren Terminkalender nur ein einziges Wort: Spaß. Ich hole Sie morgens mit dem Auto ab, und dann fahren wir ans Meer oder in die Berge oder sonstwo hin.«

Der Brief schien ganz bewußt so abgefaßt zu sein, als ob Len sagen wollte: Wenn Sie daran interessiert sind, unsere Beziehung weiter auszubauen, dann wollen wir gemeinsam daran weitermachen. Wenn nicht, dann sagen Sie mir gleich, woran ich bin.

Mir gefiel diese Haltung sehr. Wir nahmen uns einen Tag zu Anfang August vor. Len rief am Abend vorher aus einem Motel in Washington an und sagte, daß er mich am nächsten Morgen um halb 11 Uhr abholen würde. Er war sehr einverstanden, als ich vorschlug, wir könnten ja unterwegs Picknick machen und etwas zu essen mitnehmen.

Am nächsten Morgen war herrliches Sommerwetter, nicht zu heiß. Als ich Len an der Haustür empfing, stellte ich keine Fragen, wohin wir fahren wollten, und er machte auch keinerlei Andeutungen. Als er mir half, das Essen in den Picknickkorb zu packen, konnte ich seine Neugier in bezug auf meine Lebensweise förmlich spüren.

So begann ich freiwillig: »Peter John und ich wohnen jetzt schon ein paar Jahre hier. Das heißt, zusammen nur dann, wenn Peter vom College Ferien hat. Es ist ein ganz gutes Haus für uns, aber jetzt baue ich ein neues in Bethesda, da habe ich doch noch bessere Arbeitsbedingungen.«

»Was gefällt Ihnen denn nicht an diesem Haus?«

»Es bietet mir nicht genug Privatraum. Peters Freunde kommen im Sommer oft hierher, und ich habe sie auch sehr gern. Aber es gibt auch sonst sehr viele Störungen, und es ist auch nicht genug Platz für meine Sekretärin da. Jedenfalls habe ich immer schon einmal mein Traumhaus bauen wollen. Und jetzt ist es bald halb fertig.

»Aha.« Len überlegte. »Wenn Ihr Sohn dreiviertel des Jahres in Yale ist, dann könnte Ihr Traumhaus schließlich auch sehr einsam für Sie werden, oder?«

»Ja, das könnte sein«, gab ich zu.

Len verstaute den Picknickkorb im Kofferraum, und wir setzten uns ins Auto. »Was mögen Sie nun lieber?« fragte er leichthin. »Das Meer oder die Berge?«

»Ich würde lieber in die Berge fahren.«

»Gut, und welche Richtung?«

Ich dirigierte ihn nach Westen, zur Skyline-Autobahn. Als wir die Straße entlangfuhren, betrachtete ich diesen Mann heimlich etwas aufmerksamer. Er war mittelgroß, in den vierziger Jahren, sein dunkles Haar fing langsam an, grau zu werden, und er hatte eine gelenkige, sportliche Figur. Seine graublauen Augen sahen einen immer direkt an, sie strahlten Wärme aus, und seine Augenlider zwinkerten einem oft humorvoll zu. Er war ein guter Unterhalter, gründlich in seinen Fragen, aber doch im ganzen entspannt. Und so setzte ich mich aufatmend zurück. Das würde bestimmt ein schöner Tag werden.

An einer Kreuzung fanden wir ein Hinweisschild »Great Falls Park«.

»Was ist das denn?« fragte Len.

»Ach, das ist ein schöner Aussichtspunkt am Potomac. Man kann dort Picknick machen und auf den Felsen herumspazieren.«

»Schön, dann versuchen wir das mal.«

Wir parkten, stiegen aus und gingen am Wasser entlang. Da es sehr steiniges Gelände war, nahm Len mich an der Hand und hielt sie fest. Wir tranken Limonade an einem Erfrischungsstand und setzten dann unsere Fahrt nach Westen fort.

Als wir auf der Skyline-Autobahn waren und Richtung Süden fuhren, wurde es bald Zeit, einen Platz für das Picknick auszusu-

chen. Len fand einen grasbewachsenen Hügel unter einem schatti-
gen Baum. Er holte eine Decke aus dem Kofferraum und breitete
sie für uns aus. Und als ich anfing, das Essen auszupacken, ging er
noch einmal zum Auto, um etwas zu holen. Es war eine kleine Gi-
tarre, eine »Ukulele«!

Aus den Augenwinkeln beobachtete ich Len, wie er das Instru-
ment stimmte und hoffte im stillen, daß ich jetzt wohl kein Coun-
try-Music-Konzert anhören müßte. Ich habe an sich nichts gegen
solche Musik, manchmal macht sie schon Spaß, aber im großen
und ganzen höre ich doch viel lieber klassische Musik.

»I was dancing with my darling ... to the Tennessee waltz . . .«
Lens Stimme hatte einen näselnden Klang. Ich wand mich ein wenig, obwohl ich mich sehr bemühte, mir am Gesichtsausdruck
nichts anmerken zu lassen.

Nach ein paar Takten legte Len die Ukulele beiseite und lachte
etwas verlegen. »Sie sind wohl kein Fan von Country-Music, was,
Catherine? Ich habe mir das Spielen selbst beigebracht, und es ist
nicht weit her damit, glaube ich. Und ich habe auch keine gute
Singstimme. Auf alle Fälle rede ich auch lieber, als daß ich singe.«

Ich seufzte vor Erleichterung und merkte mir daraus, daß Len
ein guter Beobachter war oder vielleicht auch, daß ich mich sehr
schlecht ihm gegenüber verstellen konnte. Wahrscheinlich war es
auch beides.

Es war schwer zu glauben, daß zwei Menschen, die sich elf Stunden lang ständig unterhalten hatten, doch das Gefühl haben
konnten, sie hätten kaum über Themen gesprochen, die sie beide
interessierten. Aber als Len am Abend »Auf Wiedersehen« sagte,
hatte ich noch nicht das deutliche Gefühl, daß er es mit mir ernst
meinte. Es war schon wahr, ich spürte, daß er bei manchen Entdek-
kungen an mir überrascht war, besonders als er merkte, daß ich
wohl nicht die fast scheinheilige, ständig in höheren Gefilden
schwebende Figur war, die manche Leute aus mir machen wollten.
Wir wußten nun auch, daß wir beide Suchende waren, Menschen,
die sich ihren Weg zu einem echten Wachstum im Glauben vor-
wärtskämpften. Wir beide waren Reporter, immer interessiert
daran, wie wir Szenen, Dramen, Persönlichkeiten, neue Entdek-
kungen im Leben der Menschen mit Gott aufs Papier bannen

konnten. Es war zu einem offenen und ehrlichen Gespräch auf dieser Ebene zwischen uns gekommen.

Doch Lens familiäre Situation machte mich wachsam. Er hatte schon zwei Jahre lang versucht, drei kleine Kinder allein zu erziehen; er war offenbar interessiert daran, eine Frau zu finden, die bereit war, diese Last mit ihm zu teilen. Und ich konnte mich keineswegs in dieser Rolle wiedererkennen.

Dann kam eine Zeit häufiger Anrufe. Als Len mich endlich einlud, für ein Wochenende zu ihm in die kleine Stadt Carmel zu kommen, um seine Kinder kennenzulernen, sagte ich zu meiner eigenen Überraschung zu. Das Wenigste, was ich tun kann, sagte ich zu mir selbst, ist ja, so offen zu sein, daß ich mir zumindest einmal alles ansehe.

Am Freitag nachmittag holte mich Len am La-Guardia-Flughafen in New York ab. Auf der Fahrt nach Carmel erzählte er mir, daß ich diesmal nur seine beiden Söhne kennenlernen würde, den sechsjährigen Chester und den dreijährigen Jeffrey. Die Älteste, die zehnjährige Linda, war in einem Zeltlager. Frau Goutremont, die Haushälterin, würde als Anstandsdame fungieren.

Das Gelände der »Guideposts« in Carmel umfaßte eine Geschäftszentrale, die früher einmal eine Mädchenschule gewesen war, und ein großes, weißes Holzhaus mit acht Zimmern, das ehemals das Wohnhaus des Direktors gewesen war. Jetzt wohnte Len mit seinen Kindern dort, inmitten einer großzügigen Rasenanlage.

Unter einem Ahornbaum war ein Gartentisch gedeckt, offenbar für unser Abendessen. Der winzige Jeffrey kam gleich mit breitem Lächeln und schelmischem Augenzwinkern auf mich zu und umarmte mich. Chesters große, traurige Augen dagegen sahen mich mißtrauisch an, dann hielt er mir, wie versuchsweise, die Hand hin. Während des Essens, das nicht gerade etwas für Feinschmecker war – es gab fettiges, kaltes Brathähnchen, Krautsalat, Kartoffelchips und Wassermelonen –, schien sich Chesters Mißtrauen noch zu vergrößern.

Unvermittelt stieß er mit der Hand einen Papierbecher voll Milch um. Ich rückte schnell zur Seite, damit sich nicht alles über meinen Rock ergoß.

Als Len seinen Sohn scharf zurechtwies, sprang Chester vom

Tisch auf. Und als Len sagte, er sollte sich sofort wieder hinsetzen, warf sich der kleine Junge auf die Erde und bekam einen schlimmen Wutanfall mit Geschrei und Gestrampel.

Mit einer raschen Bewegung schnappte sich Len seinen Sohn, warf ihn wie einen Mehlsack über die Schulter und trug ihn ins Haus. Ein paar Minuten später kam der ärgerliche Vater allein zurück.

»Chester bleibt in seinem Zimmer, bis er bereit ist, sich zu entschuldigen«, erklärte er. »Es scheint so, daß er Fremde nicht mag, bis er sie besser kennengelernt hat. Das ist besonders bei Frauen so.«

Jeffrey hatte sich mittlerweile an mich geschmiegt und war offensichtlich hungrig nach Liebe und Zärtlichkeit. »Na, eine Eroberung habe ich ja wenigstens gemacht«, sagte ich.

»Zwei«, verbesserte mich Len und grinste.

Nach dem Essen kam ein Ehepaar aus der Nachbarschaft vorbei, und wir spielten ein paar Runden Bridge. Ich hatte Mühe, mich gegen drei erfahrene Spieler zu behaupten.

Im Bridge-Spielen bin ich ungefähr so gut wie Len auf seiner Ukulele, dachte ich im stillen.

Dann gingen die Nachbarn wieder, die Kinder schliefen, und Frau Goutremont hatte sich auf ihr Zimmer zurückgezogen. Len schlug vor, daß wir noch einen kleinen Spaziergang machen sollten. Es war eine stille Mondnacht. Plötzlich unterbrach er sein Reden, beugte sich unvermittelt über mich und küßte mich zärtlich. Dann lachte er ein bißchen verlegen.

»Wir stehen genau unter dem Fenster von Frau Goutremont, und ich wette, sie beobachtet uns.«

Ich sah schnell nach oben. Das Fenster war dunkel.

»Wieso wissen Sie das denn?«

»Ich weiß es nicht genau. Aber sie ist sehr, sehr neugierig, was uns beide betrifft.«

»Warum?«

Er antwortete nicht, sondern führte mich auf die andere Seite des Hauses neben den Eingang. Dort standen zwei Gartenstühle, und wir setzten uns hin.

»Das mit Chester tut mir leid«, fing er an.

»Ach, das hat sich schon erledigt. Als Sie in der Küche waren, kam er runter und hat sich auch entschuldigt. Ich glaube, wir werden jetzt doch noch Freunde.« Len seufzte auf. »Dann ist es ja gut. Chester erwartet von mir fast totale Sicherheit. Jeder andere, der uns hier besucht, ist schon eine Bedrohung für ihn. Das muß sich noch ändern.«

Er sprach mit Stolz von seinen Söhnen und seiner Tochter. »Es sind wirklich gute Kinder, und intelligent sind sie auch. Daß sie die letzten Jahre ohne Mutter waren, das war schlimm für sie. Frau Goutremont ist jetzt schon die sechste Haushälterin, die wir seitdem haben.«

Als Len über seine Kinder sprach, konnte ich merken, daß er das richtige Herz eines Vaters hatte, und was ich da sah und hörte, gefiel mir. Er kümmerte sich um andere, war liebevoll, man war gerne mit ihm zusammen, er machte einen reifen Eindruck. Er ging die Probleme ruhig an, so fand ich, er durchdachte die Situationen sorgfältig und handelte mit Überlegung.

Als ich ungefähr an diesem Punkt in meinen schmeichelhaften Gedanken über Len war, unterbrach er meine Überlegungen ganz plötzlich. Er redete gerade von seinen Träumen für die Zukunft, und dabei hörte ich ihn plötzlich sagen: ». . . und dann sehe ich uns zwei zusammen.«

»Wie bitte? Wie sehen Sie uns?« fragte ich überrascht. Trotz des schwachen Mondlichts konnte ich sehen, daß auch Len erschrokken aussah. »Das hatte ich eigentlich gar nicht sagen wollen.« Er machte eine Pause und schien innerlich mit sich zu kämpfen. »Ich merke, daß ich Dinge sagen möchte, die Ihnen wahrscheinlich sehr impulsiv vorkommen. Irgendwie muß ich das aber, ich sehe uns wirklich beide zusammen, Catherine. Da spielt noch irgend etwas Übernatürliches mit, das ich selbst noch nicht ganz verstehe.«

Er unterbrach sich wieder und schüttelte den Kopf mit einem fast benommenen Ausdruck. »Mir ging es vor ein paar Monaten furchtbar schlecht. Ich sagte Gott, daß ich allein nicht mehr weiterkönnte, und schrie ihn förmlich um Hilfe an. Und gleich nach diesem Gebet fiel mir plötzlich Ihr Name ein, Catherine. Das mußte Gott bewirkt haben.«

»Woraus schließen Sie das?« forschte ich nach. »Ich meine, muß das unbedingt so sein?«

»Ja, von mir aus wäre ich nie darauf gekommen, daß Sie – nun ja, daß Sie mein Typ wären.«

»Alles was Sie von mir wußten, kam aus dem Buch über Peter Marshall, nicht wahr?«

Len nickte. »Ja, das stimmt eigentlich. Und welcher Mann will schon nach einem berühmten schottischen Prediger die zweite Geige spielen? Sie müssen ja zugeben, daß das Buch ›Ein Mann namens Peter‹ eine der größten Liebesgeschichten in unserer Zeit war.«

Er machte eine Pause und rang um die richtigen Worte. »Offen gestanden dachte ich, Sie wären zu vergeistigt und zu fromm, um auch als Frau auf dieser Erde gut zu sein. Aber der Herr schien mir klarmachen zu wollen, daß ich das nur von Ihnen glaubte, daß ich das aber nie behaupten könnte, bevor ich es nicht selbst untersucht hätte. Und das wollte ich tun. Das erste Essen, zu dem ich Sie damals eingeladen habe, war nur der Versuch, mehr von Ihnen kennenzulernen als den professionellen Lack. An dem Tag bin ich nicht sehr weit gekommen. Und es waren nur die paar Sätze, die wir zum Thema Heiliger Geist gewechselt haben, die mich daran hinderten, die ganze Sache einfach wieder zu vergessen.«

Er streckte seine Hand aus und nahm meine. »Alle meine Vorurteile verflogen an dem Tag, an dem wir die Skyline-Autobahn entlangfuhren. Als ich am nächsten Tag wieder nach New York zurückfuhr, da dankte ich auf dem ganzen Weg Gott. Ich bin überzeugt, daß er uns zusammengebracht hat und daß wir richtig zueinander passen.«

Es entstand eine lange Pause. »Aber ich hatte eigentlich gar nicht die Absicht, das gleich alles so zu erzählen«, sagte er dann. »Normalerweise gehe ich die Dinge eher vorsichtig an und falle nicht gleich mit der Tür ins Haus.«

Endlich fand ich meine Stimme wieder. »Len, Sie setzen mich in Erstaunen. Jetzt sehen wir uns erst zum zweiten Mal. Wie können Sie schon so schnell so sicher über uns beide sein? Merken Sie denn nicht, daß Sie mit dem, was Sie eben gesagt haben, sich selbst in eine ganz verwundbare Position gebracht haben? Warum bringen Sie sich ganz bewußt in so eine Lage?«

»Ich habe es ja schon gesagt – eigentlich wollte ich gar nicht davon reden. Vielleicht ist es auch der tiefe Wunsch, daß ich mit Ihnen ganz ehrlich sein will.«

»Das weiß ich auch zu schätzen, und das will ich auch mit Ihnen sein. Aber Len, für mich ist es einfach zu früh, um sicher zu sein. Sie sind zu schnell für mich.«

Erst später erkannte ich, daß Len gerade dadurch, daß er so gesprochen hatte, wie ihm gerade zumute war, anstatt sich an das übliche kultivierte Spiel der Annäherung zu halten, unwissentlich den direktesten Weg zu meinem Herzen gefunden hatte. Ich fühlte, daß ich Zärtlichkeit für ihn empfand.

Nachdem ich nur wenige Tage wieder in Washington war, rief Len schon wieder an. Er wollte, daß ich am ersten Septemberwochenende mit ihm nach Christmas Cove fahren sollte, um seine Eltern kennenzulernen.

Wieder flog ich nach New York, wo Len mich am Flughafen abholte. Am Beginn unserer sechsstündigen Autofahrt nach Christmas Cove in Maine gab er mir eine Einführung in bezug auf seine Eltern. Sein Vater war sieben Jahre lang ein methodistischer Prediger gewesen, dann war er in den Lehrberuf gegangen. Jetzt war er Dekan der Kommunikationsfakultät an der Universität von Boston. Seine Mutter hatte ihn und seine Schwester Patricia großgezogen und war dabei sehr rührig in sozialer Hinsicht gewesen, in Frauenklubs und kirchlichen Organisationen.

Eine Zeitlang hatten Lens Eltern ausgedehnte Auslandsreisen unternommen und nur den Sommer in Maine verbracht. Aus Europa brachte seine Mutter immer interessante kleine Dinge mit für ihren »St.-Nikolaus-Laden«, den sie vor einigen Jahren eröffnet hatte. Er war für die Sommergäste in der Gegend von Christmas Cove immer eine große Attraktion.

»Mutter nimmt es sehr wichtig, daß ich dich jetzt mit nach Maine bringe«, sagte Len etwas zögernd. »Sie möchte dich am liebsten mit Hunderten von Leuten zusammenbringen. Aber ich habe ihr schon gesagt, daß wir allein sein und uns in Ruhe unterhalten wollen.«

Len mußte wohl ein ungewöhnlicher Mann sein, so dachte ich, wenn er einer von gesellschaftlichen Empfängen so begeisterten Mutter eine Absage erteilen konnte.

Schließlich kamen wir an dem mit grauen Schindeln verkleideten Landhaus der LeSourds in South Bristol an. Die kräftige, salzige Meerluft weckte wehmütige Erinnerungen in mir an »Waverley«, unser Landhaus in Cape Cod. Lens Eltern begrüßten mich herzlich. Der Konflikt zwischen ihm und seiner Mutter kam aber fast sofort an die Oberfläche.

»Ich weiß ja, daß du gesagt hast, ihr wolltet keine großen Feste, Leonard«, fing sie gleich an, als wir das Auto ausgepackt hatten. »Aber Frau Stuart wollte uns alle unbedingt zu einem Hummeressen morgen abend einladen. Leonard, ich konnte ihr einfach unmöglich absagen.«

»Das tut mir leid, daß du das nicht getan hast, Mutter«, erwiderte Len ganz ruhig. »Dann mußt du eben Frau Stuart sagen, daß wir schon etwas anderes vorhaben. Morgen abend wollen Catherine und ich nach Boothbay rüberfahren.«

»Aber Leonard, nach Boothbay könnt ihr doch genausogut noch Sonntag abend fahren.«

Len schüttelte den Kopf. »Wir fahren morgen abend nach Boothbay, Mutter. Ich erkläre das Frau Stuart auch gern selbst, wenn du willst. Und jetzt bitte keine neuen Überraschungen mehr!«

Seine Mutter protestierte noch ein bißchen, aber es hatte keinen Zweck mehr. Dann schluckte sie ihre Enttäuschung so gut es ging hinunter und machte keine weiteren Versuche mehr, uns in sozialer Hinsicht festzunageln.

Len blieb standhaft, sehr zu meiner Erleichterung. Das Letzte, was ich wollte, war ein Mann, der sich von seiner Mutter herumkommandieren ließ. Er blieb bei seinen Plänen, daß wir beide allein sein wollten, uns in der Sonne ausruhen und miteinander reden wollten. Am nächsten Morgen fingen wir damit an, als wir auf den Felsen von Memaquid Point saßen. Um drei Uhr nachmittags wurde uns plötzlich klar, daß wir das Mittagessen ganz vergessen hatten und viel zu lange in der Sonne gesessen hatten. Meine Beine waren krebsrot vom Sonnenbrand.

In den folgenden drei Tagen spielte sich die fast pausenlose Unterhaltung an schattigeren Plätzen ab. Obwohl Len eigentlich von seiner Art her ein entspannter, ausgeglichener Mensch war, konnte er doch auch sehr entschlossen sein.

»Wir sind Erwachsene in den besten Jahren, Catherine«, sagte er dringlich. »Wir haben einen Reifegrad erreicht, von dem aus man Entscheidungen schneller als früher treffen kann. Ich habe das sichere Gefühl, daß der Herr uns zusammengeführt hat. Er hat mir eine Liebe zu dir geschenkt, die mich richtig überwältigt, und ich bin bereit und warte darauf, dich so schnell wie möglich zu heiraten.«

»Len, es ist möglich, daß du dein Wort von Gott bekommen hast«, antwortete ich. »Aber er hat mit mir noch nicht geredet. Ich glaube schon, daß ich in dich verliebt bin, aber ich kann jetzt noch keine Entscheidung treffen, ob ich dich auch heiraten soll. Hab doch noch Geduld mit mir.«

Als ich danach wieder in Washington war, waren alle meine Gefühle in Aufruhr. Ich stand vor der entscheidenden Frage: Sollte ich den Rest meines Lebens allein bleiben und mich nur meiner schriftstellerischen Karriere widmen – oder schloß mein neues Leben auch eine neue Ehe mit ein?

Wenn ich Len heiratete, bedeutete das, daß ich in die Gegend von New York ziehen müßte, weil er dort arbeitete. Das würde auch heißen, daß ich mein unvollendetes Traumhaus verkaufen müßte. Ich müßte Washington verlassen, alle meine Freunde, Verwandte und mehr als zwanzig Jahre Erinnerungen.

Eines Morgens stellte mir die ruhige, kleine Stimme in mir einige forschende Fragen:

»Du tust recht daran, wenn du dir genau ansiehst, welche größeren Veränderungen mit einer zweiten Heirat verbunden wären. Gibt es nicht manche Gebiete in deinem Leben, in denen sich eine Erstarrung einschleicht? Hast du nie daran gedacht, daß mein Weg so aussehen könnte, daß ich dir nicht nur einen Mann schicke, der deine eigenen Bedürfnisse stillt nach Liebe und Zärtlichkeit, sondern der auch selbst große Bedürfnisse hat?«

Als ich darüber nachdachte, erkannte ich, daß bei einer ersten Eheschließung in jungen Jahren normalerweise die Liebe überschwenglich ist und alles andere beherrscht. Erst später, wenn man schon mitten in der Ehe steckt, werden die Verpflichtung füreinander und die Verantwortung, die man auf sich genommen hat, genauso wichtig wie die Liebe zueinander. Wenn das nicht der Fall ist, hat die Ehe keine Chance, zu bestehen.

Aber bei einer zweiten Heirat, wenn wir schon älter sind, wird die Verpflichtung von Anfang an großgeschrieben.

Die Frage war nun, ob ich bereit war für so viele Pflichten und Aufgaben, nicht nur was einen Ehemann betraf, sondern auch drei Kinder. Ein Teil von mir war aufgeregt, bewegt und freute sich darauf; aber ein anderer Teil wollte nur vor allem davonlaufen. Jetzt fing ich an, fast verzweifelt um Hilfe und Führung zu beten.

Als Len nach Washington kam, um meine Familie und meine Freunde kennenzulernen, begegnete ihm Peter zuerst recht mißtrauisch. Aber bald konnte ich sehen, daß Lens erstaunliche Kenntnisse auf sportlichem Gebiet bei ihm einen Eindruck hinterließen.

Len und ich aßen zusammen mit meiner Schwester Em und ihrem Mann Harlow und ihren zwei Töchtern Lynn und Winifred. Dann trafen wir uns auch mit meinem Bruder Bob, seiner Frau Mary und ihren drei Kindern Bobby, Mary Margaret und Johnny. Es war eine schwierige Zeit für Len, denn er wurde ganz intensiv unter die Lupe genommen. Doch ich mochte die Art, wie er sich gab, er machte keinen Versuch, jemanden zu beeindrucken, und bemühte sich auch nicht besonders, von allen akzeptiert zu werden.

Dann reisten wir noch ein paarmal hin und her. Ich mußte Linda, seine zehnjährige Tochter, noch kennenlernen und mit Norman und Ruth Peale sprechen, die alte Freunde von mir und noch ältere Freunde von der Familie LeSourd waren. Die »Guideposts«, die Zeitschrift, für die Len arbeitete, hatten die Peales damals gegründet. Norman und Ruth bestätigten alles, was ich schon von Len gehört hatte, er wäre ein begabter Herausgeber, ein liebevoller Vater, ein Mann, der sich ernsthaft um seinen Glauben bemüht.

Die Zeit war gekommen, ich fühlte es. Es war Zeit, mich zu entscheiden.

Ich flog wieder von New York nach Washington zurück. Als ich in dem heißen, stickigen Flugzeug saß und auf den Start wartete, flatterten Vogelschwärme am Rand der Startbahn auf und nieder. Die sind genauso wie meine schwirrenden, verwirrten Gedanken, dachte ich.

Dann hörte man die Stimme des Piloten über den Lautsprecher: »Es tut mir leid, meine Damen und Herren, aber wir haben eine Verspätung. Heute morgen geht hier am Flugplatz alles ein bißchen durcheinander. Jetzt sind aber nur noch vier Flugzeuge vor uns dran, ich denke, es dauert noch etwa eine Viertelstunde.«

Eine Viertelstunde also. Ich wußte es noch nicht, aber inmitten dieser fünfzehn Minuten Wartezeit sollte ein Moment der Erkenntnis kommen, der den Rest meines Lebens entscheiden würde.

Als ich da angeschnallt in meinem Sitz saß, wurde mir plötzlich etwas klar: Bisher hatte ich gedacht, daß ich mich wieder nach Liebe gesehnt hatte. Aber jetzt, wo ich der Liebe unmittelbar gegenüberstand, hatte ich Angst. Warum wollte ich vor allem davonlaufen? Was wollte mein Herz mir damit eigentlich sagen? Könnte es deshalb sein, weil diese Liebe nicht genau nach den Angaben meiner Träume zurechtgeschneidert war? Len bat mich, nicht nur ihn zu lieben, sondern auch mit der Kindererziehung wieder ganz von vorn zu beginnen. Drei kleine Kinder, und das in meinem Alter! »Herr, du sagst mir doch immer genau das, was du denkst. Was soll ich bloß tun?«

Als ich auf seine Antwort lauschte, gingen meine Gedanken die Eigenschaften durch, die ich mir von dem Mann erträumt hatte, den ich einmal heiraten wollte. Grundlegende Charakterhaltungen waren mit entscheidend wichtig; andere, mehr äußerliche Dinge, nur am Rande, wie z.B., ob er an Gartenarbeit Freude hatte oder handwerklich geschickt war, oder ob er auch meine Lieblingsautoren, Symphonien, Violin- und Klavierkonzerte gern hatte. Auf solche Dinge hatte ich nie gewagt, besonderen Wert zu legen. Dieser Mann würde wie alle Männer auch Schwächen und Fehler haben, genauso wie wir Frauen auch. Sicherlich sind es gerade diese menschlichen Unvollkommenheiten, die das Zusammenleben – besonders in der engen Verbindung der Ehe – mühevoll und schwer machen, so daß es manchmal auch weh tut.

In der Vergangenheit waren solche Gedanken über einen zweiten Mann nur Allgemeinheiten gewesen. »Jetzt aber, Herr«, dachte ich, »muß ich sie auf den besonderen Mann anwenden, der mich gebeten hat, ihn zu heiraten. Len verspricht mir Liebe, die meiner Einsamkeit ein Ende setzt. Ich muß ihm eine Antwort geben.«

Mit Sehnsucht dachte ich an das neue Haus, das dort in Washington für mich gebaut wurde und nun fast fertig war. Gleich neben meinem Schlafzimmer, abgetrennt vom übrigen Haus und eine Stufe tiefer gelegen, sollte das Zimmer sein, in dem ich ungestört schreiben könnte. Es wäre so etwas wie mein Heiligtum. Nur sehr widerwillig gab ich das alles auf. Und doch, in diesem Haus würde ich allein leben, außer in den kurzen Ferienzeiten, wenn mein Sohn Peter John von der Yale-Universität einmal nach Hause kam.

Zwei Wege lagen vor mir, und ich stand an der Kreuzung. In dem Haus, das dort gebaut wurde, könnte ich noch viele Bücher und Artikel schreiben. Da würde ich ein abgeschirmtes Leben führen können – ja, aber wahrscheinlich auch ein einsames.

Wenn ich den anderen Weg wählte, dann würde ich direkt in ein turbulentes Leben geworfen werden. Das bedeutete, für Jeffrey eine Mutter zu sein, für diesen kleinen dreijährigen Schelm, auch für Chester mit seinen riesengroßen braunen Augen und seiner Leidenschaft für Baseball, und für Linda, die bald schon in der Pubertät war. Ich hatte doch gar keine Erfahrung darin, wie man eine Tochter erzieht! Ich würde schwer zu kämpfen haben, um überhaupt Zeit zum Schreiben zu finden. Und jemand anders würde sich an meinem wunderschönen Arbeitszimmer in Washington erfreuen.

Meine Gedanken wandten sich wieder Gott zu: »Herr, übertreibst du es nicht ein bißchen? Vor einiger Zeit habe ich dir gesagt, daß ich wieder bereit wäre, in den Lebensstrom zurückzukehren, aber mußte es gleich so viel Leben sein? Und wo ich doch gedacht habe, ich hätte jetzt nichts mehr damit zu tun, Kinder großzuziehen? Ich verstehe es nicht, ganz und gar nicht . . .«

Ich bekam keine sofortige Antwort, alles in mir waren nur ungeordnete Gedanken und Fragezeichen.

Dann fiel mir eine Predigt von Peter Marshall wieder ein, die den bezeichnenden Titel trug: »Beten ist etwas Gefährliches.« Mit einer unerwarteten Klarheit, standen mir plötzlich mehrere Sätze vor Augen:

»Vielleicht haben Sie schon darüber nachgedacht, in welcher Weise das Beten wohl gefährlich sein könnte. Nun, es ist wirklich gefährlich, um etwas zu bitten, wenn man nicht wirklich und wahrhaftig meint, was man sagt. Gott könnte einen ja auf die Probe stellen und einen beim Wort nehmen! Außerdem kann Gott vielleicht auch von dem, der ihn um etwas bittet, etwas verlangen. Die Erhörung unseres Gebets kann auch eine echte Anstrengung mit einschließen, vielleicht sogar auch einige Opfer. Gottes Methode bei fast jeder Gebetserhörung geht nach dem Motto ›Zieht nur hinein ins Rote Meer, dann wird es sich teilen‹ oder ›Marschiert nur auf die Mauern zu, dann werden sie schon umfallen‹. Man braucht Glauben für ein solches Wagnis und auch Mut. Aus diesem Grunde können manche Gebete gefährlich sein.«

So hatte ich also um eine zweite Ehe gebetet, und es hatte sich herausgestellt, daß dies eines der gefährlichen Gebete gewesen war, die Peter so gut gekannt hatte. Ich wurde jetzt wirklich auf die Probe gestellt, ob ich es ernstgemeint hätte.

Ich holte tief Atem, denn ich fühlte, wie entscheidend wichtig dieser Moment war. Dieses Gefühl hatte ich schon vorher gehabt. Es hatte nichts zu tun mit einer überirdischen Inspiration, die viele Leute mit dem Beten und mit Gott verbinden. Es war auch keine Vision fern in einer rosafarbenen Wolke. Es war eher so, als ob einem jemand mit einem nassen Waschlappen ins Gesicht fährt. Oder als ob man recht unsanft auf den Boden gestellt wird und in scharfem Ton angewiesen wird, sich doch gefälligst wie ein erwachsener Mensch zu benehmen.

Plötzlich war mir die Wahl, vor die Gott mich stellte, ganz klar. Wenn ich »ja« sagte, hieß das Veränderung und ganzes Mit-Einbezogensein. Und doch sah ich, wenn ich die andere Straße wählte, würde ich mich vom Hauptstrom des Lebens abkehren. Der Weg würde bequem sein, aber er würde mich immer weiter von anderen Menschen entfernen. Und das könnte auch bedeuten, daß ich mich langsam und sachte von der Person in mir entfernte, die der

Geist Gottes die ganze Zeit über geformt, gehämmert und gemeißelt hatte, oft unter großen Schmerzen und Entbehrungen.

Jetzt bewegte sich das Flugzeug und gewann schnell an Geschwindigkeit. Wir erhoben uns von der Startbahn und stiegen steil in den Himmel. Die Sonne schien auf die silbernen Schwingen und wurde von kleinen, blitzenden Lichtchen reflektiert.

In diesem Moment wußte ich, was ich zu tun hatte: Ich würde »ja« zum Leben sagen.

Bei den Überlegungen, wo wir nach unserer Hochzeit im November wohnen sollten, einigten Len und ich uns auf die Gegend um Chappaqua im Westchester County. Das war beträchtlich näher am New Yorker Büro der »Guideposts« als Carmel, und so hätte Len täglich weniger weit zu seiner Arbeitsstelle zu fahren.

Obwohl das in unserer Entscheidung keine Rolle spielte, hatte die Gegend doch auch noch zwei Vorteile für mich persönlich: erstens hatte ich schon liebgewordene Mädchenerinnerungen an diese schöne Landschaft aus einem Pfadfinderzeltlager in Briarcliff Manor, wo ich damals einmal neun Wochen verbracht hatte. Außerdem wohnte Edward Kuhn, mein Lektor bei der McGraw-Hill Book Company, der meine Bücher seit dem Buch »Mr. Jones, Meet the Master« veröffentlicht hatte, auch in Chappaqua. Und da die Beziehung zwischen Autor und Lektor sehr eng ist – jedenfalls, wenn man den richtigen Lektor hat –, würde es sicher unser Gespräch erleichtern, wenn wir im selben Dorf wohnten.

Mit erstaunlicher Leichtigkeit fanden wir ein Haus, das genau unseren Vorstellungen und Bedürfnissen entsprach: ein großzügiges, weißes Schindelhaus mit dunkelroten Fensterläden, dreistökkig mit 11 Zimmern, und dazu ein riesiger Garten. Dort würde ich auch einen abgeschiedenen Raum finden können, in dem ich schreiben konnte.

Als wir beide Hand in Hand in diesem Zimmer standen und überlegten, an welcher Wand wir wohl die Bücherregale anbringen sollten, sagte Len:

»Catherine, da sind noch ein paar Dinge, die – ja, die ich dir sagen muß. Ich glaube, daß Gott dir das Schreiben als deine Arbeit in dieser Welt aufgetragen hat. Deswegen ist es wichtig, daß du damit weitermachst.

Und dann noch etwas: Nachdem du so viele Jahre ›Catherine Marshall‹ für das Publikum gewesen bist, wäre es unklug und sogar dumm, wenn du jetzt noch deinen Autorennamen in ›Catherine LeSourd‹ ändern würdest. Ich kenne die Welt der Verlage und Bücher lange genug, so daß das für mich kein Problem ist.«

Ich sah meinen künftigen Ehemann an und war erstaunt und dankbar. Lens Gesichtsausdruck war ernst, aber da war doch ein Augenzwinkern. Er meinte es so, wie er es gesagt hatte, und er verstand mich wirklich.

Am 14. November 1959 wurden wir in der Presbyterianischen Kirche in Leesburg in Virginia getraut. Mein Vater, ein presbyterianischer Pfarrer, Lens Vater, ein methodistischer Geistlicher, und Dr. Norman Vincent Peale, der Pfarrer für uns beide war, hielten den Traugottesdienst gemeinsam. Sie gingen dabei nach der Gottesdienstordnung vor, die Peter Marshall immer verwendet und zum Teil selbst geschrieben hatte.

Linda hatte ganz träumerische Augen, als sie neben Peter John, ihrem neuen, 1 Meter 85 großen Bruder stand. Mein Sohn – das fühlten wir – gab mich heute endgültig frei. Chester schien mittlerweile mit mir einverstanden; Jeffrey, so hatte Len entschieden, war noch zu klein, um beim Gottesdienst dabeizusein, aber er wartete schon sehnsüchtig darauf, seine »neue Mami« wiederzusehen.

Auf dem Rückweg von der Kirche zur Farm erfuhren wir, daß Chester von der Trauung nicht viel mitbekommen hatte. Er hatte zunächst neben seiner Großmutter LeSourd gesessen, aber in einem Augenblick, als sie ganz von der Zeremonie gefangengenommen war, war er leise und heimlich von der Bank heruntergerutscht und so dem Griff seiner Großmutter entwischt. Den Rest des Gottesdienstes hatte er dann damit zugebracht, unter den Bänken entlang nach hinten zum Kirchenausgang zu kriechen, zwischen den Beinen der Gottesdienstbesucher hindurch, und dabei hatte er den Kirchenfußboden mit seiner besten Hose gekehrt. Wir lachten unbeschwert über die Streiche des kleinen Jungen. Aber eigentlich hätte es uns eine Warnung sein müssen für das, was da noch vor uns lag.

11. Zweite Familie

».. . ein Gott, der die Einsamen nach Hause bringt . . .
Ihr Lieben, lasset uns einander lieb haben, denn die Liebe ist von Gott.«   Psalm 68,7; 1. Joh. 4,7

Im Dezember 1959, als Len und ich von unserer Hochzeitsreise zu-
rückkamen, empfand ich es als wunderbar, daß ich wieder ein Zuhause einrichten konnte. Zunächst einmal mußten wir beide unsere Besitztümer zusammenstellen und entscheiden, was wir wei-
terverwenden und was wir aussortieren wollten und welche Dinge
es noch anzuschaffen gab. Die gestalterische Aufgabe, diese Mischung harmonisch zustande zu bringen, war für mich eine Her-
ausforderung und machte mir viel Spaß.

Der Garten reizte mich besonders zum Verschönern. Ein her-
ausragender Granitstein im Vorgarten schrie förmlich danach, Teil
eines Steingartens zu werden. Eine Mauer entlang der ganzen Vor-
derfront des Grundstücks verlangt nach einer immergrünen Be-
pflanzung. Bald schon war ich in Baumschulkataloge und Garten-
bücher vertieft.

Die Kinder sahen das alles fasziniert mit an, Linda war ent-
zückt, daß sie ein eigenes Zimmer bekam und die Farben dafür
und auch andere Einzelheiten selbst aussuchen durfte. Die Jungen
waren froh, daß sie nebenan gleich Spielkameraden gefunden hatten und daß es draußen soviel Platz zum Herumstromern gab.

Aber man braucht mehr als nur ein Haus, so attraktiv es auch
sein mag, und mehr als Besitztümer und einen noch so herrlichen
Garten, um ein wirkliches Zuhause zu schaffen. Denn was ist ein
Zuhause anderes als Menschen – die individuellen Personen in einem Haus, und die Beziehung zwischen ihnen?

Die Szene unseres ersten gemeinsamen Essens als eine neue Familie wird mir für immer im Gedächtnis bleiben. Wir waren zusammen mit Lens Kindern Linda, Chester und Jeffrey um den Eßzimmertisch versammelt. Mein Sohn Peter war zu der Zeit in Yale.

Ich hatte mit viel Liebe ein Essen zubereitet, von dem ich an-
nahm, daß es den Kindern schmecken würde: Hackbraten, über-
backene Kartoffeln, Broccoli und einen grünen Salat. Lens Gesicht
strahlte vor Glück, als er das Tischgebet sprach.

Aber als dann Chesters große braune Augen das Essen betrach-
teten, das er da auf seinem Teller vorfand, schnitt er eine Grimas-

se, sprang plötzlich vom Tisch auf, rannte nach oben und knallte die Schlafzimmertür hinter sich ins Schloß.

»Laß ihn, Catherine«, sagte Len. Als er dann mein niederge-schlagenes Gesicht sah, erklärte er reumütig: »Ich fürchte, ich habe meine Kinder ziemlich einseitig ernährt. Meistens gab es nur Hamburger, Hot Dogs oder Brathähnchen von irgendeinem Schnellrestaurant.«

Len ging nach oben, um Chester zu überreden, doch wieder an den Tisch zu kommen. Er fand ihn im Bett, die Decke über den Kopf gezogen und hin und her schaukelnd. Als er weinend sagte, er wollte nicht wieder mit herunterkommen, befahl Len ihm streng, er solle sich ausziehen und schlafen gehen. Dann gäbe es eben kein Abendessen für ihn. Ich war entsetzt bei dem Gedanken, daß Chester hungrig ins Bett gehen müßte. Das Essen war für uns alle verdorben.

Wenn Len und ich nur gewußt hätten, daß dieser Auftritt nur ein Vorzeichen war für das, was noch kommen sollte! Auch Lindas Widerstand gegen ihre Stiefmutter kam noch am selben Abend zutage, als sie sich weigerte, auf dem kalten Holzfußboden Haus-schuhe anzuziehen. Sie bestand darauf, daß sie zu Hause immer barfuß gelaufen wäre. Ich verstand nur zu gut, was es wohl bedeu-ten mußte, wenn man bisher das einzige weibliche Wesen in der Familie gewesen war. Jetzt mußte sie plötzlich mit mir um die Auf-merksamkeit und Zuneigung von Len wetteifern.

Die zwei Jungen wollten gern in einem Zimmer schlafen, und doch stritten sie sich dauernd. Als sie an diesem Abend auch wieder anfingen, sich zu zanken, nachdem das Licht schon aus war, schickte Len Jeff endgültig in ein anderes Zimmer. Der kleine Kerl weinte sich in den Schlaf.

An diesem Abend saß ich im Bett, ein Kissen im Rücken, und las. Meine Aufmerksamkeit wanderte zwischen dem Buch über Kinderpsychologie und unseren tatsächlichen Problemen hin und her. »Geschwisterrivalität« nannte das der wissenschaftliche Au-tor. »Eltern, bleiben Sie ganz ruhig und lassen Sie sich nicht irritie-ren«, lautete sein Rat. »Das passiert in jeder Familie. Denken Sie immer daran, auch das wird vorübergehen.«

Ja, natürlich, dachte ich aufgebracht. Aber bis dahin sind die Eltern krank und schwach und für ihr Leben geschädigt! Ich konnte es deutlich vor mir sehen: der Kinderpsychologe saß mit seiner Brille vor der Schreibmaschine in seinem kreisrunden Büro, die Tür war sorgfältig gegen alle »Geschwister« jeden Alters verriegelt, und er tippte fröhlich seine heiteren Worte der Weisheit für uns geplagte Eltern, die in den Schwierigkeiten mitten drinsaßen.

Später am selben Abend, als Len und ich völlig erschöpft eingeschlafen waren, weckte uns das schrille Klingeln des Telefons. Es war Peter.

»Mama, sie haben mich angehalten, weil ich auf der Merritt-Parkway-Autobahn zu schnell gefahren bin. Ich rufe jetzt von der Polizeistation an.«

Wir einigten uns darauf, daß wir telegrafisch Geld für die Bezahlung der Buße schicken würden, damit Peter wieder freigelassen werden konnte.

Doch all diese Schwierigkeiten waren nur oberflächliche Symptome, sozusagen die Spitze eines Eisberges von Problemen. Tag für Tag kamen neue Schwierigkeiten dazu in bezug auf unsere weitere Familie, Lens und meine Eltern, andere Verwandte. Dazu kam noch das gefühlsmäßige Trauma der Kinder nach sechs Haushälterinnen im Zeitraum von zwei Jahren. Sogar Peter litt noch immer unter dem Verlust, dem Schock und der Einsamkeit infolge des Todes seines Vaters, der nun schon zehn Jahre zurücklag.

Wie fügt man Familien wieder zusammen, die durch Tod oder Scheidung auseinandergebrochen sind? Wie kann überhaupt eine Gruppe von Individuen mit ganz verschiedenem Hintergrund, von verschiedenem Alter und verschiedenen Lebenserfahrungen jemals zu einer Familie werden? Ich hatte keine Antwort darauf, aber ich kannte Einen, der die Antwort wußte.

Ich begann, jeden Morgen in der Dämmerung aus dem Schlafzimmer zu schleichen, wenn die Kinder noch schliefen, um einen Moment der Stille zu haben, in dem ich die Dinge mit Gott durchsprechen und beten konnte, die Bibel lesen und in mein Tagebuch schreiben konnte, das immer zur Hand war. Zum Beispiel:

»Unser allererster Schritt bei der Lösung von Familienproblemen muß ganz bestimmt sein, daß wir unsere besonderen

Schwierigkeiten als Gottes Schule ansehen, in der er uns seine Wahrheiten beibringen will und unermeßliche Reichtümer seiner Herrlichkeit in unser Leben kommen lassen will, wenn wir ihn nur machen lassen. Er muß auf dem ganzen Weg unser Lehrer bleiben. Von uns ist nur gefordert, daß wir offen und bereit sind wie ein eifriger Schüler und daß wir uns tagtäglich die Zeit nehmen, all unsere praktischen Fragen Gott vorzulegen.«

In diesen Zeiten der Besinnung am frühen Morgen dämmerte mir auch eine Erkenntnis, der ich mich bis dahin noch nicht zu stellen gewagt hatte: Len war einer der Männer, die das Gefühl haben, daß ihre Frau »geistlicher« ist als sie, irgendwie mehr vom Christlichen versteht. Len betonte gern, daß ich mich im Beten besser ausdrücken könne als er. Daher ging er davon aus, daß ich mich um die geistlichen Dinge in unserer Familie kümmern würde, während er zum Beispiel die Bestrafung der Kinder, die Finanzen und ähnliche Dinge in die Hand nehmen wollte.

Ich wußte schon aus manchen Briefen, wie viele Frauen es gibt, die es schwierig finden, mit ihrem Mann über irgend etwas zu reden, was mit dem Glauben zu tun hat, ganz zu schweigen vom gemeinsamen Beten. Wie konnte ich Len klar machen, daß das »Geistliche« genauso in seiner Verantwortung lag wie in meiner?

Irgendwie verstand ich, daß das ständige Herumnörgeln am Ehemann bestimmt nichts Gutes bewirken würde. Meine Entscheidung war, daß ich Morgen für Morgen mit meiner Stillen Zeit weitermachen sollte, ohne ein Wort darüber zu verlieren, daß ich es aber anderseits ablehnen sollte, die geistliche Verantwortung für unsere Familie allein zu übernehmen. Ich fühlte die Zuversicht, daß Gott dann die Sache schon in die Hand nehmen würde.

Inzwischen hatte ich diese Zeit am Morgen mit Gott auch bitter nötig! Ich war aus der Hauptstadt Washington in eine typische Vorstadt verpflanzt worden. Chappaqua war und ist auch heute noch eine weit ausgedehnte Kleinstadt, die man »das Schlafzimmer von New York« nannte. An jedem Wochentag fuhren Len und die meisten anderen Männer aus Chappaqua mit dem frühen Morgenzug in die Stadt zur Arbeit und kamen erst abends um viertel vor sieben oder noch später zurück. Während dieser langen

Tage trugen die Frauen alle Verantwortung für die Familie, einschließlich schier endloser Fahrten, wenn die Kinder irgendwohin gebracht werden mußten.

Ein typischer Morgen sah bei uns etwa so aus: Ein lauter Schrei aus dem Jungenschlafzimmer ließ mich im Laufschritt nach oben rennen. Chester rieb sich das Bein. »Jeff hat mich gebissen!« sagte er und verzog das Gesicht. Es waren wirklich die Spuren von Zähnen auf seinem Bein zu erkennen.

»Also, dafür wirst du noch bestraft werden«, wandte ich mich streng an Jeffrey.

»Aber Chester hat mich ja zuerst getreten. Willst du sehen wohin?«

Ich wollte es gar nicht sehen, aber Jeff zeigte es mir doch.

In diesem Moment erschien Linda im Flur, noch im Nachthemd und mit einem benommenen, verschlafenen Ausdruck im Gesicht, natürlich barfuß.

»Linda, der Fußboden ist kalt, zieh doch bitte deine Pantoffeln an.«

»Kann ich nicht, Mama. Ich krieg die Füße nicht rein. Die sind bei der Wäsche eingelaufen.«

Offenbar sollte dies mal wieder ein ganz besonders ereignisreicher Morgen werden. Ich ging in die Küche, um das Frühstück vorzubereiten und Chesters Schulbrote zu machen. Doch es zeigte sich, daß ich am Abend vorher meine Hausarbeit nicht erledigt hatte: Es war nämlich sehr nötig, die Brotbüchse erst einmal zu leeren, bevor man ein Brot hineintun konnte – ich zog zwei Pakkungen Kaugummi heraus, drei Steine, einen Stapel abgegriffener Quartettkarten und einen Brief von Chesters Lehrer, den er wohl abzuliefern vergessen hatte.

Dann klingelte es an der Tür. Ein Junge brachte einen Eilbrief. Danach klingelte das Telefon. Chester verkleckerte Marmelade auf seine frisch gebügelte Schulhose und mußte sich noch einmal umziehen. Peter, der zwischen zwei Semestern auch zu Hause war, rief von oben, daß er in New York einen Zahnarzttermin hätte und daß er nirgendwo eine saubere Unterhose finden könne. Linda und Chester rannten zum Bus, die Tür knallte hinter ihnen zu. Durch das Fenster konnte ich sehen, daß sie es gerade noch schafften. Ich drehte mich um und goß mir eine zweite Tasse Kaffee ein, und da sah ich auf dem Küchenschrank die Brotbüchse von Chester stehen. Da galt es wieder einmal eine Fahrt zu machen, die eigentlich völlig unnötig war!

Ich sank in den nächsten Sessel und hatte jetzt die Tasse Kaffee sehr nötig. Als ich sie langsam schlürfte, versuchte ich, wieder etwas zu Ruhe und Überblick zu kommen. In Gedanken begann ich mit Gott zu reden:

Herr, was hat das alles zu bedeuten? Als du die Menschen in Familien zusammengesetzt hast, was hast du dir da eigentlich dabei gedacht?

Ohne daß ich es wollte, konnte ich trotz allem eine Prise Humor in der Einsicht erkennen, die ich am Tag zuvor in meiner Stillen Zeit bekommen hatte. Gott benutzt wirklich die Probleme in einer Familie als seine Schule.

Herr, ob das nicht einer von deinen heimlichen Tricks ist? Ich meine, daß du uns damit durch Hämmern, Meißeln und Umformen zu den Menschen machst, die du eigentlich haben willst? Aber du hast auch gesagt, daß dir der Geduldsfaden mit uns nie reißen wird, stimmt's?

Meine Gedanken gingen noch weiter. Tag für Tag erkannte ich ein kleines Stück davon, was der Schöpfer sich wohl dabei gedacht haben muß, als er es so einrichtete, daß wir als hilflose kleine Kinder in eine Familie hineingeboren werden, daß wir auf die Fürsorge liebender Eltern angewiesen sind und daß von ihnen wiederum verlangt wird, daß sie sich ganz für ihre Kinder zur Verfügung stellen. So ist die Familie also wirklich ein Übungsfeld für das spätere Leben, ein wirklicher Mikrokosmos der Welt, die sich außerhalb abspielt und in der immer ein Mensch mit dem anderen auskommen muß: die Schüler untereinander und mit dem Lehrer, die Angestellten mit den Chefs, die Betriebsleitung mit den Arbeitskräften, ein Staat mit dem anderen.

Aber wie lernen wir Geduld, Toleranz und Vergebung untereinander? Wie lernen wir es, ruhig zu bleiben und nicht aus der Haut zu fahren? Wie anders, als indem wir ganz nah in der Einheit der Familie zusammenleben, selbst dann, wenn es Beißen und Treten im Kinderzimmer gibt und sich oft genug verschiedene Interessen und Personen im Prozeß des Miteinanderlebens aneinander reiben.

Ich lernte auch, daß die meisten von uns gar nicht so realistisch sind wie unser Gott. Wir beschäftigen uns gern mit hochfliegenden theologischen Abstraktionen. Er aber beschäftigt sich mit den Lilien auf dem Feld, mit dem Sauerteig im Brot der Hausfrau, mit den Flicken auf einem alten Kleid und mit der Heilung von Großmutters Arthritis. So gesehen sieht es ihm ähnlich, daß er sich einen solchen Plan ausgedacht hat: Wir müssen auf dem Weg in unsere himmlische Heimat erst durch die Tretmühle des alltäglichen Lebens in der Familie hindurch.

Mir fiel auch ein, daß Jesus selbst in seiner Zeit auf unserer Erde sich mit mindestens sechs anderen Geschwistern in einem bescheidenen Haus in Nazareth zurechtfinden mußte. Was für ein Trost liegt darin, wenn man weiß, daß er erfahren hat, wie es in Familien zugeht! Er kann mitfühlen und steht abwartend da, um uns mit seiner Weisheit und Hilfe zur Verfügung zu stehen.

Als die Zeit verstrich, wurde Len allmählich neugierig. Er wollte wissen, warum ich morgens immer so früh aufstand.

»Was machst du da eigentlich jeden Morgen?« fragte er mich eines Tages.

»Ich suche nach Gottes Antworten für meinen Tag. Ich weiß, daß er sie hat, aber ich muß ihn auch darum bitten und ihm dann die Möglichkeit geben, mir seine Sicht und seine praktischen Hilfen aufzuzeigen. Siehst du, wenn ich mir die Zeit dafür nicht gleich zu Anfang des Tages nehme, dann wird Gott später einfach an den Rand gedrängt.«

»Das wäre ja für mich auch ganz gut«, meinte Len. »Schließlich haben wir beide ja dasselbe Ziel. Können wir nicht den Wecker von jetzt an eine halbe Stunde früher stellen, damit wir noch zusammen beten können, bevor der Tag anfängt?«

So fing ein Experiment an, das unser ganzes Leben mit der Zeit veränderte. Am nächsten Tag fand ich in einem Haushaltswarengeschäft eine Zeitschaltuhr, die mit einer kleinen Kaffeemaschine für vier Tassen kombiniert war. Am Abend bereitete ich das Kaffeetablett vor und trug es ins Schlafzimmer, und am nächsten

Morgen wurden wir durch angenehmen Kaffeeduft geweckt und nicht durch das schrille Klingeln eines Weckers ...

Wir tranken unseren Kaffee, und dann fing ich an, eine Stelle aus dem Philipperbrief vorzulesen. Aber Len wollte gleich mit dem Beten beginnen.

»Fang du mal an«, sagte er noch schläftig.

»Aber wie sollen wir darum beten, daß Linda z.B. neuen Mut zum Lernen bekommt?« erwiderte ich.

Damit fing ein Gespräch an, und es wurde so intensiv, daß die Zeit im Nu um war, bevor wir zum eigentlichen Beten gekommen waren.

Nachdem es ein paar Tage lang so gegangen war, meinte Len auch, daß wir einfach mehr Zeit brauchten. Also wurde unsere Aufwachzeit von halb sieben auf sechs Uhr verschoben, und Disziplin am Morgen bedeutete dann auch, daß wir abends früher ins Bett gehen mußten. Es war einfach eine Frage, was uns wichtiger war. Die Zeit, die wir am Morgen zusammen hatten, entwickelte sich bald aus einem Experiment zu einem gemeinsamen Abenteuer in bezug aufs Beten.

Mittlerweile hatte Len, der die Dinge immer ganz systematisch anging, sich ein braunes Notizbuch mit losen Blättern gekauft, und er fing an, unsere Gebetsanliegen aufzuschreiben und sie nach Datum zu ordnen. Wenn die Antworten darauf eintrafen, dann wurden sie auch notiert, ebenso mit Datumsangabe, und so wurde festgehalten, wie Gott einer ganz konkreten Not von uns begegnet war. Sehr schnell entwickelte sich das Notizbuch zu einem regelrechten Gebetstagebuch.

Als Mann und Frau hatten wir so eine großartige Möglichkeit des gemeinsamen Gesprächs gefunden. Abends, so hatten wir schon festgestellt, war es gefährlich, noch einmal Themen anzuschneiden, bei denen wir verschiedener Meinung waren. Wenn wir müde waren von der ganzen Last des Tages, dann gab es schnell Mißverständnisse und Meinungsverschiedenheiten.

Aber wenn wir dieselben Dinge am nächsten Morgen anpackten, sie in einer Atmosphäre des Gebets noch einmal durchgingen und Gott darum baten, uns hierbei seine Weisheit zu schenken, dann löste sich der Streit auf, und wir waren beide bereit, darüber zu reden.

Von den Hunderten von Einträgen, die Len in dieser Zeit in sein braunes Notizbuch machte, waren die folgenden, ganz konkreten Anliegen wohl am häufigsten zu finden:

»1. Wir bitten darum, daß wir eine Hausgehilfin finden, damit Catherine weiter an ihrem Roman ›Christy‹ schreiben kann.

2. . . . daß Peter vergißt, in Yale nur den Playboy zu spielen, und daß er Gottes Ziel für sein Leben erkennen kann.

3. . . . daß Linda aufhört, nur gegen die Autorität zu Hause und in der Schule zu rebellieren.

4. . . . daß Chester lernt, sein Temperament unter Kontrolle zu halten, und daß er seine neue Situation zu Hause akzeptieren kann.

5. . . . daß wir dahin kommen, daß Jeff nachts keine Windeln mehr braucht.«

Jeden Morgen kamen natürlich auch Gebetsanliegen aus dem Bereich außerhalb unserer Familie dazu: ein krebskranker Nachbar; ein Freund, der in einen Ehebruch verwickelt war; ein Kollege, der Alkoholiker war; Eltern, die wir gut kannten, die Rat suchten, um mit ihren aufsässigen Kindern fertig zu werden usw.

Wir erfuhren, daß besondere Gebetsanliegen auch ganz konkret und besonders erhört werden. So baten wir nicht einfach nur allgemein um eine Haushaltshilfe, sondern wir schrieben auf, daß wir jemand brauchten, der bei uns leben konnte, der eine gute Köchin war, der Kinder gern hatte, der freundlich im Umgang war.

Es kam der Tag, an dem Len die Antwort auf diese Gebete notieren konnte: wir bekamen Lucy Arsenault, eine Frau in mittleren Jahren. Sie wurde uns durch Lens Mutter empfohlen, die Lucy Jahre vorher in Boston kennengelernt hatte. Daß wir sie fanden, gab mir die Möglichkeit, endlich wieder an dem Roman »Christy« weiterzuarbeiten.

Ich hatte auch versucht, Hilfe bei einem hochberühmten Kinderarzt in Mount Kisco zu bekommen, um mit Jeffs Windelproblemen fertig zu werden. Das einzige, was er dazu sagte, war: »Frau LeSourd, vergessen Sie das alles einfach! Wenn Ihr Sohn zum College geht, wird er das längst hinter sich haben.«

Was hatte es da für einen Zweck, den bekannten Spezialisten

sere Teilnahme an der Zusammenarbeit zwischen Eltern und Lehrern sollte gewährleistet sein, auch das Interesse an allen Schulereignissen, die unsere drei betrafen. Obwohl wir sorgfältig alle Klagen der Kinder ernst nehmen wollten, betonten wir doch, daß die Autorität des Lehrers oder Schulleiters aufrechterhalten werden sollte.

8. Disziplin sollte auch ein Teil unseres Zusammenlebens bleiben. Strafen sollten bei direktem Ungehorsam erteilt werden, und Schläge (die nur Len austeilte) sollten dabei die Ausnahme sein.«

Aber die Ausführung all dieser guten Regeln war nicht einfach. Linda war mittlerweile in der siebten Klasse, intelligent, sommersprossig und mit allen Instinkten einer tragischen Schauspielerin ausgerüstet. Wie alle ihre Altersgenossinnen versuchte sie zu schnell, erwachsen zu werden. Len und ich gewöhnten uns langsam an ihren ständigen Ausruf: »Ach, das versteht ihr ganz einfach nicht!!«

Natürlich beschäftigten sich die meisten Eintragungen in unserem Gebetstagebuch während der ersten Jahre unserer Ehe mit den Kindern. Indem wir sie aufzogen, lernten wir allmählich, daß Gott mehr daran interessiert ist, daß wir Geduld üben und auf sein Handeln warten, als daß wir krampfhaft den schwereren Weg gehen, Gott sozusagen überholen und die Lösungen durchsetzen wollen, die wir uns selbst in den Kopf gesetzt haben.

Geduld – was könnte besser dazu geeignet sein, Geduld zu lernen, als der Versuch, einer Horde von Kindern Manieren und Ordnung beizubringen? An mindestens drei von fünf Abenden hieß es schon vor dem Essen:

»Jungens, das sollen saubere Hände sein? Sofort geht ihr nochmals ins Bad!«

»Jeff, nimm die Ellenbogen vom Tisch!«

»Chester, bemühe dich nicht, die Möhren unter dem Salatblatt zu verstecken!«

Und Len fiel dann ein: »Sag mal, Linda, putzt du dir neuerdings die Zähne mit den Haaren? Nimm sofort die Haare aus dem Mund!«

Oder: »Zum 687. Mal: Wer hat schon wieder im Bad das Handtuch auf dem Boden liegenlassen??!«

»Jungs, hier bei euch sieht es aus wie im Schweinestall. Hebt mal zuerst eure Kleider vom Fußboden auf und hängt sie in den Schrank!«

»Linda, ich habe dir doch schon zigmal gesagt, du sollst nicht an die Wand kritzeln, wenn du telefonierst!«

Ganz bestimmt hat der Schreiber der Heiligen Schrift, der davon spricht, daß die Geduld in uns vollkommen werden müßte, dabei an die Eltern gedacht!

Oder denken wir an die Ermahnung Jesu, daß wir unseren Mitmenschen sieben mal siebzigmal vergeben sollen. Vielleicht dachte Jesus hier noch nicht einmal im besonderen an die Familie, sonst hätte er die Zahl wohl noch verdreifachen müssen . . .

Wie bekommen wir Übung im Vergeben? Da gab es z.B. die Angewohnheit von Jeffrey, immer wieder Tintenpatronen in seinen Hosentaschen zu vergessen. Auf diese Weise wurde dann immer eine ganze Maschinenladung voll Wäsche ruiniert. Jedes Mal, wenn ich Wäsche zusammenlegte, hatten ein paar weiße Wäschestücke marineblaue Masern. Vergebung! Vergebung!

Dann hatte Chester die Angewohnheit, alles zu vergessen, weil er mit seinen Gedanken immer irgendwo in den Wolken schwebte. Er konnte seine besonders geliebten Turnschuhe nicht anziehen, weil er sie auf dem Tennisplatz vergessen hatte; sein Pullover war irgendwo im Haus der Donns liegengeblieben, und seine Hausaufgaben konnte er auch nicht machen, weil er das Buch dazu in der Schule hatte liegenlassen. Wenn ich dann aufs Gaspedal trat und die zeitraubenden Fahrten zum Tennisplatz und zu Donns machte, um seine Sachen wieder zusammenzusuchen, dann wußte ich, daß ich wenigstens einen Weg finden mußte, um die Sonne nicht über meinem Zorn untergehen zu lassen.

Oder aber ich guckte eines Nachmittags aus dem Fenster und mußte noch mal hinsehen, bevor ich glaubte, was ich da sah: Linda kniete vor dem frisch bepflanzten Steingarten und zog gründlich, langsam und methodisch, erst von der einen Seite und dann von der anderen ihre neugekauften, weißen Turnschuhe durch die Gartenerde. Als ich sie zur Rede stellte, erwiderte sie mit vernichtendem Blick:

»Aber Mama, jeder trägt doch heute schmutzige Turnschuhe!

Das sähe doch ganz blöd aus, wenn nur meine ganz neu und weiß wären!«

Und dann war da auch noch Jeffreys eigenartige Faszination von Schuhbändeln. Eines Morgens im Kindergarten sollte er aufstehen und ein Gedicht aufsagen. Jeff versuchte auch sein Bestes, und es gelang ihm auch irgendwie, aber aufrecht stehen konnte er beim besten Willen nicht, denn er hatte vorher seine Schuhbändel fest mit seinem Gürtel verknotet.

Eines Nachmittags legte ich Jeff zu einem kurzen Mittagsschlaf hin, doch nur kurz danach hörte ich klägliches Weinen aus seinem Zimmer. Ich fand ihn unter seinem Bett, wo er sich selbst gefangen hatte; seine Schuhbändel waren unentwirrbar durch die Sprungfedern gezogen und über und über verknotet ...

Später, als er lesen gelernt hatte, mußte ich öfter am Morgen sagen:

»Jeff, es ist kein Wunder, daß du heute morgen so reizbar bist. Du hast doch wieder heimlich gelesen, als du gestern abend schon längst schlafen solltest, nicht wahr?«

Jeff schlug die Augen nieder.

»Du brauchst gar nicht zu lügen, ich habe heute ›Das Geheimnis der Feuerschlucht‹ unter deinem Bett gefunden.

»Aber Mama«, meinte er ganz unschuldig. »Wie soll ich denn überhaupt gelesen haben? Du hast bestimmt nicht gesehen, daß mein Licht noch an war!«

»Nein, aber du hast trotzdem gelesen, und ich weiß auch, wie du das gemacht hast.«

Seine blauen Augen sahen mich forschend und mißtrauisch an.

»Wie willst du das denn wissen?«

»Ach, ich habe da so eine besondere Antenne ...«

Das war zuviel. Jetzt mußte er es genau wissen.

»Wie? Sag mir doch mal, wie?«

»Du hast auf der Erde gelegen, ganz nah an der Tür, und dann hast du dein Buch so schräg gehalten, daß das Licht vom Flur noch darauf fiel. Genauso hast du das gemacht!«

Jeff sah mich an, und all sein Schelm zeigte sich in diesem Blick. »Mensch, Mama! Ich wünschte mir doch manchmal eine dümmere Mutter!«

Durch all das lernten wir, daß die Kinder, obwohl sie oft gegen die Ordnungen anrannten, die wir ihnen setzten, sich doch alle nach der Sicherheit einer festen Ordnung sehnen und daß sie verwirrt und orientierungslos werden, wenn die Eltern ihnen dauernd nachgeben aus Angst vor dem Unwillen ihrer Sprößlinge. Jahre später gaben unsere Kinder auch zu, daß sie insgeheim beruhigt und erleichtert waren, wenn wir fest auf unserem Standpunkt blieben.

Als Linda schon größer war, sagte sie einmal: »Ach, die Sowieso, die tut mir richtig leid, die kann zu Hause einfach machen, was sie will. Du, ich glaube, die Eltern kümmern sich überhaupt nicht um sie.«

Die Zeit ging dahin, und mir entfaltete sich allmählich eine ganz besondere Erhörung eines meiner Gebete. Ich hatte damals Gott darum gebeten, daß Len doch seine Rolle als das geistliche Haupt der Familie annehmen sollte.

Seine erste Einsicht war, daß die Jungen ihn eigentlich in allem nachahmten, was er tat. Das war besonders deutlich beim Sport. Len hatte seinen beiden Söhnen schon gezeigt, wie man mit einem Baseballschläger umgeht, als sie noch kaum einen davon hochheben konnten. Er las jeden Morgen die Sportseiten der Zeitung, und sobald Chester und Jeff lesen konnten, studierten sie ebenso eifrig den Sportteil. Wenn der christliche Glaube ihnen wichtig werden sollte, dann würde das nur und am besten durch ihren Vater geschehen. Sonst würden die beiden bald schließen, daß Religion nur »Weibersache« wäre, und würden nichts mehr damit zu tun haben wollen. Als Len das eingesehen hatte, machte er eine Kehrtwendung und überließ die geistlichen Angelegenheiten bei uns nicht mehr nur mir. Er war es nun, der die Familie zum Gebet um den Tisch herum zusammenrief.

Als die Jungen merkten, daß ihr Vater von sich aus betete, und als sie aufgefordert wurden, mitzumachen, da reagierten sie bald darauf und beteten laut, ohne sich irgendwie zu genieren.

Eines Abends gingen wir zusammen in einem überfüllten Restaurant essen. Gerade hatte ich meine Gabel in die Hand genommen, als Chester sagte: »Heute hat unser Lehrer in der Schule über das Tischgebet gesprochen. Und er hat auch gesagt, wir sollten diese Gewohnheit auch dann beibehalten, wenn wir auswärts essen.«

Es entstand eine Pause, und Len und ich sahen uns an. Dann nickte Len zustimmend:

»Dein Lehrer hat völlig recht, Chester. Das hätten wir eigentlich immer schon tun sollen.«

So neigten wir unsere Köpfe, und Len dankte mit leiser Stimme Gott für das Essen. Dann fing Jeff auch gleich wieder an zu schwatzen. Wir glaubten, wir hätten uns im vollen Restaurant wirklich sehr unauffällig christlich verhalten.

Wir waren noch nicht mit dem Essen fertig, als ein nett aussehender junger Mann auf Len zukam, sich zu ihm herunterbeugte und ihm ein paar Worte ins Ohr flüsterte. Dann lächelte er ihm noch einmal zu und verschwand.

Len sah erfreut aus: »Der Mann freute sich, daß eine Familie sich nicht schämt, auch in der Öffentlichkeit vor dem Essen zu beten. Ich hab das Gefühl, als ob mich jemand für etwas gelobt hat, was ich gar nicht verdiene.«

So war Len das geistliche Haupt unserer Familie geworden, und ich bekam die Freiheit, eine unterstützende und helfende Rolle zu spielen, wie es auch in meiner Ehe mit Peter gewesen war. Len und ich arbeiteten hier als ein Team, und wir prüften und korrigierten uns auch gegenseitig. Da ich nun eine Hilfe im Haushalt hatte, bekam ich morgens freie Zeit, um zu schreiben; nachmittags und abends konnte ich mich ganz um die Familie kümmern.

Nach fünf Jahren in Chappaqua bekam ich durch die kalten Winter in der Gegend von New York oft Erkältungen, die sich zu einer lang anhaltenden Bronchitis entwickelten. Der Arzt riet mir, in ein wärmeres Klima zu ziehen.

Len schickte mich nach Florida, um dort nach einem Haus für uns zu suchen. Im Winter 1963/64 blieb ich vier Monate dort. Schließlich kauften wir ein Haus in Boynton Beach und zogen schon im November 1964 dorthin, da Len entdeckte, daß er auch ganz gut seiner Arbeit bei den »Guideposts« nachgehen konnte, wenn er von Florida nach New York hin- und herreiste.

Die zwei Jungen gewöhnten sich schnell an den Ortswechsel,

Linda jedoch kam das Leben hier schwieriger vor. Sie kam jetzt auch in ein Stadium der allgemeinen pubertären Rebellion gegen ihre Eltern. Es gab Momente, in denen ich mich diesem intelligenten, aber oft schlechtgelaunten Mädchen sehr nahe fühlte, als Mutter aber meistens abgelehnt. Ich kämpfte gegen alle negativen Bilder von der bösen Stiefmutter. Oft ertappte ich mich selbst dabei, daß ich ärgerlich auf dieses Kind und seine Haltungen war. Da solcher Ärger aber nicht zu meinem Bild von einer guten Mutter gehörte, versuchte ich immer, solche Gefühle nicht zur Kenntnis zu nehmen oder sie zu verdrängen.

In Chappaqua bat ich Gott oft um Hilfe für meine Beziehung zu Linda. Und eines Sonntags in der Kirche war mir, als sagte Gott: »Wenn du sie nicht liebst, dann liebst du mich auch nicht.«

Ich wußte, daß das wahr ist. Dennoch verwundete mich der Gedanke innerlich und ich sagte: »Aber wie können wir Menschen lieben, wenn wir doch viele Dinge, die sie tun, so sehr hassen? Sag mir bitte, wie ich das fertigbringen kann. Und, Herr, da ist noch etwas anderes: Ich kann Liebe nicht selbst herstellen, das kann kein Mensch. Wie könnte ich es auch, wenn du mir nicht deine Liebe als reines Geschenk gibst?«

Als mir die Sache nun ganz klar war, kämpfte ich weiter mit mir. Immer und immer wieder griff ich ganz bewußt auf meinen Willen zurück, daß ich Linda liebhaben wollte, ganz gleich, was sie auch tat. Da waren viele kleinere Übertretungen unserer Vorschriften, und sie brachte es sogar fertig, nach Mitternacht heimlich aus ihrem Fenster zu springen, um sich mit einem Fußballstar ihrer Schule, der fünf Jahre älter war als sie, zu treffen. Oder sie ging angeblich zur Bücherei, hatte aber statt dessen ein Rendezvous mit einem Jungen aus dem Ort. Wir wollten nicht, daß sie sich mit Jungen verabredete, bevor sie 16 war, aber sie zeigte uns, wie viele trickreiche Möglichkeiten es gab, diese Regel zu durchbrechen.

Da ich Linda wirklich lieben wollte, bat ich Gott, meine Gefühle in seine Hand zu nehmen und meine bescheidenen Anstrengungen zu seiner echten Liebe zu machen. Eine Zeitlang ging das auch gut, es herrschte zu Hause Zufriedenheit und Harmonie. Aber bald entwickelte sich eine neue Krise, und der Friede lag wieder in Scherben.

Die Schwierigkeiten wurden immer größer, bis Linda ihr Leben schließlich fast unerträglich fand. Schon jahrelang waren ihr die Schularbeiten sehr schwergefallen. Sie war eigentlich ein begabtes Mädchen, aber ihre Noten wechselten in wilder Folge zwischen 1 und 6. Fast in jedem Zeugnis standen Bemerkungen wie: »Linda leistet nicht das, was sie eigentlich leisten könnte«. Nachhilfelehrer und Wiederholungskurse, schließlich auch eine Vorbereitungsschule während der Schulferien brachten auch keine wesentlichen Erfolge.

In diesen Jahren, zunächst in Chappaqua und dann auch in Florida, versuchten Len und ich alles, was wir konnten. Wir gingen zu verschiedenen Erziehungsberatern und einem Kinderpsychologen, unterhielten uns mit christlichen Freunden, wir beteten in Gruppen zusammen, beteten an Lindas Bett, während sie schlief. Es gab auch manche Durchbrüche, z.B. als sie von der Vorbereitungsschule zurückkam und eine Zeitlang ganz bewußt und offen an unseren Familienandachten teilnahm; aber trotz allem wußten Len und ich, daß das Problem in seiner Wurzel nicht geheilt war. Es schien mit ihrem Eigenwillen zusammenzuhängen, sie war anscheinend nicht bereit, von sich aus anders werden zu wollen.

Als Linda aufs College kam, nahmen die Schwierigkeiten noch zu. Zu den Problemen mit dem Lehrstoff kam nun die Jugendrevolte der späten 60er Jahre: Linda stürzte sich mit vollem Herzen hinein. Das zeigte sich an ihrem Lebensstil, an ihrer Kleidung, am langen, strähnigen Haar, an der runden Nickelbrille, an Protestversammlungen, Sit-ins und Friedensmärschen oder -versammlungen, von denen manche von Delaware bis nach Washington gingen.

Im Juni 1971 hatte unsere Tochter das College abgeschlossen. Ihr Vater, ihre Großeltern und ich kamen zur Abschlußfeier und fanden ein sehr unglückliches Mädchen vor. An der Oberfläche gab es zwar eine dünne Schicht von Normalität, aber Blitze von Reizbarkeit und Ärger zeigten immer wieder die brodelnde Unruhe darunter. Die Beziehung zwischen Linda und mir war offensichtlich sehr strapaziert. Ihre Unzufriedenheit ging tief.

Als ich dem Zug der Collegeabgänger zusah – die meisten trugen zu ihrer akademischen Tracht Turnschuhe oder Lederriemensandalen und hatten ihre quadratischen Barette so schief wie möglich auf dem Kopf –, da fragte ich mich, wie wohl den anderen Studenten zumute war. Waren die meisten von ihnen genauso unzufrieden, war auch für sie das Leben aus den Fugen geraten und ohne Wert?

Dieses Bild verursachte mir eine solche Schwermut, daß ich nach unserer Rückkehr nach Hause zunächst einmal einen ganzen Morgen dafür brauchte, um allen Ärger und Groll gegen Linda zu Papier zu bringen und damit loszuwerden. Zu meinem Erstaunen füllten diese Erlebnisse und Gefühle schon bald drei Seiten.

Obwohl es mir schwerfiel, diese Liste negativer Dinge auch Len zu zeigen, fühlte ich die Notwendigkeit, auch in dieser Beziehung »im Licht zu wandeln«; das würde ein wichtiger Schritt zur Vergebung sein. Ganz gewiß hatte Jesus uns klargemacht, daß es Sünde ist, wenn wir Ärger und Groll für uns behalten, anstatt uns beide vom Vater vergeben zu lassen, eine Sünde, die schreckliche Strafe nach sich zieht:

> »Und wenn ihr stehet und betet, so vergebet, wenn ihr etwas wider jemand habt, auf daß auch euer Vater im Himmel euch vergebe eure Übertretungen. Wenn ihr aber nicht vergebet, so wird euer Vater, der im Himmel ist, eure Übertretungen auch nicht vergeben« (Markus 11,25.26).

Mit der Liste vor uns beteten Len und ich gemeinsam all diese Dinge durch. Zunächst bekannte ich all meinen Ärger und Hader und berief mich auf seine Zusage, daß er uns vergeben will. Ich wußte sehr wohl, daß Ärger und Groll Empfindungen sind, die so tief in uns eingegraben sind, daß wir sie nicht mit einem Achselzucken einfach abtun können. Wie großartig war es dann zu wissen, daß, sobald wir nur einmal das Steuerruder unseres Willens auf die Vergebung gerichtet haben und ihm das sagen, er selbst die Sache in die Hand nimmt und dafür sorgt, daß unsere Gefühle entwirrt und gereinigt werden.

An diesem Punkt bekam ich eine ganz neue Sicht von der Bedeutung des Kreuzes. Unser auferstandener Herr steht vor uns. Er streckt uns seine durchbohrten Hände entgegen und sagt: »Gib mir deinen Ärger, deinen Groll, deinen Haß, gib alles her! Deswegen bin ich doch gestorben. Wenn du dich dafür entscheidest, mir all deine negativen Seiten zu bekennen und zu überlassen, so kann ich sie auf mich nehmen, auf meinen von der Sünde geschlagenen Körper, und ich gebe dir im Austausch für deine Sünde meine Liebe, aus freien Stücken. Du bekommst diese Liebe im Überfluß, so daß sie auch noch für den Menschen reicht, über den du dich so geärgert hast.«

Das warf ein ganz neues Licht auf die Worte, die Petrus einmal gesagt hatte:

> »... welcher unsre Sünden selbst hinaufgetragen hat an seinem Leibe auf das Holz, auf daß wir, der Sünde abgestorben, der Gerechtigkeit leben; durch welches Wunden ihr seid heil geworden« (1. Petrus 2,24).

Weder Len noch ich erzählten Linda irgend etwas von unserem gemeinsamen Gebet. Aber wir mußten nicht lange warten, bis sich Auswirkungen davon zeigten.

Ein paar Wochen später, in dem aufregenden Sommer 1971, kam es zum Höhepunkt der langen Jahre des Kampfes. Als mein Enkelkind Amy Catherine Marshall am 22. Juli mit schweren Leber-, Nieren- und Gehirnschäden geboren war, kam eine Gruppe von unseren Verwandten in Cape Cod zusammen, um ganz konzentriert für dieses Kind zu beten (im folgenden Kapitel wird noch ausgeführt, wie die Sache weiterging). Aus einem Impuls heraus rief ich auch Linda an, die damals gerade in den Ferien in dem »St.-Nikolaus-Laden« ihrer Großmutter arbeitete. Ob sie wohl dabei sein wollte?

Es entstand einen Moment Schweigen, dann sagte Linda: »Ja, ich bin gerne dabei.«

Später hat sie mir erzählt, daß sie gekommen war, weil gerade ich sie angerufen und dazu eingeladen hatte. Was dann geschah, krempelte ihr Leben von Grund auf um. Wie fast immer, waren es nicht ihre Eltern sondern andere Menschen, die dazu gebraucht wurden, ihr in ihrer Entwicklung zu Gott hin zu helfen. Der Wendepunkt, der daraufhin erfolgte, wird wohl am besten in ihren eigenen Worten wiedergegeben:

»Am Nachmittag nach meiner Ankunft in Cape Code wollte ich mich gerade duschen. Und ein ganz besonderer Moment dabei steht mir jetzt noch kristallklar vor Augen: Ich hatte einen Fuß noch auf der Bademappe und den anderen schon in der Duschwanne. Und in diesem Augenblick traf mich die Erkenntnis wie ein Schlag, daß ›ein Fuß drinnen und ein Fuß draußen‹ genau das richtige Bild für mein ganzes bisheriges Leben war. Schon mehrere Male war ich durch ein Entwicklungsstadium gegangen, in welchem ich mein Leben Gott zur Verfügung stellen wollte. Aber ich hatte noch kein gehorsames Herz. Ich lebte im Widerspruch zu Gott. Ich wußte ganz genau, daß dies ein Moment war, in dem ich mich entscheiden mußte, für ihn oder gegen ihn. Einen Mittelweg gab es nicht mehr. Als ich dastand, überlegte ich gründlich, was es für mich wohl bedeuten würde, wenn ich mich jetzt ganz für Gott entschied. Offensichtlich mußten dann einige Dinge in meinem Leben verschwinden. Aber ich war es leid, immer in zwei Welten zu leben und in keiner zu Hause zu sein. Ich sehnte mich verzweifelt nach Gottes Frieden im Herzen. Und so holte ich tief Luft und sagte laut: ›Ich entscheide mich für dich, Herr!‹ Dann stieg ich ganz in die Wanne, und dieses Bad war für mich meine eigentliche Taufe.«

Am nächsten Tag folgten viele Stunden eines fast schmerzlich ehrlichen Gesprächs zwischen Linda, Len und mir. Es flossen dabei viele Tränen. Danach verstand ich, warum die Worte in der Kirche von Chappaqua: »Wenn du sie nicht liebst, liebst du auch mich nicht«, so schwer für mich gewesen waren.

»Ich glaube, ich wollte schon eine liebevolle Beziehung zu dir aufbauen, als du Papa geheiratet hast«, sagte Linda zu mir, »aber dann schlich sich der Groll ein. Der Grund dafür war, daß ich irgendwo ganz tief unten das Gefühl hatte, daß du mir Papa wegnehmen wolltest. Jetzt würde ich eben nicht mehr länger der wichtigste Mensch in seinem Leben sein.«

An diesem langen Abend, an dem wir uns gegenseitig viele Dinge ehrlich bekannten und dann auch gemeinsam beteten, brach die Mauer zusammen. Für Linda war es eine Erlösung nach vielen Jahren, die von Feindschaft und Schuld gekennzeichnet waren. Für uns war es die Konfrontation mit vielen Fehlern, die wir gemacht hatten, mit Sorgen, Ängsten und mangelndem Verständnis.

Was darauf folgte, war, daß Linda von sich aus all das abschließen wollte mit einer »Glaubenstaufe« im Meer, auf die ein Abendmahlsgottesdienst am Strand folgte.

Doch das war noch nicht das Ende dieser Geschichte. Denn Gott mußte noch etwas mehr Arbeit an mir tun. In den Stunden nach dem Gottesdienst mußten meine Gedanken sich flüchtig mit etwas beschäftigt haben, was sich ungefähr so in Worte fassen läßt: »All diese ganzen Jahre hat Linda doch ihren Vater und mich oft richtig gequält. Und jetzt vergibt ihr Gott alles auf einen Schlag. Ist das nicht eigentlich ein bißchen zu einfach für sie?« Das waren sehr häßliche, geheime Gedanken, aber Gott wußte davon.

Am nächsten Morgen wurde ich mit der klaren und einschneidenden inneren Eingebung wach, daß ich mich an die Geschichte vom verlorenen Sohn erinnern sollte: »Du bist jetzt in ernster Gefahr, die Rolle des älteren Bruders zu übernehmen. An dem Morgen, als du neulich alle deine negativen Gefühle Linda gegenüber loswerden wolltest, da hast du es nicht so ganz ernst gemeint, oder? Ich habe dich trotzdem erhört und dein Gebet beantwortet. Aber jetzt laß diese Gefühle auch ganz los. Nun mußt du den untersten Platz an meinem Tisch einnehmen, noch unterhalb von Linda. Und ich möchte, daß du auch deine letzten negativen Gedanken gleich heute morgen Linda mitteilst.«

Ich saß jetzt wirklich in der Klemme, wie unsere Jungen das ausdrücken würden.

Demütig und ein bißchen zögernd bekannte ich Linda beim Frühstück das, was ich sagen sollte. Sie weinte wieder, aber diesmal vor Freude. Dann nahm sie mich voller Begeisterung in den Arm. Dies war die Versöhnung, echt, tief und endgültig.

So sind Len und ich im Laufe der Jahre als Eltern gewachsen. Unsere gemeinsame Zeit am Morgen hat den Ton und die Richtung für unsere nun schon 21 Jahre bestehende Ehe bestimmt. Diese erste Zeitschaltuhr mit der Kaffeemaschine, die immer noch funktioniert, ist eins unserer liebsten Stücke. Wir wissen, daß keiner von uns und auch nicht wir beide zusammen ohne Gott die Weisheit haben, mit Problemen fertig zu werden, vor die uns das Leben tagtäglich stellt. Aber als Gebetspartner am frühen Morgen haben wir die Zusage erhalten, daß unser liebevoller, weiser Heiland da, wo zwei oder drei in seinem Namen versammelt sind, als Retter und Herr wahrhaftig bei uns sein will.

12. Dritte Generation

»Und alle deine Söhne sind Jünger des Herrn, und großen Frieden haben deine Söhne.   Jesaja 54,13
»Der Herr wird dich segnen aus Zion, daß du siehst das Glück Jerusalems dein Leben lang und siehst Kinder deiner Kinder.«   Psalm 128,5.6

Für mich ist die Art Gottes, wie er seinen Kindern immer wieder neue Wahrheiten kundtut (besonders auch bei denen, die mittlerweile ein Alter erreicht haben, wo man meinen könnte, daß sie inzwischen schon viel über den christlichen Glauben wissen), eine nicht endende Quelle des Staunens. Als die Jahre vergingen, dachte ich: »Sicherlich werde ich jetzt in meinen reiferen Jahren fähig werden, das in die Tat umzusetzen, was ich mittlerweile an Weisheit angesammelt habe.« Aber statt dessen mußte ich durch eine der intensivsten Lernphasen meines Lebens hindurch. Das hatte besonders mit unseren Kindern und Enkeln zu tun.

Peter John beendete das College in Yale und immer noch lebte er in Rebellion gegen einen Gott, der ihm seinen Vater durch den Tod weggenommen hatte. In einer unserer allmorgendlichen Gebetszeiten wurde es Len klar, daß er Peter ermuntern sollte, an einem Treffen christlicher Sportler in Estes Park in Colorado teilzunehmen. Peter überraschte uns mit der Mitteilung, daß er tatsächlich dahin fahren wolle. Dort wurde er von seinem Gruppenleiter Donn Moomaw, der früher einmal Fußballspieler in der Nationalmannschaft gewesen und jetzt Presbyterianischer Pfarrer war, buchstäblich an die Zügel genommen. Donn sagte Peter klipp und klar, daß er bis jetzt stets vor Gott davongelaufen sei und sein bisheriges Leben verpfuscht habe. Peter war so betroffen, daß er am Ende der Zusammenkunft Jesus Christus versprach, ihm sein Leben zu überlassen. Len und ich standen fast als Zuschauer dabei und beobachteten die erstaunlichen Veränderungen, die jetzt in Peter vor sich gingen.

Zunächst einmal schrieb er sich am Theologischen Seminar in Princeton ein, noch kaum einen Monat nach seinen Erfahrungen in Estes Park. Dann stieß er bald auf eine Gebetsgruppe von Studenten, die sich dort gebildet hatte und die ganz besonders die Wirkung des Heiligen Geistes erfahren hatte. Zum Unbehagen der Leitung des Seminars zeigten sich bei diesen Studenten tatsächlich bald einmal Gaben des Heiligen Geistes; es gab Heilungen, zerstrittene und zerstörte menschliche Beziehungen wurden wieder neu hergestellt. Eine ganze Bewegung des Heiligen Geistes entstand unter den Seminaristen.

Als Peter das nächste Mal zu den Ferien nach Hause kam, forderte er auch Len und mich heraus in bezug auf den Heiligen Geist offen zu sein.

Als Peter auf uns einredete, dachte ich zurück an den Sommer 1944, als ich erlebt hatte, welch intensive Neugier ich auf alles hatte, was mit dem Heiligen Geist zu tun hatte. Das führte damals bald dazu, daß ich das Alte und Neue Testament sehr gründlich studiert hatte und schließlich Gott still um diese höchste aller Gaben gebeten hatte. Aber Peter war damit noch nicht zufrieden. Warum, so fragte er weiter, konnte man dann nicht auch ganz besondere Gaben des Geistes an mir feststellen?

Überrascht von dieser 180-Grad-Kehrtwendung im Leben meines Sohnes machte ich in dieser Zeit viele Eintragungen in mein Tagebuch, z.B.:

»Als Peter mit dem College fertig war, unterrichtete er uns nebenbei davon, daß er jetzt eine Zeitlang in Virginia Beach leben und sich dort die hübschen Mädchen ansehen wollte. Und jetzt ist er ganz intensiv in der Heilig-Geist-Bewegung an seinem Seminar engagiert. Was geht da vor sich? Wir haben gebetet, Herr, daß Peter dich auf die ihm gemäße Art kennenlernen sollte. Und das Gebet ist jetzt auch in großartiger Weise erhört worden. Aber nun muß ich mich erst noch intensiver mit dieser eigenartigen, aber irgendwie auch aufregenden Bewegung unserer Zeit beschäftigen.«

Len und ich hatten von dieser Bewegung schon gehört durch unsere vom Verlag her bestehende Beziehung zu John und Elizabeth Sherrill. Während sie zusammen mit David Wilkerson das Buch »Das Kreuz und die Messerhelden« geschrieben hatten, waren sie auf Erfahrungen mit dem Heiligen Geist gestoßen, und das hatte zu ein paar schlagartigen Veränderungen in ihrem Leben geführt. Der Einfluß aller dieser Dinge auf Len und mich sollte bleibende Früchte auch in unserem Leben tragen.

Dann kündigte Peter uns an, er glaube, jetzt die Frau fürs Leben gefunden zu haben. Sie war eine Kommilitonin am Theologischen Seminar, die Tochter von Dr. Calvin Wallis, der mit seiner Frau, lange Jahre als Arzt in Guatemala gearbeitet hatte. An einem Wochenende brachte er sie mit nach Chappaqua.

Edith Wallis war groß und blond, eine fröhliche Natur und eine lebendige Erhörung unserer Gebete!

Noch ehe Peter zehn Jahre alt war, hatte ich schon angefangen, für seine zukünftige Lebensgefährtin zu beten, wer das auch immer einmal werden mochte. Und im Verlauf dieser Gebete hatte ich mich gefragt, welche Eigenschaften des Geistes, Verstandes und Herzens dieses ganz genau richtige Mädchen für meinen Sohn wohl haben müßte. Es ging mir nicht so sehr darum, ob sie blond oder brünett wäre, und sicher würde eine innere Schönheit auch die äußere beeinflussen.

So wie ich nun einmal war, nahm ich damals gleich den Bleistift zur Hand und schrieb Punkt für Punkt die wichtigsten Charakteristika meines Traummädchens auf: Dieses Mädchen sollte selbst Jesus Christus kennengelernt und ihn liebhaben. Sie sollte auch einen klaren Verstand haben und so viel Bildung, daß sie und Peter sich gegenseitig auch geistig anregen könnten. Und sie sollte viel Lebensfreude haben, Sinn für Humor, etwas Anziehendes in ihrem Wesen usw.

Dann, als mir das Porträt vollständig erschien, legte ich es eines Morgens ganz in Gottes Hände und bat ihn, noch irgendwelche

Fehler darin zu korrigieren und es in Peters Leben einzubringen, wenn seine Zeit gekommen war, und auch ganz auf seine Art und Weise. Ich steckte den Zettel mit der Beschreibung meiner Traumschwiegertochter zwischen die Blätter einer alten Bibel und vergaß das alles mit der Zeit.

Zehn Jahre später, als ich ein Bücherregal abstaubte und umräumte, da fiel der Zettel aus der Bibel heraus. Ich las ihn und war sehr erstaunt. Das war ja die vollendete Beschreibung von Edith Wallis! Nur hatte Gott noch ein paar zusätzliche schöne Einzelheiten dazugeschenkt: Edith war groß und blond wie Peter und eine wundervolle Köchin (welcher Mann wüßte das nicht zu schätzen!). Ich mochte sie sofort gern und habe seitdem nicht aufgehört, Gott für eine solche wundervolle Gebetserhörung zu danken.

Peter und Edith beschlossen, daß ihre Trauung auch ein Ausdruck ihrer christlichen Verpflichtung sein sollte. Drei Pfarrer sollten den Gottesdienst leiten, das erinnerte Len und mich sehr an unsere eigene Hochzeit. Es sollte auch Gemeindegesang und eine Predigt bei dieser Trauung geben, und das waren Elemente, die bei uns recht ungewöhnlich waren. Außerdem sollten die Kirchenältesten der Presbyterianischen Gemeinde in Rye, wo die Trauung stattfand, das heilige Abendmahl nicht nur der Braut und dem Bräutigam reichen als erste gemeinsame Tat in ihrer Ehe, sondern auch der ganzen Gemeinde. Dabei stellte sich schließlich heraus, daß eine solche außergewöhnliche Trauung eine Stunde und zwanzig Minuten dauern werde . . .

Natürlich gab es viele vorsichtige Kommentare zu der Besonderheit dieses Gottesdienstes. Sie reichten von »Na, wir haben noch nie erlebt, daß ein Brautpaar so gründlich verheiratet worden ist!« bis zu: »Ich bin selten so bewegt gewesen von soviel Aufrichtigkeit bei jungen Leuten!« Und manche sagten auch: »Ich hab' mich bloß immer wieder gefragt: Was mag die Frau Sowieso nur denken, daß es hier bei einer Hochzeit auch eine Predigt gibt?!«

Die damals 16jährige Linda war sehr beeindruckt. Sie fand hier alles, was eine Trauung ausmachen sollte. Sie bekam einen kurzen Eindruck von echter Liebe, sie sah, wie diese Liebe Gott vor den Altar hingelegt wird, und ihre Augen blickten träumerisch und ganz aufmerksam, auch damals, als sie noch alles andere als religiös war. »Das war die tollste Hochzeit überhaupt!« rief sie nachher begeistert.

Fünfzehn Jahre später konnten wir erst die Bedeutung von Lindas Reaktion ermessen.

Nachdem Peter mit dem Princeton Seminar fertig war, bekam er eine Vikarstelle in West Hartford in Connecticut. Im frühen Mai 1967 teilten er und Edith uns die aufregende Neuigkeit mit, daß sie ihr erstes Kind erwarteten. Peter rief mich am 3. Dezember an.

»Es ist ein Junge, Mama.« Aber seine Stimme klang nicht so erregt und erfreut, wie man es bei einem jungen Vater erwarten sollte. Und dann kam es auch schon: »Irgendwas stimmt da nicht, Mama. Schwacher Muskeltonus, sagen die Ärzte.«

Es folgte eine beginnende Lungenembolie, eine drohende Lungenentzündung. Am Sonntag kroch Peter unter das Sauerstoffzelt und taufte seinen Sohn auf den Namen Peter Christopher, der »Christusträger«.

Ich wollte gleich hinfahren, aber die jungen Eltern baten mich noch zu warten. Die Tage schleppten sich dahin, und das Baby war noch immer im Krankenhaus. An einem Morgen während meiner Gebetszeit wurde mir klar, daß jetzt die Zeit gekommen war, daß ich zu Peter und Edith fliegen sollte. Und es folgte eine deutliche Eingebung:

»Geh und kröne meinen Prinzen mit Danksagung.«

Am nächsten Tag begann ich meine Reise nach West Hartford. Dreieinhalb Stunden, schier unendlich lange, mußte ich am Kennedy Flughafen warten, und in dieser Zeit war ich besonders bedrückt. Es mußte dem Kind gerade sehr schlecht gehen.

Später erfuhr ich, daß in dieser Zeit Peter Christopher aufgehört hatte zu atmen. Er war erst blau und dann ganz weiß geworden. Liebevolle Hände von Freunden waren auf ihn gelegt worden, sie hatten gebetet, und wunderbarerweise hatte das Kind wieder angefangen zu atmen. Aber nicht für lange.

Der erste Eindruck von Peters Sohn war der eines gesunden Babys. Sein rundes Köpfchen versprach, einmal blonde Haare zu bekommen. Wie wohl alle Mütter, wurde ich durch meinen Enkel an meinen eigenen Sohn erinnert – vor vielen Jahren. Ich sehnte mich danach, meinen Enkel auf den Arm zu nehmen, ihn zu streicheln und an mich zu drücken.

Es war leicht und irgendwie doch sehr schwer. Leicht, weil Peter Christopher so ein vollkommenes kleines Kind war mit einer sanften, freundlichen Art, die sich uns allen irgendwie mitteilte. Aber schwer war es, diesen kleinen Prinzen Gottes mit Danksagung zu krönen, wenn er doch so bald schon wieder von uns genommen werden sollte.

Peter und Edith standen neben dem Bettchen, und der Arzt und einige Schwestern sahen aus gebührender Entfernung zu. Da legte ich meine Hand auf die zarte Haut des kleinen Kopfes:

»Du hast ihn geschenkt, Herr, er ist dein Prinz, so hast du mir gesagt. Wir wollen ihn nach deinem Willen mit Dank krönen, mit der goldenen Krone der Dankbarkeit für dieses Leben, das du gegeben hast.«

35 Minuten später informierte uns der junge Arzt: »Jetzt ist er tot.«

Als alle Anwesenden versuchten, Peter und Edith Mut zuzusprechen, hatte ich mit meinen eigenen Gefühlen zu kämpfen. »Herr, das kann ich nicht verstehen! Als Peter Marshall gestorben ist, war dein ganz gewisses Wort an mich, daß Güte und Barmherzigkeit mir mein Leben lang folgen würden. Herr, ist das nun Güte und Barmherzigkeit?!«

Ich sah Edith an. Ihr Gesicht war naß von Tränen. »Wie ist das, Herr«, fragte ich. »Soll Edith nicht die Freuden einer Mutter kennenlernen? Soll ich niemals eine Großmutter werden?«

Die Antwort des Herrn auf diese Fragen kam erst zweieinhalb Jahre später, als Mary Elizabeth Marshall geboren wurde, ein gesundes Kind mit vollkommen normalem Muskeltonus. »Danke, Herr«, konnte ich jetzt beten. »Und vergib mir meine Zweifel von damals.«

In meiner Freude über dieses neue Leben schob ich die ungelösten Fragen, mit denen ich gekämpft hatte, tief in mein Unbewußtes zurück.

Die dritte Generation erleben zu dürfen, war nun ein bereicherndes Erlebnis. Mary Elizabeth wurde ein echter Sonnenschein für uns.

Als das Kind uns zum erstenmal besuchte, hatte unser Sohn Jeffrey gar nichts dagegen, Kindermädchen zu spielen. Er schob niemals gemessenen Schrittes den Kinderwagen mit Mary Elizabeth um den Häuserblock, sondern er raste mit ihr wie ein Rennfahrer um die Ecken, daß sie dabei vor Vergnügen jauchzte. Und wenn sie mit ihrem Großvater spielte, dann ließ sich Len dazu hinreißen, auf allen vieren zu gehen, wie ein Esel zu schreien und mit den Hinterbeinen auszuschlagen.

All das machte uns unendliche Freude. Wir sahen Mary Elizabeth zu, wie sie morgens aufwachte und eine Welt voller Wunder betrat. Was für uns abgehetzte Erwachsene selbstverständlich geworden war, hatte für sie noch die Frische einer großen Überraschung. Die fliegenden Vögel, die Formen der Wolken, Kühe auf der Wiese, eine Blume, ein Duft, leckeres Essen, nach dem man sich die Lippen lecken konnte, der Rhythmus eines Kinderreims, Gedichte und Musik, alles war aufregend für sie.

Und wie jedes normale Kind hatte sie die wunderbare Gabe, in der Gegenwart zu leben und das, was sie empfand, sofort mit großer Begeisterung und ohne jede Scheu auszudrücken.

Diese Gabe teilte sie uns von Anfang an mit. Eine Erinnerung daran habe ich noch von ihrem zweiten Geburtstag. Wir feierten ihn im Innenhof unseres Hauses in Florida. Die Kerzen auf dem Geburtstagskuchen waren ausgeblasen, die lustigen Zirkustiere auf dem Kuchen waren genügend bewundert worden, das Eis hatten wir auch vernascht. Jetzt war es also endlich Zeit, die Geschenke auszupacken. Die Erwachsenen halfen Mary Elizabeth ein bißchen beim Auswickeln des Pakets, das ja fast so groß war wie sie selbst. Endlich wurde das letzte Stück Einwickelpapier weggezogen, und zum Vorschein kam eine kleine Puppe, die »Puddin« hieß. Überraschung, Freude und Jubel lösten sich im Gesicht meiner Enkelin ab. Sie klatschte in die Hände und streckte sie dann nach der Puppe aus. Sie drückte sie an sich, jauchzte, schrie vor Freude und schnappte nach Luft vor Begeisterung. Kein Geschenk hat wohl mehr ins Schwarze getroffen als dieses. Jede weibliche Faser in dem kleinen Mädchen konzentrierte sich auf die

Puppe mit der ganzen Intensität, zu der es überhaupt fähig war.

Von dem Augenblick an wurde »Puddin« Mary Elizabeths Liebling, und das ist zehn Jahre lang so geblieben, obwohl im Laufe der Zeit zwei neue Perücken nötig wurden, Arme und Beine ersetzt werden mußten und mittlerweile noch zwanzig andere Puppen in allen Größen und Arten dazukamen.

Durch Erlebnisse wie dieses mit unserer Enkelin wurden wir alle an Jesu ungewöhnliche Worte erinnert: »Wenn ihr nicht werdet wie die Kinder, werdet ihr Gottes Herrschaft nicht sehen.« Wir begannen zu verstehen, warum Jesus ganz bewußt kleine Kinder gemeint hatte; diese ganz Kleinen sind sozusagen noch frisch aus der Hand ihres Schöpfers, Kinder, die noch keine Zeit gehabt haben, all die Vorurteile in sich aufzunehmen, die wir Erwachsenen fälschlicherweise als Weisheit bezeichnen.

In einem Buch fand ich auch Beschreibungen von Erwachsenen, die wiedergeben, was sie empfunden haben, als sie unter Gottes Herrschaft kamen durch das, was Jesus die »Wiedergeburt« genannt hat. Interessanterweise ist das, was sie erfahren haben, fast identisch mit dem, was wir an Mary Elizabeth erlebten. Eine Frau beschreibt es so:

> »Ich kann nicht genau sagen, worin die wunderbare Veränderung eigentlich bestand. Ich sah nichts absolut Neues, aber ich sah alle gewöhnlichen Dinge in einem neuen, wunderbaren Licht. Und ich glaube, daß das die richtige Sichtweise ist. Jeder Mensch, jeder Sperling, der vorbeiflog, jeder Zweig, der sich im Wind bewegte, war mit einbezogen und war ein Teil dieser ganzen, fast wilden Ekstase der Liebenswürdigkeit, der Freude, der Bedeutsamkeit, es war ein Rausch des Lebens.«[6]

Es erinnerte auch mich an Mary Elizabeths Vater. Als er fünf Jahre alt war, stand er mit der Nase ans Fenster gepreßt und schrie vor Vergnügen, als er das Schauspiel eines Herbstgewitters betrachtete. »Mama«, rief er, »guck mal, der Blitz sieht aus wie eine Bohne, die tanzt!« Es war wirklich so, aber meine erwachsene, prosaische Vernunft, wäre im Leben nicht darauf gekommen, einen solchen Vergleich zu ziehen.

Ein anderer Aspekt vom Frühling des Lebens, fast als ob kleine

Kinder noch ein bißchen im Garten Eden lebten, war der, daß Mary Elizabeth die Notwendigkeit verspürte, alles um sie herum mit Namen zu belegen. Sie war nicht eher zu Hause bei uns in unserer neuen Wohnung in Florida, bis sie sich nicht für Namen entschieden hatte, die ihr zusagten, für uns aber oft unverständlich waren.

Seltsamerweise ist die Aufgabe des Benennens einer der ersten Aufträge, die Gott dem ersten Menschen Adam gab.

»Und Gott der Herr machte aus Erde alle die Tiere auf dem Felde und alle die Vögel unter dem Himmel und brachte sie zu dem Menschen, daß er sähe, wie er sie nennte« (1. Mose 2,19).

Ich hatte mich oft gefragt, warum der Schreiber des ersten Mosebuches diese besondere Eigenheit mit erzählt hatte. Mary Elizabeth zeigte mir jetzt, warum. Gott hat seine ganze Schöpfung lieb. Alles, was er gemacht hat, hat er angesehen und als sehr gut bezeichnet. Und so ist die Namensgebung nur ein Zeichen dafür, wie besonders und wie geliebt wir alle bei Gott sind, wir und die schöne Welt, in die er den Menschen gesetzt hat. Im Königreich Gottes umfaßt seine Liebe alles: den Käfer, der auf dem Boden kriecht, den Schmetterling, der über den Blumen gaukelt, alle Tiere und auch jeden von uns.

Im Reich Gottes ist das Herz auch voll Zärtlichkeit. Wir Erwachsenen müssen nur die kleinen Kinder betrachten, um zu sehen, wie abgestumpft wir geworden sind. Unter den Lieblingsbüchern von Mary Elizabeth war zum Beispiel eins mit Kinderreimen und Liedern. Ihre Mutter sang ihr zum erstenmal eines vor, das bei uns sehr bekannt ist:

»Dort oben im Baume, da wieg ich mein Kind,
das Bettchen, das schaukelt, es pustet der Wind.
Und wenn der Ast bricht vom mächtigen Wind,
dann fällt es herunter, das Bett und das Kind.«

Edith war erschrocken, als ihre Tochter plötzlich in Tränen ausbrach. Erst dann verstand sie, daß Mary Elizabeth weinte, weil das Baby heruntergefallen war. Da die Tränen echt waren, erfand Edith schnell eine Geschichte, wie der Papa ganz schnell gekommen wäre und das Kind aufgehoben hätte, wie er es gestreichelt und beruhigt hätte und dann gesehen hätte, daß es gar nicht verletzt war. Das tröstete Mary Elizabeth vorläufig, aber von dem Tag an sagte sie immer laut und entschieden: »Nein!«, wenn sie auf diese Seite im Buch kam, und blätterte sie schnell um.

Als wir all das beobachteten, konnten wir nicht anders als daraus schließen, daß ein kleines Kind gar keine Probleme damit hat, an Gott zu glauben. Diese Kleinen leben noch an der Grenze zwischen zwei Welten!

»Zieh ein Kind auf und führe es auf den Weg, den es gehen soll, dann wird es später, wenn es groß ist, nicht mehr davon abweichen.«

So heißt bei uns ein altes Sprichwort. Und weil Jesus gesagt hat: »Ich bin der Weg«, bin ich dankbar dafür, daß unsere kleine Enkelin von Anfang an von Jesus Christus erzählt bekam. Sie fühlte sich abends noch nicht wohl, wenn sie schlafen ging, bis sie die Augen fest zugemacht hatte, denjenigen, der sie gerade ins Bett brachte, an der Hand hielt und dann dem »Baby-suupf« – so nannte sie Jesus – herzlich gute Nacht gesagt hatte.

Im November 1967 hatte Peter einen Ruf an die First Wesleyan Community Kirche in East Dennis in Massachusetts angenommen. Und dort wurde am 22. Juli 1971 ein drittes Kind geboren. Es war gleich nach der Geburt zu erkennen, daß Amy Catherine, wie es heißen sollte, schwere Schäden an den inneren Organen erlitten hatte. Die Ärzte nannten es genetische Veränderung und ein »zerebral-hepato-renales Syndrom«. Von der medizinischen Seite her bestand für das Kind keine Hoffnung. Von etwas über vierzig Fällen, die bisher bekannt waren, waren alle innerhalb der ersten sechs Lebensmonate gestorben.

Diejenigen von uns, die dabei waren, fühlten uns aufgerufen, aus all unserem Glauben heraus zu beten und um eine wunderbare Heilung von Gott her zu bitten. Peters Gemeinde stand uns darin bei, und auch zehn gute Freunde, die zu uns nach Cape Cod kamen, um uns beim Beten zu unterstützen, und noch viele, viele andere. Wenn sich jemals eine Familie in einer Not ganz auf den Glauben geworfen und dabei alles riskiert hat, dann taten wir es.

Was mich betrifft, so hatte ich seit dem ersten Herzanfall meines Mannes Peter damals nicht mehr so intensiv alles, was ich war und hatte, in die Waagschale geworfen, jede Kraft des Verstandes, Geistes und meines Willens, um um dieses menschliche Leben zu kämpfen.

Mittlerweile sahen schon innerhalb von ein paar Tagen alle, die sich dort zum Beten zusammengefunden hatten, ganz außerordentliche Erhörungen ihrer Gebete verwirklicht. Jamie Buckingham, eine aus unserer Gruppe, betete für die Enkelin einer Freundin, es war die achtjährige Amy, die auf demselben Flur wie unsere Amy Catherine lag. Sie hatte eine Fibrose, eine Lunge war schon entfernt worden, und nun hatte sich auch noch eine Infektion eingestellt. Das Kind lag im Sterben. Später stellten wir fest, daß die wunderbare Heilung des Mädchens an jenem Tag begonnen hatte, als wir anfingen zu beten. Die Großmutter berichtete nachher, daß Amy ganz gesund sei und sogar die Schule in Connecticut besuchen könne.

Dann gab es auch Wunder von ganz anderer Art: unsere Tochter Linda erfuhr gerade in diesen Tagen eine vollständige Neuordnung ihres Lebens, die sie aus der Dunkelheit und Verwirrung in einen neuen Anfang mit Gott hineinstellte. Der Groll eines Mannes aus unserer Gruppe gegen seinen Vater, der seit seiner Kindheit bestanden hatte, wurde geheilt; unsere Freundin Virginia Lively fand den Schlüssel zur Gesundheit ihrer Tochter, die Antwort auf ein Gebet, das sie schon so lange Gott vorgetragen hatte; eine Ehe, die sich mühsam dahingequält hatte, wurde wieder neu. Es war, als ob die winzige Amy als eine Art göttlicher Katalysator wirkte, der eine Konzentration von Gottes Macht und Liebe hervorrief.

Als unsere Freunde nach drei Tagen wieder abreisen mußten, zog ich in ein Gasthaus ganz in der Nähe des Krankenhauses in Boston, während Peter und Edith abwechselnd am Krankenbett des Kundes wachten und zwischendurch wieder nach Cape Cod fuhren, um sich um Mary Elizabeth zu kümmern. Tag für Tag saßen wir neben dem Baby, das da auf einem schräggestellten Wärmebettchen lag, direkt unter einer großen Lampe. War dieses Licht nicht eine Qual für die sensiblen Augen eines Neugeborenen, fragte ich mich. Und hungrig war Amy auch. Oft öffnete sie den Mund, erwartungsvoll wie ein kleiner Vogel, aber sie war noch unfähig zu saugen. Sie mußte intravenös ernährt werden, und die schier endlosen Schläuche hingen nach allen Richtungen.

Sie braucht doch das Gefühl von liebevollen Armen! sagte mein Herz mir immer wieder, und endlich stimmten die Schwestern zu. Eines Morgens legten sie sie mir vorsichtig mit all den Schläuchen in den Arm. Sie schmiegte sich an mich, stieß mich mit der Nase und schien gleich munterer als sonst. Durch so eine ermutigende Reaktion entschieden wir uns, unsere Wache rund um die Uhr fortzusetzen, so daß Amy auch während der Nacht ab und zu gehalten und gestreichelt werden konnte. Es war offensichtlich, daß die Art dieses Kindes anders war als das sanfte Wesen, das wir an Peter Christopher empfunden hatten. Es war so, als ob er ein kleiner Engel gewesen wäre, der das Leben auf dieser Erde nur gestreift hätte, während Amy eine Kämpfernatur war, die unbedingt leben wollte.

Doch trotz alledem begann sie am Morgen des 4. September, als ich sie gerade im Arm hielt, schwer zu atmen. Ein paar Minuten später hörte ihr kleines Herz auf zu schlagen. Ihre Zeit auf der Erde hatte nur sechs Wochen betragen.

Wie bei Peter Christophers Tod, fing die Qual in mir wieder an. Es ging noch tiefer, weil es nun schon zum zweitenmal geschehen war. Ich schrieb in mein Tagebuch:

»Mein Herz, mein ganzes Wesen hat nachempfunden, was in der Schrift steht: ›Rahel weint um ihre Kinder und will sich nicht trösten lassen, weil sie nicht mehr sind.‹ (nach dem Kindermord des Herodes). Eine unerwartete Einsicht ist für mich, wie klein der Unterschied zwischen den Gefühlen einer Mutter und denjenigen einer Großmutter ist. Um Haaresbreite. Das hatte ich nicht so erwartet. Ich hätte all das, was mit Amy und ihrer schweren Krankheit zu tun hatte, nicht tiefer empfinden können, wenn ich sie selbst zur Welt gebracht hätte.«

Im Laufe der nächsten Monate erfuhr ich das tiefste Unglücklichsein, das ich bis dahin erlebt hatte. Mein ganzes Leben wurde grau. Es war nicht nur psychologisch oder geistlich so, auch in beruflicher Hinsicht stellte sich mir alles mögliche in den Weg. Zum Beispiel kaufte ein größeres Studio in Hollywood meinen Roman »Christy« und entschied dann doch, ihn nicht zu verfilmen. Das Romanmanuskript, an dem ich lange gearbeitet hatte, stellte sie angeblich vor zu große Probleme. Bald wurde klar, daß ich dieses besondere Buch beiseite legen mußte, in das ich drei ganze Jahre lang so viel Zeit und Arbeit investiert hatte.

Meine Auflehnung dauerte ein halbes Jahr. Jetzt im Rückblick erkenne ich sie als eine Rebellion gegen Gott. Ich hatte das Gefühl, er hätte mich betrogen. »Was können wir denn überhaupt noch glauben, wo wir doch meinten, daß das Gebet Heilungen ermöglicht?« fragte ich. Ärger und Zweifel brodelten unter der Oberfläche.

Fast jeder Mensch ist durch einen solchen inneren Kampf gegangen, wenn ein für unsere Begriffe völlig unsinniger Todesfall geschehen ist. »Wie kann Gott so etwas zulassen?« ist dann der Schrei unseres Herzens. »Wenn er doch ein liebender Gott ist, dann wird er doch sicher nicht etwas so Böses wollen, wie das, was uns hier befallen hat!« Nun war ich schon dritte Generation und war doch noch nicht mit einem der grundlegenden Probleme fertiggeworden: mit dem Stellenwert des Bösen in allen religiösen Fragen.

Jahre zuvor hatte ich mich mit diesen Gedanken schon einmal beschäftigt, und zwar anhand des Buches »Das Geheimnis eines glücklichen Christenlebens« von Hannah Whitall Smith. Es war mir durchaus möglich gewesen, von diesem Buch zu lernen und es zu akzeptieren, aber mein Widerstand gegen sein 12. Kapitel »Ist Gott in allem zu finden?« war ganz gewaltig. Ich fragte mich, wie Gott z.B. in dem Tod eines dreijährigen Kindes zu finden sein könnte, das über die Straße läuft und dabei von einem Laster überfahren wird. War Gott etwa im Krieg oder in der Krebskrankheit zu finden? Die Antwort, die in mir aufwallte, war ein ganz entschiedenes »Nein!«

Außerdem betrachtete ich eine solche Unterwürfigkeit auch als ganz falsch. Christen, die mit solchen Tragödien konfrontiert werden und dann nur resigniert sagten: »Dann muß es wohl Gottes Wille gewesen sein«, und dabei den alten geplagten Hiob zitierten: »Der Herr hat's gegeben, der Herr hat's genommen, der Name des

Herrn sei gelobt!« waren mir ein Greuel. Für mich war das eine ganz besonders grausame und sogar aggressive Form der Frömmigkeit.

Aber Hannah Smith behauptete, daß es für Gläubige nur eine grundlegende Antwort auf das Böse, dem wir begegnen, geben könne, nämlich die Ermahnung, die immer wieder im Alten und Neuen Testament steht:

»Seid dankbar in allen Dingen; denn das ist der Wille Gottes in Christus Jesus an euch« (1. Thess. 5,18).

Und »in allen Dingen«, so betonte Hannah Smith, bedeute: danken für wirklich alles, was einem begegnete, für das Böse genauso wie für das Gute.

Sie warnte uns und sagte, daß wir zu wirklichem Frieden nur dann kommen, wenn wir akzeptieren, daß Gott uns in allem begegnet. Denn wie können wir das, was ganz und gar nicht gut ist, annehmen oder sogar dafür danken, wenn wir nicht glauben, daß Gottes schützende Gegenwart in diesem Augenblick ganz bewußt beiseite getreten ist und den bösen Mächten erlaubt hat, uns zu treffen? Oder, mehr noch, daß er dabei sogar eine gute Absicht und keine böse verfolgt hat?

Damals hatte ich entschieden, daß diese These, so sehr die Autorin sie auch hervorhob, nicht für mich bestimmt sein konnte. Ich hängte das ganze Problem erst einmal an den Haken, um irgendwann später noch einmal darüber nachzudenken. Das hieß aber praktisch, daß ich mich schlicht und einfach dagegen wehrte.

Ich bekämpfte diese These von Hannah Smith von 1945 bis 1972, immerhin 27 Jahre lang.

Der Tod von Amy Catherine rief mir nun all das wieder ins Gedächtnis zurück. Gottes Stimme drang jetzt endlich zu mir durch: »Ich, dein Gott, bin in allem zu finden. Das Kind ist gestorben, aber du mußt wissen, daß Amy jetzt bei mir ist, und in der Zeit, in der sie gelebt hat, hat sie jedem gedient, der für sie gebetet hat. Bist du zu starrsinnig und eingebildet, Catherine? Willst du noch weitere Monate in Dunkelheit leben?«

Ich bin dankbar, daß mein Mann und noch zwei enge Freunde von uns, Freddie Koch und Virginia Lively, in dieser Zeit energisch und streng mit mir umgegangen sind. »Du schwelgst im Augenblick nur in Selbstmitleid, Catherine«, sagten sie. »Und das kann nicht recht sein. Das Selbstmitleid, vielleicht sogar verletzter Stolz, das Fragen nach der Liebe, die du eigentlich erwartet hast – all das steht zwischen dir und Gott.«

»Aber jetzt«, sagte Len mit sanfter Stimme, »mußt du dein Selbstmitleid und deinen Widerstand gegen Gott einsehen und zugeben, dann wird er auch diese Wolke, unter der du lebst und unter der du leidest, wegnehmen. Das weiß ich ganz sicher.«

Natürlich hatten sie recht. Endlich kniete ich mich hin und bekannte Gott alles unter Tränen. Dann sah ich, daß wir, wenn das Leben uns vor Situationen stellt, die wir nicht überblicken können, nur zwei Möglichkeiten haben: Entweder weiden wir uns an unserem Unglück und bleiben damit von Gott getrennt, oder aber wir wenden uns an ihn und sagen. »Ich brauche dich und deine Gegenwart in meinem Leben. Das ist mir noch wichtiger, als daß ich das, was mir passiert ist, verstehe. Ich entscheide mich für dich, Herr. Ich vertraue darauf, daß du mir mit der Zeit Verständnis gibst und auch eine Antwort auf mein immer wiederkehrendes ›Warum?‹ Du wirst das tun, wann du es willst.«[7]

Nun kam echter Friede, zum erstenmal seit langen Monaten erlebte ich ihn. Danach stellte mich Gott wieder in mein Leben zurück und zeigte mir Schritt für Schritt auf, wie er sich bisher um mich gekümmert hatte, durch Krankheit, Tod, Verlust von Menschen und durch die Einsamkeit hindurch. Er war wirklich bei all diesen Ereignissen bei mir gewesen.

Dann erkannte ich, daß es Jesus selbst war, der uns in der zeitlosen Geschichte vom verlorenen Sohn die beste Illustration dafür gegeben hat, wie Gott der Vater jeden von uns wieder empfängt, der sich von ihm entfernt hat. Ich war jetzt auch ein Sohn, der weit von dem Weg abgekommen war, den Gott ihm vorgezeichnet hatte.

Mit meinen rebellischen Gedanken war ich sozusagen in ein weit entferntes Land gegangen. Aber wie der verlorene Sohn fand ich, als ich mich umdrehte und den Weg nach Hause zurückging, Gott den Vater, der noch liebevoller als mein irdischer Vater war und der mir schon entgegengelaufen kam.

Von diesem Augenblick an fing Gottes Arbeit des Wiederaufbauens an.

Zwei Jahre später teilten uns Edith und Peter mit, daß sie nun ein viertes Kind erwarteten. Es war dem Gynäkologen, der die Geschichte der zwei erblich geschädigten Kinder kannte, einfach nicht möglich, irgendeine medizinische Voraussage zu machen.

Die Angst kam ungebeten auch immer wieder in unsere Gedanken hinein. Es war eine schwierige Zeit des Wartens für uns alle, ganz besonders natürlich für Edith. Oft suchte sie irgendeine besondere Versicherung oder Zusage vom Herrn, aber es wurde ihr kein direktes Wort gegeben.

In dieser Zeit fand Edith sich in der Qual des Psalmisten David wieder, der auch unter dem Schweigen Gottes gelitten hatte:

»Herr, wie lange willst du dich so verbergen . . .« (Psalm 89,47). Warum, so fragte sie sich, hat Gott immer von seinen Kindern verlangt, daß sie Zeiten seines Schweigens aushalten mußten, in denen er nicht zu erkennen war? Bedeutet das einfach, daß die Begrenztheit unseres Menschseins niemals alles erfassen kann und nie ganz verstehen kann, wie die unendlichen Gedanken und Absichten Gottes sind? Oder sind solche Zeiten, in denen einem der Himmel wie eine undurchdringliche Stahlglocke vorkommt, eine notwendige Zeit unserer Erziehung, damit wir Gott auch im völligen Dunkel vertrauen?

Endlich war das lange Warten vorüber. Die Wehen setzten am Morgen des 4. Mai 1974 ein. Ein paar Stunden später wurde im Geburtssaal des Goddard Memorial Krankenhauses in Stoughton in Massachusetts ein kleiner Junge geboren. Der Arzt fing an zu lachen: »Also mit diesem Buben ist wirklich alles in Ordnung, Frau Marshall! Er strotzt vor Gesundheit, und der Muskeltonus ist 1A.«

Als der Arzt gerade den Raum verlassen wollte, blieb er am Kopfende des Bettes noch einmal stehen. Sehr zart nahm er Ediths Gesicht zwischen seine Hände, und in seiner Stimme lag echte Rührung, als er ihr zuflüsterte: »Wissen Sie, für solche Momente lohnt sich unsere ganze Arbeit!«

Peter Jonathan war von Anfang an ein kräftiges Kind, voll überströmender Lebensfreude und gesegnet mit einer außergewöhnlich glücklichen Art. Er sollte eine freudige Überraschung von Gott sein.

Vom Heute ins Morgen

». . . an ihren Früchten sollt ihr sie erkennen.« Matth. 7,20
»Weil seine Seele sich abgemüht hat, wird er das Licht schauen und die Fülle haben.«   Jesaja 53,11

Evergreen Farm, am 18. August 1979: Gespannt harrten Len und ich in unserem Zimmer der Dinge, die da kommen sollten. Um zwanzig vor sieben klopfte es endlich an der Tür. Draußen standen unsere Enkel, Mary Elizabeth, 10 Jahre alt, in einem langen Kleid, und Peter Jonathan, der inzwischen 5 war, in seinem Sonntagsanzug.

»Wir sind gekommen, um euch ins Wohnzimmer zu geleiten«, eröffneten sie uns kichernd.

Peter Jonathan reichte mir galant seinen kleinen Arm, und Len ging neben Mary Elizabeth – so schritten wir die Stufen hinunter. Unten an der Treppe leuchteten ein paar Blitzlichter auf, jetzt begrüßten uns alle anderen Mitglieder der Familie. Der schlanke, dunkelhaarige Chester, der inzwischen 26 Jahre alt war, bat würdevoll um Ruhe und las dann aus einer langen Pergamentrolle vor:

»Hört, hört, hört: Sarah Catherine Wood-Marshall-LeSourd und Leonard Earl LeSourd sind nunmehr 20 Jahre lang durch das Band der heiligen Ehe verbunden, und so ist es nur billig und recht, daß dieser erhabene Moment hervorgehoben wird, um eure Verbindung und die aus ihr entstandenen Auswirkungen zu ehren!
Dieserhalb sei es kundgetan, daß die Unterzeichneten ihre von Herzen empfundene Dankbarkeit und Bewunderung zum Ausdruck bringen wollen und gleichermaßen die Erkenntnis ihrer überwältigenden Schuld euch gegenüber, und daß sie erneut Treue, Liebe und alle ihre besten Dienste geloben wollen.
Ausgestellt am 18. Tage des August, Anno Domini 1979

Leonora Whitacker-Wood	Edith Wallis-Marshall
Peter John Marshall	Linda Ann LeSourd
Leonard Chester LeSourd	Jeffrey Alan LeSourd
Mary Elizabeth Marshall	Peter Jonathan Marshall«

So begann ein Familienabend, wie man ihn für immer festhalten möchte. Das eigentliche Datum unseres 20. Ehejubiläums war zwar der 14. November, aber im August war die Zeit, in der die meisten Familienmitglieder kommen konnten, und so wurde das besondere Ereignis schon jetzt gefeiert. Uns war aber vorher nicht gesagt worden, was da gefeiert werden sollte.

Chester kam aus Chattanooga, wo er als Englischlehrer und Tennistrainer an der MacCallie-Schule arbeitete. Jeffrey, mittlerweile 22, kam aus Sikeston in Missouri geflogen, wo er als Telefontechniker Dienst tat. Linda, die jetzt 30 war, kam aus Washington angereist, wo sie mit jungen Leuten in einer landesweiten Gebetsbewegung zusammenarbeitete. Die Familie von Peter John war den Sommer über sowieso bei uns in Evergreen Farm, und so waren hier vier Generationen unserer Familie zusammen im Alter zwischen 5 und 87 Jahren.

»Jetzt«, sagte Linda nach dem Festessen auf einmal, »sind wir alle bereit und warten darauf, die ganze Geschichte von eurer Liebe zu hören, wie ihr euch zum erstenmal getroffen und wie ihr euch ineinander verliebt habt!« Alle rückten ihre Stühle zurecht und setzten sich erwartungsvoll hin.

»Wir wollen auch eine ganz genaue Beschreibung des ersten Kusses, und wir wollen wissen, ab wann ihr gewußt habt, daß es ernst war – jede Kleinigkeit müßt ihr erzählen«, fuhr Jeff ganz unverblümt fort.

Len sah überrascht aus; er überlegte wohl auch, wie ich auf all das reagieren würde.

»Kinder, das könnt ihr doch nicht ernst meinen. Seid ihr denn wirklich an so vielen persönlichen Einzelheiten interessiert?«

»Aber sicher sind wir das!« kam es im Chor zurück.

»Na, komm schon, Papa, erzähl uns mal alles«, drängte Chester. »Aber wärm nicht wieder die alten Geschichten auf, was wir für Gören waren, als wir noch klein waren, z.B. daß ich mal Spinat hinter den Heizkörper in der Küche geschmissen hab und so was.«

»Ach, das will ich dann aber auch hören«, fiel Mary Elizabeth ein und gluckste vor Lachen.

»Und dann erzähl uns auch«, schlug Edith vor, »was ihr eurer Meinung nach Wichtiges gelernt habt in diesen 20 Jahren.«

Als ich nun überwältigt und sprachlos in die Runde blickte, kamen mir ganz unmittelbar einige Worte in den Sinn, die ich 1961 zu Papier gebracht hatte:

»Lens drei Kinder haben jetzt endlich angefangen, mich ›Mutter‹ zu nennen, so wie Peter John es auch tut. Viele Erfahrungen habe ich in meinem Leben schon gemacht, aber keine hat mich mehr bestimmt als diese. Und wohl keine hat mich glücklicher gemacht. Aber das Nachdenken und Schreiben darüber kann erst später kommen. Ein Mann, der auf seinem Pferd zusammen mit einer ganzen Herde durch einen reißenden Strom schwimmt, hält ganz gewiß nicht mitten im Fluß inne, um ein Foto von diesem bedeutsamen Ereignis zu machen. So werde ich auch zunächst einmal meine Fohlen wohlbehalten über den Strom bringen, werde zusehen, daß sie gründlich trocken werden, gutes Futter bekommen und auf ihren richtigen Weg gebracht werden. Und dann später werde ich vielleicht von alledem auch ein Bild machen.«

Achtzehn stürmische, randvoll gefüllte Jahre waren seit dieser Eintragung vergangen. Dankbarkeit stieg in mir auf, als ich an Gott dachte, der den ganzen Weg über bei uns gewesen war und dafür gesorgt hatte, daß wir sicher über den reißenden Fluß kamen. Und hier waren sie nun, die Fohlen, mittlerweile nicht nur gut getrocknet, sondern auch offensichtlich auf dem richtigen Weg.

Und so erzählten Len und ich an diesem Abend von den Höhepunkten unserer Beziehung und von den zwanzig Jahren Ehe. Es wurde ein reicher Abend der Ernte und des Mitteilens zwischen vier Generationen einer Familie . . .

Ein neues Experiment – jenes der Großfamilie – hatten wir übrigens bereits im November 1977 angefangen, als Peter sich nach 11 Jahren von seiner Gemeinde in East Dennis verabschiedet hatte und mit seiner Familie in das Haus neben uns in Florida zog.

Zu jener Zeit umfaßte unsere Familie vier Generationen, von Peter Jonathan, der damals 3 Jahre war, und Mary Elizabeth, bis zu meiner Mutter, ihrer Urgroßmutter von 85 Jahren. Wir beschlossen, die beiden kleineren Familieneinheiten beim Frühstück und Mittagessen zu trennen, aber das Abendessen immer gemeinsam einzunehmen, und zwar abwechselnd in den beiden Häusern.

Mit der Zeit wurde die abendliche Essensstunde zu einem familiären Zentrum. Hier wurden die Ereignisse des Tages berichtet und geklärt, Gedanken, Einsichten und Probleme mitgeteilt, soviel wir wollten. Meistens bestand die Schwierigkeit nur darin, daß jeder überhaupt zu Wort kam. Das war besonders schwer für Peter Jonathan, dem wir schließlich versprachen, uns extra für ihn einen Augenblick Zeit zu nehmen, damit auch er seine Neuigkeiten loswerden konnte.

Len war damals mit etwas beschäftigt, was er immer am liebsten getan hatte: Er baute ein christliches Werk von der Pike auf und erweiterte es. Zuerst waren das die »Guideposts« gewesen, und jetzt war es der Verlag »Chosen Books Publishing Company«. Peters Buch, das er mit David Manuel zusammen geschrieben hatte und das den Titel trug »Licht und Herrlichkeit«, war schon über 80 000 mal verkauft worden.

Wie in allen großen Familien gab es die ganz besonderen Zuneigungen zwischen einzelnen Mitgliedern. Worin besteht eigentlich die besonders enge Beziehung zwischen Peter Jonathan und seiner Urgroßmutter »Nana«? Wer kann das schon beschreiben? Liegt es vielleicht daran, daß man im Alter oft eine Menge falscher Werte ablegt und schließlich zu unvergänglichen Dingen zurückkommt, zu einer kindlichen Phantasie und auch zu einem kindlichen Glauben?

Es lag viel Segen in dieser Großfamilie, in der wir nun dreieinhalb Jahre lang lebten.

Als ich ein Kind war, war es der Normalfall, daß die Familie meist Großvater oder Großmutter, Onkel oder Tante, eine unverheiratete Tochter oder einen Sohn, der noch Junggeselle war, mit einschloß. Soziologische Statistiken bestätigen das: in den 20er Jahren umfaßte in der Hälfte aller Familien in Massachusetts z.B. der Haushalt mindestens noch einen Erwachsenen außer den Eltern. Heute ist die Zahl auf nur 4 % gesunken.

Die Veränderung im Familienleben heutzutage ist erschreckend. Nicht nur, daß die Großfamilie eine Seltenheit wird, auch die vollständige Kleinfamilie wird langsam zur Ausnahme. Die Scheidung ist etwas so Ansteckendes – 1 Million Scheidungen im Jahr gibt es in den USA, und die Zahl steigt noch schnell – daß die Zahl der Kinder, die nur mit einem Elternteil aufwachsen, jetzt schon fast bei 40 % liegt. Und dieser eine Elternteil ist gewöhnlich die Mutter, und in immer mehr Fällen ist sie auch nicht zu Hause, weil sie berufstätig ist. Es ist eine Auswirkung der Emanzipationsbewegung, daß zwischen 1945 und 1975 die Zahl der arbeitenden Ehefrauen um 205 % gestiegen ist. Selbst von Frauen mit sehr kleinen Kindern unter 3 Jahren ist ein Drittel berufstätig, und Scheidungsrichter stellen eine wachsende Anzahl von Fällen fest, in denen kein Elternteil das Sorgerecht für die Kinder beanspruchen will.

Hinter alledem steht eine Haltung, die alles durchdringt und die man mit den Worten beschreiben könnte: »Zuerst komme ich mal dran!« Endlos hören wir von den Rechten des Individuums, von der Entfaltung der Persönlichkeit, und die Frage entsteht dann: Hilft ein ganz eigenständiges Leben wirklich dazu, sich selbst zu finden? Bringt Egoismus wirklich Glück und Erfüllung?

Unser Experiment mit der Großfamilie hat für uns manches neue Licht auf diese wichtigen Fragen geworfen, denn vier Generationen können gewiß nicht reibungslos zusammenleben. In dem herrlichen Vers des 68. Psalms wird uns gesagt, daß Gott »die Einsamen nach Hause bringt«, sie in Familien stellt. Jetzt wissen wir, warum. Er weiß, selbst wenn wir es nicht wissen, daß jeder Mann und jede Frau im Grunde nicht zueinander passen, »inkompatibel« sind. Alle Eltern passen auch im Grunde nicht zu ihren Kindern. Aber was beweist das? Nur, daß der Schöpfer jedes menschliche Wesen als ganz besonderes und einzigartiges Individuum geschaffen hat.

Da das nun einmal so ist, braucht jeder von uns in den ersten Jahren seines Lebens die fürsorgliche Liebe und auch die Disziplin der kleinen Kernfamilie, bevor er in die rauhe Umwelt des sozialen Lebens gestellt werden kann. Und so hat Gott auch die Familie als die wichtigste Einheit der Gesellschaft geschaffen und auch als das beste Übungsfeld, als eine Schule für die Charaktererziehung, damit wir lernen, wie wir mit unserer Einzigartigkeit umgehen können.

Diese Erfahrungen haben auch wir gemacht. Oft haben die Reibereien zu einer Krise geführt, aber Gottes Weg ist es nicht, Konflikte zu umgehen. Man muß vielmehr die Wurzel davon aufdecken und so eine sich ausbildende scharfe Kante im Inneren des Menschen bloßlegen. Wenn wir die Probleme zusammen im Gebet besprachen, gaben wir damit eine Schicht unserer Ichbezogenheit auf und nahmen dadurch an Reife zu.

So rief meine Mutter eines Nachmittags völlig aufgebracht nach Edith: »Schnell! Hol sofort Peter Jonathan herunter! Er ist fast bis auf die Spitze der großen Eiche geklettert!« Edith reagierte ganz ruhig: »Ach, Oma, das ist schon ganz richtig für ihn, wenn er mal auf Bäume klettert.«

Wir merkten, daß dieselbe »Christy«, die mit 19 Jahren allein in die wilden Smoky Mountains gezogen war, die mit dem Briefträger sieben Meilen durch den hohen Schnee gelaufen war, um nach Cutter's Gap zu kommen, die eine mutige Reiterin gewesen war und es auch mit Waffenschmugglern aufgenommen hatte, jetzt als fast 90jährige viele Ängste und Befürchtungen hatte, wenn sie ihre Umwelt betrachtete.

An diesem Abend gingen wir bei Tisch noch einmal durch, was wohl hinter dieser Veränderung stand. Wie viele von Mutters Ängsten waren Ausdruck einer Weisheit des Alters und daher angemessen? Oder waren wir in der Gefahr, den Kindern eine ängstliche Haltung dem Leben gegenüber zu vermitteln?

Die Diskussion wurde sehr hitzig. Die Frau, die vor vielen, vielen Jahren mit ihren wallenden Straußenfedern so majestätisch in das Büro von Herrn Rush Hazen gerauscht war, die es mit den rauhesten Gebirgsbewohnern aufgenommen hatte, konnte immer noch feurig sein. Sie konnte einfach ihre Angst um die Sicherheit der Kinder nicht unterdrücken und hielt sie für ganz berechtigt.

»Aber«, protestierte Edith, »das heißt doch nicht, daß ich mein Kind bewußt in Lebensgefahr bringen will.«

»Soso, und wenn man von einem hohen Baum herunterfällt, ist das vielleicht keine Lebensgefahr?« schoß Mutter zurück.

»Weißt du, ich möchte schon, daß mein Sohn die Freiheit hat, zu rennen und zu klettern«, warf Peter dazwischen. »Er soll sich tummeln können und sich auch abhärten. Kinder, und besonders

Jungen, können nicht immer von aller Verletzung und Gefahr behütet werden, Großmutter.«

Fast immer enden unsere Gespräche, in denen jeder gibt und nimmt, in einem Gebet um die Weisheit Gottes, seine ganz besondere Führung in dieser Frage und die richtige Haltung für jeden von uns. Denn im Laufe der Jahre haben wir festgestellt, daß das Gebet das beste Schmiermittel ist, wenn sich Menschen aneinander reiben. Es ist wirklich unentbehrlich.

Wie in allen Familien, so kommt auch bei uns zeitweise Egoismus, Eifersucht, Hochmut oder Ärger hoch. Wenn das von einem Kind kommt, dann wird es bestraft, wenn es sich um einen Erwachsenen handelt, dann versammeln wir uns, um die Sache im Gebet zu bereinigen.

Wie die meisten Menschen, so lehne auch ich mich gegen Kritik auf. Meine Abwehrhaltung tritt immer dann auf den Plan, wenn ich Kritik nur von ferne kommen sehe, auch wenn ich eigentlich weiß, daß sie für das Wachstum eines Christen ganz berechtigt ist. Der Grund dafür, daß ich meine Fehler nicht einfach abschütteln kann, liegt darin, daß der Preis für die Wiedergutmachung so hoch ist, selbst für Gott. Jesus ist ans Kreuz gegangen, damit die Vergebung des Vaters auch für mich möglich wurde. Das gilt für jeden von uns, in der Vergangenheit, der Gegenwart und der Zukunft.

Zwei neue Mitglieder sind im letzten Jahr zu unserer Familie dazugekommen: Susan Scott, die ich schon am Anfang des Buches als Chesters liebenswürdige neue Frau beschrieben habe, und Philip Lader, der am 21. September 1980 Linda heiratete.

Bei der Trauung von Linda und Philip wanderten unsere Augen zu Mary Elizabeth Marshall, der jüngsten der Brautjungfern, die mit der Gruppe um den Altar stand und zuhörte. Edith konnte ja nicht dabei sein und ihrer Tochter zusehen. Sie war in Florida geblieben, denn sie erwartete jeden Moment die Ankunft eines neuen Familienmitglieds. Aber Mary Elizabeth vertrat sie gut.

Drei Tage später, am 24. September 1980, wurde David Christopher Marshall geboren, ein gesundes, hübsches Kind. Da dies eine »natürliche Geburt« war, konnte Peter dabei sein, am Kopfende des Bettes stehen, Edith ermutigen und ihr helfen, und schließlich hielt er seinen Sohn schon wenige Minuten nach der Geburt im Arm.

»Güte und Barmherzigkeit werden dir folgen dein Leben lang«, das war Gottes Versprechen an mich gewesen an jenem düsteren Tag, an dem Peter Marshall gestorben war und ich gerade das kleine Krankenzimmer verlassen hatte und mein Leben um mich her ein Scherbenhaufen war. Güte und Barmherzigkeit, seine Güte und seine Barmherzigkeit. Wie unendlich gütig hat er sein Versprechen an mir erfüllt!

Manchmal müssen wir unsere Augen zu den Hügeln emporheben, um Gottes Perspektive zu bekommen. Und eine lange Zeit müssen wir oft warten, wie es uns erdgebundenen Geschöpfen erscheint, bis er seine Verheißungen erfüllt.

Aber eines habe ich gelernt: Wir können ihm immer mit Zuversicht vertrauen. Auch auf dem Weg vom Heute ins Morgen.

Lebensprinzipien

1. Wir können der Art und der Liebe des Vaters im Himmel ganz vertrauen. Sie übertrifft noch diejenige des besten irdischen Vaters, den wir je gekannt haben oder uns vorstellen können.

2. Gott kontrolliert noch immer alle Reichtümer der Erde und des Himmels. Als Kinder des Königs sollen wir uns niemals für arm halten. Seine Verheißung für jeden von uns ist: Wenn du von dir selbst abgibst, von deiner Zeit, deinen materiellen Gütern anderen etwas schenkst, dann will ich die Fenster des Himmels auftun und meinen Segen auf dich legen.

3. Gott will, daß wir unseren ganzen Verstand gebrauchen, auch unser Gefühl und unseren Willen, um ihn zu lieben und ihm zu dienen. Deshalb brauchen wir keine Angst darum zu haben, wohin uns die Wahrheit führen wird. Gott ist noch immer größer als die größten Gelehrten, Wissenschaftler oder Theologen.

4. Es war Gott, der die Liebe zwischen Mann und Frau erfunden hat. Im Mittelpunkt der Beziehung zwischen beiden kann er allein

der körperlichen Anziehungskraft den Glanz, den Idealismus, die Liebe und die Dauerhaftigkeit hinzugeben, von der wir träumen.

5. Jesus ist auf die Erde gekommen, um uns den Willen des Vaters zu zeigen. Er, der den unglaublich komplizierten und wunderbaren Körper des Menschen geschaffen hat, heilt ihn auch noch heute, aber nicht als ein göttlicher Zauberer. Wir müssen seinen Weg suchen, seine Zeit abwarten und die Lektionen lernen, die er uns beibringen will im Laufe der Krankheit.

6. Wenn das Leben um uns herum zusammenbricht, dann sollen wir Gott in unseren Schwierigkeiten suchen. Er hat einen Plan für jedes Leben, durch den er auch aus dem Bösen Gutes hervorbringen kann.

7. Wir sollen nie zögern, auch das Unmögliche zu versuchen. Gott hat bestimmt eine ganz besondere Aufgabe für uns, die wir in dieser Welt erfüllen sollen. Sollte das einen großen Traum mit einbeziehen, dann müssen wir nur daran glauben, daß – je größer der Traum ist, je mehr Liebe und weniger Egoismus darin steckt – der Segen, den Gott darauf legt, desto größer sein wird.

8. Gott hat besondere Verheißungen und Fürsorge für alle alleinstehenden Eltern, die Kinder erziehen müssen. Wir sollen die Kinder nicht ganz für uns beanspruchen. Was wir zu sehr festhalten, können wir gerade dadurch von uns wegtreiben oder zerbrechen. Wenn wir unsere Kinder ganz Gott überlassen, wird er sie uns im Laufe der Zeit wieder zurückgeben.

9. Da Gott uns für die Gemeinschaft geschaffen hat, ist Einsamkeit nicht seine Absicht für uns. Aber es ist auch ein Preis zu zahlen, indem wir Gottes Heilmittel dagegen und nicht unser eigenes suchen. Das schließt auch die Entscheidung ein, unser Selbstmitleid aufzugeben, die Entschlossenheit, Ehre, Reinheit oder Idealismus nicht aufs Spiel zu setzen, die Bereitschaft, es Gott zu überlassen, die einsamen Räume in unserem Herzen mit seiner Liebe auszufüllen, die dann überfließen kann in liebender Fürsorge für andere.

10. Gott ist immer damit beschäftigt, etwas zu reparieren und wiederherzustellen. Wenn wir bereit sind, uns von ihm unterrichten zu lassen und ihn zum Mittelpunkt eines neuen Zuhauses zu machen, dann wird er Liebe, Harmonie und Freude hervorbringen,

indem er beispielsweise die zerbrochenen Teile von zwei Familien wieder zusammenfügt.

11. Ehemänner und Ehefrauen sind im Grunde genommen unvereinbar. Eltern sind auch unvereinbar mit ihren Kindern. Gott hat uns alle verschieden gemacht. Deshalb ist die Familie seine Schule, um uns zu reifen Menschen zu formen und auszubilden.

12. Gott benutzt Kinder und Enkel dazu, ältere Menschen beweglich zu erhalten. Wenn irgend jemand von uns eine schmerzliche Erfahrung macht, die unser Verstand nicht mit einem liebevollen Gott in Einklang zu bringen vermag, dann gibt es nur ein Heilmittel: »Ich brauche dich und deine Gegenwart, Herr , mehr noch als ich Verständnis für die augenblickliche Lage brauche. Ich entscheide mich für dich.« Wenn wir ihn darum bitten, dann schenkt er uns Frieden und neue Einsicht.

ANMERKUNGEN

[1] J. Middleton Murray, Journal of Katherine Mansfield (London: Constable, 1927). Zitiert mit Erlaubnis der Alfred A. Knopf, Inc. und der Society of Authors als literarischer Vertreter der verstorbenen Autorin.

[2] O. Hallesby, Vom Beten. Deutsch von Tutta Christiansen (= R. Brockhaus Taschenbuch Bd. 13) 16. Taschenbuchauflage, Wuppertal 1980, S. 10 (Übersetzt von Clarence J. Carlsen), (Minneapolis, Minnesota: Augsburg Publishing House, 1931, 1960) Seite 17. Zitiert mit Erlaubnis.

[3] Original aus einem von Peter Marshalls »Postscriptums« in einem Kirchenbulletin. Auch zitiert in: Peter Marshall, Mr. Jones, Meet the Master (Westwood, N. J.: Fleming H. Revell Co., 1949) Seite 34.

[4] Catherine Marshall, Im Himmel wie auf Erden, Konstanz, 1958 (Friedrich Bahn Verlag) S. 58.

[5] Ebenda

[6] Margaret Prescott Montague, Twenty Minutes of Reality, The Atlantic Monthly (November 1916)

[7] Hier lernte ich für mich persönlich die wichtigsten Lektionen, die schon Tausende von Christen vor mir erfahren mußten. Sehr treffend wird diese Erfahrung von Bruder Lawrence im 17. Jahrhundert ausgedrückt:

». . . eine scharfe Trennungslinie sollte gezogen werden zwischen den Akten des Verstandes und denen des Willens – die ersteren haben geringe Bedeutung und von den letzteren hängt alles ab . . .«

Bruder Lorenz, The Practice of the Presence of God (New York: Paulist Press, 1978) S. 72.